Annegret Brauch/André Kendel (Hg.)

Die Liebe Christi drängt ins Leben

Predigten von Jochen Cornelius-Bundschuh

Mit einer Abbildung

Vandenhoeck & Ruprecht

Wir danken der Evangelischen Landeskirche in Baden für die finanzielle Unterstützung bei diesem Buchprojekt.

Bibliografische Information der Deutschen Nationalbibliothek:
Die Deutsche Nationalbibliothek verzeichnet diese Publikation in der
Deutschen Nationalbibliografie; detaillierte bibliografische Daten sind
im Internet über https://dnb.de abrufbar.

© 2022 Vandenhoeck & Ruprecht, Theaterstraße 13, D-37073 Göttingen,
ein Imprint der Brill-Gruppe
(Koninklijke Brill NV, Leiden, Niederlande; Brill USA Inc., Boston MA, USA;
Brill Asia Pte Ltd, Singapore; Brill Deutschland GmbH, Paderborn, Deutsch-
land; Brill Österreich GmbH, Wien, Österreich)
Koninklijke Brill NV umfasst die Imprints Brill, Brill Nijhoff, Brill Hotei,
Brill Schöningh, Brill Fink, Brill mentis, Vandenhoeck & Ruprecht, Böhlau,
Verlag Antike und V&R unipress.

Umschlagabbildung: Hans Brosch, 1986, ohne Titel
© Hanna und Paul Gräb-Stiftung
Innenabbildung: © David Groschwitz, ekiba

Satz: SchwabScantechnik, Göttingen
Druck und Bindung: ⊕ Hubert und Co. BuchPartner, Göttingen
Printed in the EU

Vandenhoeck & Ruprecht Verlage | www.vandenhoeck-ruprecht-verlage.com

ISBN 978-3-525-63064-8

Inhalt

I DURCH DAS KIRCHENJAHR

II THEMEN UND ANLÄSSE

III GEISTLICHE IMPULSE

Vorwort

»Die Liebe Christi drängt ins Leben« – kürzer, als es der Titel dieses Buches mit Predigten von Landesbischof Jochen Cornelius-Bundschuh zum Ausdruck bringt, kann man nicht formulieren, was die Grundlage bischöflichen Wirkens ist. Christus schwebt nicht als heilige Größe irgendwo über dem Leben, sondern er wirkt mitten im Leben. Er ist gegenwärtig in all dem, was Menschen in ihren Alltagszusammenhängen, aber auch in besonderen Lebenssituationen bewegt. Es sind verschiedene Anlässe, die in diesen ganz unterschiedlichen Predigten ihren Ausdruck finden. Festliche Anlässe sind es genauso wie persönliche Lebenssituationen, aber auch kontrovers diskutierte Streitfragen, in denen die Öffentlichkeit nach Orientierung sucht.

Dass zur Verabschiedung eines Bischofs ein Buch mit seinen Predigten erscheint, ist eine Geste, die über das öffentliche Wirken von Landesbischof Jochen Cornelius-Bundschuh hinausweist. Allzu oft werden in den Medien nur diejenigen bischöflichen Äußerungen öffentlich gemacht, die direkte politische Stellungnahmen enthalten. Ihre geistliche Verwurzelung versteht man aber oft nur, wenn solche politischen Äußerungen mit dem Kontext zusammengelesen werden, dem sie entnommen sind. Landesbischof Jochen Cornelius-Bundschuh hat sich immer wieder engagiert in der Öffentlichkeit zu Wort gemeldet. Seine Positionierungen werden in diesem Predigtband in ihrer tiefen geistlichen Verwurzelung explizit erkennbar. Schon allein dafür hat sich die Arbeit der Zusammenstellung dieses Buches gelohnt. Dafür danke ich allen, die dazu beigetragen haben. Aber vor allem danke ich Jochen Cornelius Bundschuh für sein Wirken als Bischof, aus dem so viel Segen für so viele Menschen erwachsen ist. Die in diesem Buch jetzt neu zugänglichen Predigten sind ein starkes Zeugnis für diesen Segen.

Heinrich Bedford-Strohm, von 2014 bis 2021 Ratsvorsitzender der Evangelischen Kirche in Deutschland

Vorwort der Herausgebenden

Im vorliegenden Band ist eine Auswahl der Predigten von Landesbischof Professor Dr. Jochen Cornelius-Bundschuh zusammengestellt, die er seit 2014 aus unterschiedlichen Anlässen in unterschiedlichen Kontexten gehalten hat. Jede Predigt hat ihren konkreten Anlass und ihren Ort, für die sie entstanden sind; diese sind jeweils am Ende der Predigt vermerkt.

Gleichwohl weisen diese Predigten über Ort und Zeit hinaus. Sie sind Ermutigungen zum Leben und Glauben. Sie wollen den Glauben ins Leben ziehen. In ihnen wird eine Theologie erfahrbar, die lebendig und lebensnah die biblischen Erzählungen mit den Fragen, Herausforderungen und Gefährdungen des 21. Jahrhunderts verbindet. In ihnen breitet sich die gute Nachricht, die Botschaft von Frieden, Gerechtigkeit und Versöhnung für die Menschen und diese Welt aus. Mitten im Leben, gerade auch in den Ambivalenzen, wird diese erfahrbar, öffnet Augen, Herz und Sinn für Gottes neue Welt. Die Predigten zeigen konkrete Schritte, die sich ergeben, wenn wir uns von Gottes Bewegung in diese Welt mitreißen und begeistern lassen.

Der Band gliedert sich in drei Teile. Der erste folgt dem Kirchenjahr und der jeweils vorgeschlagenen Perikope. Der zweite greift bei unterschiedlichen Anlässen stärker gesellschaftliche Themen auf und zeigt, wie christlicher Glaube heute konkret Gestalt gewinnt und so Gesellschaft und Politik herausfordern kann. Im dritten Teil finden sich kurze geistliche Impulse, die zum Nach- und Weiterdenken anregen.

Wir wünschen den Leserinnen und Lesern spannende Entdeckungen, überraschende Ermutigungen und Freude am und mit dem Evangelium!

Karlsruhe, November 2021   Annegret Brauch, André Kendel

Kurzvita von Jochen Cornelius-Bundschuh

Jochen Cornelius-Bundschuh wurde am 30. Juli 1957 in Fulda geboren, wo er 1976 auch das Abitur ablegte. Der Stipendiat der Studienstiftung des deutschen Volkes studierte Theologie in Göttingen, Tübingen sowie in Edinburgh und wurde 1988 mit einer Arbeit über »Liturgik zwischen Tradition und Erneuerung« promoviert. Im gleichen Jahr beendete er sein Vikariat in der Evangelischen Kirche von Kurhessen-Waldeck und wurde ordiniert.

Nach sechs Jahren als Hochschulassistent in Göttingen wechselte Jochen Cornelius-Bundschuh 1995 auf eine Pfarrstelle in Fuldabrück und habilitierte sich 2000 mit der Schrift »Kirche des Wortes – Homiletisch interessierte Beiträge zu Predigt und Gemeinde«. Von 2001 bis 2009 wirkte er als Direktor des Predigerseminars in Hofgeismar (Kurhessen-Waldeck), 2008 wurde er zum außerplanmäßigen Professor für Praktische Theologie in Göttingen berufen. 2009 wechselte Jochen Cornelius-Bundschuh als Leiter der Abteilung Theologische Ausbildung und Prüfungsamt in die Evangelische Landeskirche in Baden. 2010 übernahm er zusätzlich eine außerplanmäßige Professur für Praktische Theologie in Heidelberg. Seit dem 1. Juni 2014 ist er Landesbischof der Evangelischen Landeskirche in Baden.

Cornelius-Bundschuh ist seit 1986 mit Pfarrerin Ulrike Bundschuh verheiratet. Das Paar hat drei Kinder und zwei Enkelkinder.

I

DURCH DAS KIRCHENJAHR

Wie soll ich dich empfangen?

Predigt zum Ersten Advent – Matthäus 21,1–11

Als sie nun in die Nähe von Jerusalem kamen, nach Betfage an den Ölberg, sandte Jesus zwei Jünger voraus und sprach zu ihnen: Geht hin in das Dorf, das vor euch liegt, und gleich werdet ihr eine Eselin angebunden finden und ein Füllen bei ihr; bindet sie los und führt sie zu mir! Und wenn euch jemand etwas sagen wird, so sprecht: Der Herr bedarf ihrer. Sogleich wird er sie euch überlassen. Das geschah aber damit erfüllt würde, was gesagt ist durch den Propheten, der da spricht (Sacharja 9,9): »Sagt der Tochter Zion: Siehe, dein König kommt zu dir sanftmütig und reitet auf einem Esel und auf einem Füllen, dem Jungen eines Lasttieres.« Die Jünger gingen hin und taten, wie ihnen Jesus befohlen hatte, und brachten die Eselin und das Füllen und legten ihre Kleider darauf, und er setzte sich darauf. Aber eine sehr große Menge breitete ihre Kleider auf den Weg; andere hieben Zweige von den Bäumen und streuten sie auf den Weg. Die Menge aber, die ihm voranging und nachfolgte, schrie: »Hosianna dem Sohn Davids! Gelobt sei, der da kommt in dem Namen des Herrn! Hosianna in der Höhe!«
Und als er in Jerusalem einzog, erregte sich die ganze Stadt und fragte: Wer ist der? Die Menge aber sprach: Das ist Jesus, der Prophet aus Nazareth in Galiläa.[1]

Liebe Festgemeinde,
»wie soll ich dich empfangen und wie begegne ich dir?« Das ist die Frage des ersten Advents! Jesus steht vor den Toren der Stadt und will einziehen. Damals in Jerusalem. Damals vor fünfzig Jahren bei der Einweihung dieser Kirche und heute am Vorabend des Ersten Advents 2018. Wir sind gefragt: Wie wir Jesus empfangen? Wie wir ihm Raum geben in unserer Kirche, in unserer Stadt – und in unseren Herzen?

---

1   Matthäus 21,1–11; Luther 1984.

Fünfzig Jahre Markuskirche im Freiburger Westen: Ich gratuliere Ihnen sehr herzlich zu Ihrem Jubiläum. Wir feiern eine Kirche in der Stadt, eine Kirche mit und für die Menschen im Stadtteil. Eine adventliche Kirche, die Jesus Raum gibt, damit er in unsere Wirklichkeit einzieht.

I

»Sagt der Tochter Zion: Siehe, dein König kommt zu dir sanftmütig und reitet auf einem Esel und auf einem Füllen, dem Jungen eines Lasttieres.« (Matthäus 21,5)

Das ist ein einprägsames Bild, wie Jesus da auf einem Esel einzieht. Als Kaiser Wilhelm II. um die letzte Jahrhundertwende Jerusalem besuchte, ließ er ein Stadttor vergrößern, damit er auf einem Pferd aufrecht und reitend einziehen konnte. Er wollte seine Macht und die Bedeutung Deutschlands im Nahen Osten demonstrieren.

Wenn Sie sich dagegen Jesus auf dem kurzbeinigen Esel vorstellen, besonders eindrücklich war das nicht. Die Beine schlenkern knapp über dem Erdboden, das grauhaarige Lasttier trottelt vor sich hin, der Reiter schaukelt hin und her. Das ist doch kein König! Was kann ich von so einem erwarten? Das ist, wie wenn der Papst in diesen Tagen bei der G20-Konferenz in seinem Heimatland mit einem Fiat 500 vorfahren würde. Kann so einer Kriege stoppen, Gewalttäter zur Vernunft bringen, Flüchtlingen ihre Heimat zurückgeben? Kann so einer Klimagerechtigkeit schaffen?

Ja, Jesus, der Eselsreiter, kann das. Er bringt einen neuen Himmel und eine neue Erde mit sich. In ihm hat die Zukunft ein neues Gesicht bekommen. Ein Kind, das im Stall und nicht im Palast geboren wird, ein Kind, das fliehen muss, wie heute so viele in Syrien, im Jemen – dieses Kind rettet die Welt. Darauf vertrauen wir. Ein junger Mann, der durch die Dörfer und Städte zieht und Menschen Mut macht, sie aufrichtet, sie zurückholt in die Gemeinschaft. Er hat das Gesicht dieser Erde verändert. Ein Mensch, der nicht um Anerkennung und Macht kämpft, sondern um der anderen willen von sich selbst absieht und sich selbst zurücknimmt: Der Eselsreiter eröffnet uns eine neue Welt!

Diese Kirche erzählt viele Geschichten davon, wie Jesus einzieht. Wie er Menschen Mut macht und tröstet. Wie er Menschen zu einer

Entscheidung hilft: Soll ich das machen? Wie gehen wir in unserer Ehe miteinander weiter? Da ist es gut, wenn die Kirche offen ist, dass man einen Raum der Stille und der Einkehr hat, zum Innehalten. Ihre Kirche ist »erst« fünfzig Jahre alt, aber an ihren Mauern und Fenstern, den Bildern und Bänken, dem Altar und dem Taufstein haften solche Erfahrungen. Wessen Kind ist in dieser Kirche getauft worden? Wer von Ihnen wurde hier konfirmiert, getraut? Oder hat vielleicht schon eine Jubelkonfirmation in dieser Kirche gefeiert?

Jesus zieht ein – und wir begegnen ihm, auf ganz vielfältige, manchmal sehr persönliche Weise. Matthäus war das wichtig. Deshalb ist er der einzige Evangelist, der Jesus nicht nur auf einem Esel reiten lässt, sondern auf einer Eselin und ihrem Füllen. Ob er auf der Eselin saß und das Jungtier mit sich führte – oder umgekehrt?

Auf jeden Fall ist Platz, mit ihm unterwegs zu sein. Jesus will mitnehmen. Er will zusammenführen: die Generationen und Geschlechter, verschiedene Kulturen, Religionen und Nationen. Jesus bringt alle zusammen, die manche zurzeit wieder mit Gewalt auseinander sortieren wollen, um »Unseres« gegen »die da« zu sichern. Jesus setzt auf den gemeinsamen Weg; neben ihm ist noch Platz auf einem Esel: für die, die schon immer engagiert dabei sind, aber eben auch für die, die es schwer haben mit dem Glauben. Die Bürgerglocke in Ihrem Turm steht für mich für diese Offenheit und Weltzugewandtheit von Jesus. Sie ruft alle! Sie sagt allen den neuen Himmel und die Erde an. Sie lädt alle ein, sich mit Jesus auf den Weg zu machen.

II

Jesus zieht bei uns ein. »*Siehe, dein König kommt zu dir sanftmütig*« (Matthäus 21,5)! Der Eselsreiter verändert uns, unsere Kirche und unsere Welt. Nicht durch eine Machtdemonstration, sondern sanftmütig. Für Matthäus ist das eine der wichtigsten Eigenschaften von Jesus.

Was bedeutet sanftmütig? Wer sanftmütig ist, sucht die Verständigung mit den anderen. Er oder sie will sich nicht durchsetzen, sondern hört genau zu und fragt nach: Was brauchst du? Was können wir füreinander und für andere tun? Was wollen wir miteinander erreichen? Sanftmut lädt anderen keine Lasten auf, sondern entlastet. »Kommt her zu mir, alle, die ihr mühselig und beladen seid; ich will euch erquicken. [...] denn ich bin sanftmütig und von Herzen demütig; so werdet ihr Ruhe finden für eure Seelen.« (Matthäus 11,28 f.)

Sanftmütig kommt Jesus in die Welt und verändert sie; sanftmütig sollen wir ihm nachfolgen. »[...] die als Herrscher gelten, halten ihre Völker nieder, und ihre Mächtigen tun ihnen Gewalt an. Aber so ist es unter euch nicht; sondern wer groß sein will unter euch, der soll euer Diener sein und wer unter euch der Erste sein will, der soll aller Knecht sein.« (Markus 10,42 ff.)

Eine Kirche der Sanftmut ermöglicht es, Verletzungen, Kränkungen und Trauer anzusprechen. In ihr gehen die Menschen respektvoll und gewaltfrei miteinander um. Denn die, die sich in dieser Kirche der Sanftmütigen treffen, glauben, dass ihnen in ihren Geschwistern Jesus Christus begegnet, gerade auch in denen, die ihnen fremd sind und über die sie sich manchmal oder öfter ärgern. Trotzdem zusammenhalten und gerade im Konflikt verbinden, das sind wichtige Aufgaben der Kirche der Sanftmütigen.

Das ist eine deutliche Zeitansage am Beginn des neuen Kirchenjahres: Gott kommt sanftmütig in die Welt und lässt uns sanft und mutig miteinander leben. Wir wollen eine lebendige Kirche sein, die sich umschaut und mitten im Leben steht, mitten im Stadtteil. Die sich einmischt in die Nachbarschaft. Eine Kirche, die auch die fernen Nächsten im Blick hat. Heute Morgen haben wir in Stuttgart die sechzigste Aktion »Brot für die Welt« eröffnet. Eine adventliche Kirche hat Hoffnung und Brot für die Welt. Wie Jesus verfolgt sie sanft, aber beharrlich und mit klarer Ausrichtung in vielen kleinen Schritten ihr Ziel: mutig und sanft einen gerechten Frieden auf dieser Erde auszubreiten.

In Ihrer Chronik habe ich gelesen, wie wichtig Ihnen die Diakonie hier in der Gemeinde immer war. »Einer, eine trage des andern Last!« (Galater 6,2) heißt es deshalb als Inschrift auf Ihrer zweiten Glocke, der Diakonie-Glocke. Entschieden hat sich die Gemeinde für den Frieden eingesetzt, den Grünen Gockel eingeführt und sich schon in den neunziger Jahren für Flüchtlinge engagiert. Und jetzt wieder!

Wer auf einen sanftmütigen König und Retter wartet, dem sind die Menschen nicht gleichgültig, die bei uns Zuflucht suchen. Die

Not der anderen betrifft uns im Kern unseres Glaubens und verändert unser Miteinander in der Gemeinde. Ganz praktisch durch Zusammenrücken und Aufeinander-Rücksicht-Nehmen, durch Begegnungen zwischen Konfirmandinnen und Konfirmanden und Flüchtlingskindern, durch konkrete Hilfen; vor allem aber geistlich: indem wir erleben, wie Jesus Christus uns zusammenführt, unsere Herzen verändert und wir ihn im Anderen entdecken.

Manchmal fragt die Stadt oder der Stadtteil dann auch wie die Menge damals: »Wer ist der?« Und warum lauft ihr ihm nach? Und wir antworten mit denen, die sich damals von seinem Gottvertrauen und seiner Sanftmut haben anstecken lassen: »Jesus ist der Prophet aus Nazareth in Galiläa«, das Gesicht Gottes. Er überwindet unsere Angst und ermutigt uns dazu, im aufrechten Gang den gerechten Frieden zu suchen: »Selig sind die Sanftmütigen; denn sie werden das Erdreich besitzen.« (Matthäus 5,5)

III

Jesus zieht auf einem Esel reitend in Jerusalem ein. Sanft und mutig zeigt er uns Gottes Gesicht. Auf dem zweiten Esel ist Platz, mit ihm zu reiten, für die, die schlecht zu Fuß sind. Alle anderen ruft Jesus, ihm zu Fuß zu folgen. Der, der sanftmütig ist, will nicht allein sein und sich nicht allein durchkämpfen. Er will mit uns und allen, die im Dunkel sind, gemeinsam zur Krippe gehen. Damit Flüchtlinge wieder Mut schöpfen und Obdachlose die Kälte gut überstehen; damit Zerstrittene sich versöhnen; damit diese Erde in ihrer Schönheit und Vielfalt für unsere Kinder und Kindeskinder bewahrt wird.

Jesus traut uns etwas zu. So wie den Freundinnen und Freunden, die damals mit ihm nach Jerusalem gezogen sind. Obwohl sie vieles nicht verstanden haben, was er getan hat; obwohl sie manchmal überhaupt nicht sanftmütig waren, sondern sich lauthals und auch hinterrücks stritten, wer der Größte ist; obwohl sie eingeschlafen sind, als er sie bat, mit ihm zu wachen; obwohl sie ihn am Ende verraten. Diesen schwachen Gesellen und uns traut Jesus zu, der Welt die gute Botschaft zu bringen. Jesus traut uns das zu und lässt uns nicht allein mit diesem Auftrag. »Und siehe, ich bin bei euch alle Tage«, heißt es am Ende des Matthäusevangeliums (28,20).

Wie stärkt uns der Geist Jesu? Bevor die Freundinnen und Freunde mit Jesus in die Stadt einziehen, halten sie gemeinsam inne und bereiten sich vor auf das, was ihnen bevorsteht. Dafür brauchen wir unsere Kirchen, diese Kirche: als Ort des Innehaltens, um Kraft und Klarheit zu gewinnen, um über die Bibel nachzudenken und sich stärken zu lassen mit Brot und Wein. Um zu erleben, wie uns der Geist Christi trägt und bewegt und ausrichtet.

Dafür sind die anderen wichtig, die mit mir singen und beten und manchmal, wenn mir die Worte im Halse stecken bleiben, auch für mich. In dieser Gemeinschaft im Gottesdienst, im Gesprächskreis, im gemeinsamen Engagement erfahren wir, dass wir von Gottes Güte getragen sind, wie Jesus vom Esel. Dass wir darauf vertrauen können, dass wir im Geist Gottes heute gemeinsam Wege in der Nachfolge Jesu finden werden, auch wenn sie zurzeit manchmal hinter Struktur- und Liegenschaftsdebatten versteckt zu sein scheinen.

Die adventliche Bewegung Gottes in unsere Welt nimmt uns mit und führt uns zueinander und zu Gott. Das ist der Grundton, auf dem alles aufbaut, was wir dann in unserer Kirche, in Gruppen und Kreisen tun. Deshalb ist die schwerste größte Glocke in Ihrem schlanken, hoch aufragenden Turm die Glocke des Gebets. Ihr Klang stärkt unser Gottvertrauen und erinnert uns immer wieder an die Menschenfreundlichkeit Gottes. Gott will das Leben. Gott freut sich über unsere Gebete und Lieder. Gottes Sohn wird Mensch, damit wir als Menschen miteinander auf dieser Erde leben und einstimmen in das große »Hosianna, gelobt sei, der da kommt, im Namen des dreieinigen Gottes. Ehre sei Gott in der Höhe und Friede auf Erden!«

Gottesdienst zum fünfzigjährigen Jubiläum der Markuskirche in Freiburg am 1.12.2018 (Vorabend zum Ersten Advent).

Freudenbotschaft!

Predigt zum Weihnachtsfest – Jesaja 52,7–10

Wie lieblich sind auf den Bergen die Füße des Freudenboten, der da Frieden verkündigt, Gutes predigt, Heil verkündigt, der da sagt zu Zion: Dein Gott ist König! Deine Wächter rufen mit lauter Stimme und jubeln miteinander; denn sie werden's mit ihren Augen sehen, wenn der HERR nach Zion zurückkehrt.
Seid fröhlich und jubelt miteinander, ihr Trümmer Jerusalems; denn der HERR hat sein Volk getröstet und Jerusalem erlöst. Der HERR hat offenbart seinen heiligen Arm vor den Augen aller Völker, dass aller Welt Enden sehen das Heil unsres Gottes.[2]

Liebe Festgemeinde,
ich wünsche Ihnen ein gesegnetes Weihnachtsfest! Wir feiern die Geburt Jesu im Stall in Bethlehem: Endlich ist er da, der Freudenbote in finsteren Zeiten. Er bringt einen neuen Glanz in unsere Welt und unsere Herzen. »*Wie lieblich sind die Füße des Freudenboten!*« (Jesaja 52,7)

Gerade in diesen Tagen warten wir auf seine Botschaft, die Frieden verkündigt und Gutes predigt. Die uns herausholt aus der Trauer, den Sorgen und Fragen des zu Ende gehenden Jahres, die uns tröstet. Alle, die an die Krippe treten, sollen fröhlich werden. Sie sehen das Kind, sie hören Gottes Friedensboten: einfache Leute wie die, die damals die Schafe gehütet haben, ebenso wie die wohlhabenden und gebildeten Menschen, die von weither kamen, weil die Sterne sie nach Bethlehem geführt hatten. Alle stimmen ein in den Jubel der Engel, in den uns Bachs Weihnachtsoratorium heute Morgen schon kraftvoll mit hineingenommen hat: »Ehre sei dir, Gott, gesungen, Dir sei Lob und Dank bereit'.« (BWV 248 V)

---

2   Jesaja 52,7–10; Luther 2017.

I

Ein Kind als Freudenbote in finsteren Zeiten! Das ist der Kern der Weihnachtsbotschaft. Sie gaukelt uns nichts vor; sie übertüncht nicht die Konflikte und die Sorgen, mit denen wir leben. Sie macht uns Mut in der Furcht, die uns ergriffen hat; sie gibt uns in den Herausforderungen unseres Alltags Kraft.

Die drei Weisen dachten: »Der Freudenbote wird im Königspalast geboren.« Da gehört ein neuer Herrscher hin; in ein wunderbares Bett, schon als Kind ausgestattet mit allen Zeichen der Macht, mit der Fähigkeit, seinen Willen auch mit Gewalt durchzusetzen.

Aber Gottes Liebe zu den Menschen und dieser Erde zeigt sich gerade da, wo das Leben gefährdet ist: durch Krankheit, durch Einsamkeit, durch ungerechte Verhältnisse. Gerade da will Gott »der Menschen Wohlfahrt erneuen«! Deshalb wird Christus im Stall und nicht im Palast geboren; deshalb kommt er so verletzlich und angewiesen auf uns in unsere Welt.

Seine Freudenbotschaft gilt der alten Dame, die heute nicht von der Familie ihrer Nichte besucht werden kann, mit der sie sonst jedes Jahr Weihnachten gefeiert hat, weil das Heim, in dem sie lebt, einen Coronafall hatte und jetzt alle in Quarantäne sind. Nun wartet sie auf Anrufe und freut sich, dass sie seit dem Sommer einen Laptop hat – und durch eine junge Frau aus der Gemeinde gelernt hat zu skypen. Jesu Freudenbotschaft gilt der Familie, die in diesem Jahr zum ersten Mal Zeit hat, Weihnachten zu feiern, weil ihr Restaurant geschlossen ist – und deshalb gleichzeitig in großen Sorgen ist. »Wie wird es nächstes Jahr weitergehen, werden wir das wirtschaftlich überstehen?« Gefreut haben sie sich, dass so viele Stammkunden geschrieben oder angerufen haben: »Wir kommen wieder nächstes Jahr und freuen uns schon auf gutes Essen.«

Das Kind in der Krippe tröstet und stärkt uns in unserem Alltag. Der Freudenbote macht uns froh und mutig, diese Freude weiterzugeben. So wie die Hirten aufbrechen und die gute Nachricht überall weitererzählen, so wie die drei weisen Menschen wieder in ihre Länder zurückgehen und die Freudenbotschaft mitnehmen, die das Weihnachtsoratorium besingt: Gottes »Glanz all Finsternis verzehrt; die trübe Nacht in Licht verkehrt.« (BWV 248 V)

II

Die Freudenbotschaft trifft aber auch auf Widerstände. Herodes ist einer, der vor Jesu Gegenwart erschrickt, denn seine Macht wird durch dieses Kind und seine Freudenbotschaft gefährdet. Wo das Licht des Friedens leuchtet, werden auch die Schatten sichtbar, die Ungerechtigkeit und Unfrieden werfen: der Eigennutz; das »Immer-mehr-haben-Wollen«; das Leben »auf Kosten der nachfolgenden Generationen und unserer Mitwelt«. Viele spüren, dass es so mit unserem Lebensstil und unserem Wirtschaften nicht weitergehen wird; viele fürchten, dass Corona dazu führt, dass arm und reich noch weiter auseinanderfallen, dass unser Zusammenhalt gefährdet ist und die Abstände weiterwachsen, dass die Einsamkeit zunimmt. So rückt für manche die Freudenbotschaft in weite Ferne: »Ach, wenn wird die Zeit erscheinen? Ach, wenn kömmt der Trost der Seinen?« (BWV 248 V)

Dagegen singt der Freudenbote an: »Schweigt, er ist schon wirklich hier!« (BWV 248 V) Entdeckt ihn in den Freundlichkeiten, mit denen Menschen einander in diesen Tagen Mut machen und sich um die kümmern, die es schwer haben. In dem Engagement, mit dem das medizinische Personal bis an die Grenzen seiner Kräfte und manchmal darüber hinaus für die Kranken da ist, mit dem die Pflegenden sich um die Menschen in Einrichtungen kümmern. Überall da erklingt die Freudenbotschaft schon, wird spürbar, wie Gott tröstet und stärkt, erleben wir, was Bach besingt: »Mein Liebster herrschet schon.« (BWV 248 V)

III

Die Freudenbotschaft wird auf einem hohen Berg laut und breitet sich weit über die Erde aus. Sie erfreut nicht nur uns, sondern alle Welt. »Mein Heiland, du, du bist das Licht, das auch den Heiden scheinen sollen« (BWV 248 V). Dafür stehen insbesondere die weisen Menschen, die aus verschiedenen Kontinenten kommen und dieses Licht wieder mit zurücknehmen. Dafür steht die Aktion »Brot für die Welt«!

Davon zeugt auch der Weihnachtsappell von immerhin 245 Bundestagsabgeordneten aus fünf Fraktionen, die unsere Regierung dazu auffordern, endlich etwas für die Menschen zu tun, die auf ihrer Flucht in den griechischen Lagern hängen geblieben sind und dort unter menschenunwürdigen Verhältnissen leben müssen. So viele deutsche und europäische Städte sind bereit, sie aufzunehmen; so viele Menschen wollen Verantwortung übernehmen und da sein für die, die Hilfe brauchen. Sie wollen wie die Späher im Predigttext, den Friedensboten begleiten und seine Botschaft weitergeben.

Sie spüren: Im Licht aus der Krippe wird scheinbar Unmögliches möglich. Menschen öffnen ihre Herzen und tragen das Licht weiter, mit ihren Worten und ihrem Tun, mit dem kleinen Friedenslicht aus Bethlehem, mit ihrem Eintreten für die, die nicht für sich sorgen können, mit ihrem Trost für die Traurigen. Versöhnung wird möglich, wo Streit und Hass herrscht. Flüchtlinge, die Schreckliches erlebt haben, finden eine neue Heimat. Denn auch und gerade die Trümmer sollen jubeln, ruft der Freudenbote uns zu; auch das, was wir kaum tragen konnten im zu Ende gehenden Jahr, auch das ist gut aufgehoben im Glanz aus der Krippe.

IV

»Wie lieblich sind auf den Bergen die Füße des Freudenboten, der da Frieden verkündigt, Gutes predigt, Heil verkündigt.« (Jesaja 52,7) Ein neuer Schein breitet sich aus der Krippe über die Welt aus. Wir erleben in diesem Kind, wie reichlich Gottes Segen in unsere Welt fließt. Wie dieses Kind unser Herz mit seinem Glanz erfüllt: »Jesu, ach so komm zu mir!« (BWV 248 V) und »Mach uns zu Kindern des Lichtes.«

Gottesdienst in der Christuskirche in Karlsruhe am 25.12.2020.

Wie das »Fürchte dich nicht« sich im Alltag bewährt

Predigt zum Letzten Sonntag nach Epiphanias –
Markus 4,35–41

Liebe Gemeinde!

»Fürchte dich nicht!« Für mich fassen diese drei Worte die christliche Botschaft kurz und bündig zusammen. »Fürchte dich nicht!« Schon bei der Geburt von Jesus rufen die Engel diese gute Nachricht den Hirten zu. Von da ab breitet Jesus diese Botschaft überall aus, wo er hinkommt: wenn er Einsame und Ausgeschlossene zu sich an den Tisch lädt; wenn er Kranke gesund macht; wenn er Ängstlichen Mut macht, ihren Lebensauftrag anzunehmen.

In allem, was Jesus damals tut, in allem, was der Geist Jesu bis heute in dieser Welt bewegt, immer klingt diese Zusage mit, wie ein Glockenton, der unser Leben begleitet: »Fürchte dich nicht, ich habe dich bei deinem Namen gerufen. Du gehörst zu mir!« (Jesaja 43,1; Basisbibel 2021) Deshalb hören wir diese Worte auch bei jeder Taufe; sie sind das Leitwort für christliches Leben, wie unterschiedlich es auch immer verlaufen mag. Gott spricht: »Fürchte dich nicht! Ich bin mit dir!«

I

Auf dem Weg durch das Leben geht es manchmal rau zu. Plötzlich habe ich das Gefühl: Ich stehe allein da. Der Boden wird mir unter den Füßen weggezogen. Ich verliere meinen Halt.

Jesus kennt diese Erfahrungen. Er redet nicht über die Sorgen der Menschen hinweg. Er versucht nicht, den Menschen ihr Leid und ihre Schrecken auszureden. Im Gegenteil: Jesus schaut hin, wo Menschen in Not sind. Er geht bewusst zu ihnen. Gerade zu denen, die nicht für sich selbst sorgen können. Gerade zu denen, die gefangen sind in ihrer Angst, so bedrängt von dem Schweren, das sie erlebt haben, dass sie gar nicht mehr hören können, wenn ihnen jemand zuruft: »Fürchte dich nicht!« Jesus geht hin, auch und gerade wenn Menschen zweifeln: Ist Gott wirklich für mich da?

Ich habe Ihnen heute eine biblische Geschichte mitgebracht, die davon erzählt, wie stürmisch es auf dem Weg durch das Leben zugehen kann. Eine Geschichte, in der wir hören, wie groß die Furcht werden kann und wie klein der Glaube. Und wie Jesus trotzdem verlässlich da ist und die Furcht vertreibt.

Die Stillung des Sturmes
Und am Abend desselben Tages sprach er zu ihnen: Lasst uns ans andre Ufer fahren. Und sie ließen das Volk gehen und nahmen ihn mit, wie er im Boot war, und es waren noch andere Boote bei ihm. Und es erhob sich ein großer Windwirbel, und die Wellen schlugen in das Boot, sodass das Boot schon voll wurde. Und er war hinten im Boot und schlief auf einem Kissen. Und sie weckten ihn auf und sprachen zu ihm: Meister, fragst du nichts danach, dass wir umkommen? Und er stand auf und bedrohte den Wind und sprach zu dem Meer: Schweig! Verstumme! Und der Wind legte sich und es ward eine große Stille. Und er sprach zu ihnen: Was seid ihr so furchtsam? Habt ihr noch keinen Glauben? Und sie fürchteten sich sehr und sprachen untereinander: Wer ist der, dass ihm Wind und Meer gehorsam sind![3]

II

Wenn der Glaube hilfreich sein soll, muss er sich in unseren Lebensgeschichten und in unserem Alltag bewähren, nicht nur bei schönem Wetter, sondern gerade auch in Krankheit und in stürmischen Zeiten.

Das Boot mit Jesus und den Jüngern legt bei schönem Wetter ab. Jesus hat viel geredet. Er hat Menschen ermutigt, gesund gemacht und gestärkt. Erschöpft legt er sich nun schlafen. Seine Freunde sitzen im Boot und reden über all das, was sie gerade mit Jesus erlebt haben. Aufregende Zeiten!

Dann zieht ein Sturm auf. Auf dem See Genezareth kann das Wetter schnell wechseln, so wie am Bodensee. Wo eben noch alles klar schien und das Wasser ruhig, da herrscht nun der Schrecken. Ein Sturmwind peitscht die Wellen immer höher. Das Boot schwankt

---

3   Markus 4,35–41; Luther 2017.

hilflos im Wasser. Kein Land mehr in Sicht; keine Orientierung mehr. Schon schwappt Wasser ins Boot.

Die Bibel ist realistisch: So schnell kann sich das Leben ändern! Du wirst krank. Du verlierst die Arbeit. Du stehst allein da. Kein Boden mehr unter den Füßen; das Wasser steht dir bis zum Hals. »Als ihre Seele vor Angst verzagte, als sie taumelten und wankten wie Betrunkene und wussten keinen Rat mehr.« (Psalm 107,26–27) Vorhin haben wir gemeinsam diese Worte gebetet, mit denen Menschen ihr Leben in stürmischen Zeiten beschreiben.

Wird sich der Glaube da bewähren? Oder ist er nur etwas für schönes Wetter und ruhige See? Wo ist Gott? Jesus liegt einfach da und schläft. Seelenruhig! Als würde ihn das alles nichts angehen und nichts ausmachen.

III

So wie die Psalmbeter »dann zum Herrn schrien in ihrer Not« (Psalm 107,38), so machen es die Freundinnen und Freunde Jesu auf dem Schiff. Sie wecken ihn. Sie rütteln ihn auf: »*Meister, fragst du nichts danach, dass wir umkommen?*« (Markus 4,38) Ist dir das alles egal? Dass wir hier elendig im Sturm untergehen und ertrinken? Das kann doch nicht wahr sein!

Zum Glauben gehören die Zweifel. Zum Glauben gehört es aber auch, um Gottes Aufmerksamkeit zu ringen. Genau das tun die Freundinnen und Freunde Jesu, die mit ihm auf dem Schiff sind. Sie bitten und drängen Jesus: »Tu etwas, lass uns nicht im Stich. Du hast uns doch versprochen, bei uns zu sein und mit uns zu gehen. Du hast doch zu uns gesagt: ›Fürchtet euch nicht!‹ Gerade haben wir am Ufer noch erlebt, wie du mit deiner Kraft Menschen neuen Mut gemacht hast. Wie sich Freude ausgebreitet hat. Wie neue Gemeinschaft entstanden ist. Und nun soll alles vorbei sein? Jesus, tu etwas!«

Wenn wir in Not geraten, ist das oft wie bei einem Trichter. Immer enger wird unsere Welt. Die Ängste und Sorgen wachsen; niemand scheint uns mehr zu verstehen. Da waren doch noch andere Boote mit hinausgefahren. Sie sind ganz aus dem Blick geraten. Angst und Not machen einsam, fixieren uns auf uns selbst.

Hier auf dem Boot ist das anders. Die Freundinnen und Freunde Jesu sind auch im Zweifel und in der Angst zusammen, nicht allein. Sie teilen ihre Angst, sie versinken nicht in ihrer Einsamkeit, sondern ringen gemeinsam um Gottes Beistand. Gemeinsam rütteln sie Jesus wach.

Genau dazu ist Kirche da. Miteinander und füreinander nach Wegen durch den Sturm zu suchen. Einander in der Angst beizustehen und füreinander zu beten. Miteinander Jesus zu drängen, dass Gott unsere Not nicht übersieht und vergisst, sondern neue Wege öffnet und bahnt. Wir brauchen einander, um uns wechselseitig im Glauben zu stärken, um Gott gemeinsam in den Ohren zu liegen, um gemeinsam zu spüren, wie Gott uns trägt und gemeinsam neue Wege zu entdecken.

IV

Jesus lässt sich wecken! *»Und Jesus stand auf und bedrohte den Wind und sprach zu dem Meer: Schweig! Verstumme! Und der Wind legte sich und es ward eine große Stille.«* (Markus 4,39)

Mit Vollmacht führt Jesus die Menschen aus ihrer Not. Er stillt das Ungewitter. Die Wellen legen sich. Gottes Geist breitet sich über den See aus; da verlieren die Mächte des Todes ihre Kraft. Ein Wunder! Die Menschen werden gerettet – sie verlieren ihre Angst und werden in ihrem Glauben gestärkt. Gottes Macht ist stärker als der Sturm. Gottes Geist überwindet Krankheit und Tod, macht uns heil.

»Und sie wurden froh« (Psalm 107,30), haben wir mit dem Psalm gebetet. Froh, weil ihre Angst überwunden wurde und sie neuen Mut bekommen haben. Sie haben erfahren, dass Gottes Zusage gilt: »Fürchte dich nicht!« Sie haben auf dem stürmischen Meer erlebt, dass sie sich darauf verlassen können: Der Glaube trägt nicht nur bei schönem Wetter, sondern auch durch die tiefen Täler und die schlimmen Stürme.

V

Doch die Geschichte ist noch nicht zu Ende. Jesus spricht seine Freundinnen und Freunde noch einmal auf ihren Glauben an: *»Was* *seid ihr so furchtsam? Habt ihr noch keinen Glauben?*« (Markus 4,40) Noch einmal stellt er Glaube und Furcht streng gegeneinander. Aber für uns ist das nicht leicht, uns so ganz auf Gott zu verlassen; immer wieder holt uns die Furcht ein.

Und am Ende heißt das. Doch »*sie fürchteten sich sehr und sprachen untereinander: Wer ist der, dass ihm Wind und Meer gehorsam sind!*« (Markus 4,41) Die Freundinnen und Freunde Jesu sind gerettet worden; sie haben erlebt, wie Gott sie durch den Sturm trägt und seine Zusage einhält: »Fürchtet euch nicht, denn ich bin bei euch!« Sie verlieren ihre Furcht; aber eine neue Ehrfurcht stellt sich im Gottvertrauen ein. Eine Ehrfurcht vor dem Sohn Gottes, vor Jesus, dem Wind und Wellen gehorsam sind, der am Ende seines Weges auch die Macht des Todes überwindet. Eine Ehrfurcht, die alle Menschenfurcht hinter sich lässt und sich ganz diesem Christus anvertraut, der da ist für uns und uns durch alle Not trägt. Der uns zuruft: »Fürchte dich nicht. […] Ich habe dich bei deinem Namen gerufen, du gehörst zu mir!« (Jesaja 43,1; BasisBibel 2021)

Gottesdienst in der Ökumenischen Kapelle im Zentrum für Psychiatrie Reichenau, Bodensee, am 10.2.2019.

Gottes Großzügigkeit nährt unsere Zuversicht!

Predigt zum Sonntag Sexagesimä – Lukas 8,4–15

Als nun eine große Menge beieinander war und sie aus jeder Stadt zu ihm eilten, sprach er durch ein Gleichnis: Es ging ein Sämann aus zu säen seinen Samen. Und indem er säte, fiel einiges an den Weg und wurde zertreten, und die Vögel unter dem Himmel fraßen's auf. Und anderes fiel auf den Fels; und als es aufging, verdorrte es, weil es keine Feuchtigkeit hatte. Und anderes fiel mitten unter die Dornen; und die Dornen gingen mit auf und erstickten's. Und anderes fiel auf das gute Land; und es ging auf und trug hundertfach Frucht. Da er das sagte, rief er: Wer Ohren hat zu hören, der höre!

Es fragten ihn aber seine Jünger, was dies Gleichnis bedeute. Er aber sprach: Euch ist's gegeben, zu wissen die Geheimnisse des Reiches Gottes, den andern aber ist's gegeben in Gleichnissen, dass sie es sehen und doch nicht sehen und hören und nicht verstehen. Das ist aber das Gleichnis: Der Same ist das Wort Gottes. Die aber an dem Weg, das sind die, die es hören; danach kommt der Teufel und nimmt das Wort von ihrem Herzen, damit sie nicht glauben und selig werden. Die aber auf dem Fels sind die: Wenn sie es hören, nehmen sie das Wort mit Freuden an. Sie haben aber keine Wurzel; eine Zeit lang glauben sie, und zu der Zeit der Anfechtung fallen sie ab. Was aber unter die Dornen fiel, sind die, die es hören und gehen hin und ersticken unter den Sorgen, dem Reichtum und den Freuden des Lebens und bringen keine Frucht zur Reife. Das aber auf dem guten Land sind die, die das Wort hören und behalten in einem feinen, guten Herzen und bringen Frucht in Geduld.[4]

---

4   Lukas 8,4–15; Luther 2017.

Wer Ohren hat zu hören, der höre, liebe Gemeinde! Das ist eine wunderbare Überschrift über einem Wochenende und einem Gottesdienst mit einer Kantate! Was bekommen wir heute zu hören? Ein Musikstück, das unsere Zuversicht nährt und unser Vertrauen, dass Gott mit uns geht, auch durch die dunklen Täler. Eine Kantate, die davon erzählt, wie ein Mensch um Gottes Segen ringt: »Ich lasse dich nicht, du segnest mich denn«, und in der es am Ende heißt: »Selig, wer mit mir so spricht: Meinen Jesum lass ich nicht!« (BWV 157)

I

Viele kämpfen in diesen Tagen: Kranke und ihre Pflegekräfte, ihre Ärzte und Ärztinnen ringen auf den Intensivstationen um das Leben. In den Altenheimen gegen die Einsamkeit der Quarantäne. Angehörige mit ihrer Verbundenheit, weil sie ihren Lieben nicht beistehen oder mitgehen können. Trauernde, weil sie nur im kleinen Kreis Abschied nehmen konnten.

Da sind Männer und Frauen, selbstständig oder angestellt, die nicht wissen, ob ihr Betrieb den Lockdown überstehen wird. Junge Leute, die gerade am Anfang des Studiums, der Ausbildung oder des Berufs stehen und loslegen wollen; Alleinstehende, die niemanden treffen können, Großeltern, die ihre Enkelkinder vermissen.

Sie alle, wir alle warten auf tröstliche und ermutigende Worte. Worte, die nicht nur in unsere Ohren kommen, sondern die uns ergreifen und froh machen, die wir mit allen Sinnen und mit dem »feinen, guten Herzen« hören, und die dann Frucht bringen, hundertfach.

II

Bachs Kantate singt uns solche Worte zu. Sie spricht nicht nur unseren Kopf an, sondern auch unser Gefühl und unsere Seele. Die heutige Kantate gedenkt eines verstorbenen Menschen. Aber was sie erzählt, ist mehr als eine biografische Notiz. Sie besingt, wie es sich im Glauben lebt – und stirbt, welche Kraft und Zuversicht einem Menschen im Vertrauen auf Christus zuwächst.

Sie legt den Sängerinnen und Sängern, aber im Zuhören auch uns allen, Vertrauenssätze in den Mund. Wir sprechen sie mit, probieren sie aus: Ob sie auch uns tragen? Wie hört sich das für mich an, wenn ich einmal vorsichtig einstimme in dieses »Wenn ich Verdruss und Kummer leide, so bist du meine Freude« (BWV 157)? Werden meine Zweifel schwächer und meine Hoffnung stärker? Werde ich freier; hebt sich mein Kopf? Wird mir wärmer ums Herz?

Die Kantate lockt uns in ein Hören, das uns ergreift und bewegt und am Ende zum Einstimmen verführen will. Darin liegt die besondere Kraft von Bachs Kantaten; so stärken sie schon seit dreihundert Jahren das Gottvertrauen und helfen, dass Gottes Wort auf guten Boden fällt.

III

In der Kantate fühlen wir uns in ein Grundvertrauen hinein, um das wir gerade in diesen Wochen ringen. Langsam gehen die Kräfte zur Neige. Viele fühlen sich ausgezehrt. Die Anspannung wächst. Manche versinken in ihrer Traurigkeit; andere sind geladen: Jetzt reicht es mir! Können wir da einstimmen: »Denn dieser Trost ist doch der beste, ich halte meinen Jesum feste«? (BWV 157)

Das Gleichnis vom Sämann weiß um unsere Gefangenschaft und unsere Blockaden. Groß ist die Unsicherheit: Kriegen wir das in den Griff oder wird am Ende unser Mit- und Füreinander hinter den Masken und der Angst vor Ansteckung verschwinden? Bedrohlich ist das Gefühl: Wie wird es weitergehen? Wie halten wir zusammen: Jung und Alt; die Kräftigen und die Risikogruppen; die reichen und die armen Länder? Der Boden scheint festgetrampelt, das Land dürr und trocken; die Dornen wuchern.

Aber Jesus sät Zuversicht und Hoffnung aus, nicht nur auf den guten Boden. Seine Worte sind eine Kraft, die das Leben wachsen lässt und stärker ist als der Tod.

IV

Der Sämann im Gleichnis ist kein guter Bauer. Der würde genau überlegen, wie er seine Ressourcen einsetzt und wo es sich lohnt zu säen; wie der Ertrag sich zu dem Einsatz verhält.

Christus zeigt uns, dass Gott anders sät: großzügig, verschwenderisch! Wir sind verzweifelt – und schon fliegt eine Handvoll Samen. Wir sind einsam – doch Christus spricht ein Wort und unsere Seele wird gesund. Wir fürchten uns – da öffnet sich der Himmel und Gottes guter Geist erscheint: »So kann mein Geist recht freudig rasten!« (BWV 157)

Christus geht übers Land und greift in seinen Sack voller Samen. Aus der Fülle Gottes streut er freigiebig den Samen des Trostes und der Zuversicht auf das Land – auch auf den Weg und die Felsen, in die Trockenheit und zwischen die Dornen. Gottes Möglichkeiten sind größer, als wir ahnen. Sie öffnen eine Zukunft, auf die wir nicht zu hoffen wagen. Selbst der Tod verliert seinen Schrecken: »Ei, wie vergnügt ist mir mein Sterbekasten, weil Jesus mir in Armen liegt!« (BWV 157)

V

»Wer Ohren hat zu hören, der höre!« (Lukas 8,8) Bachs Kantaten helfen uns zu hören. Sie locken uns ins Vertrauen. Sie verführen uns in eine Haltung, die auch in der Not und im Zweifel mit Gott um seinen Segen ringt: »Ich lasse dich nicht, Gott, auch wenn so vieles dagegenspricht. Auch wenn ich überall die Dornen, die Felsen und die pickenden Vögel sehe, trotz unserer Erfahrungen, wie begrenzt und verletzlich unser Leben ist; ich lasse dich nicht! Weil ich darauf vertraue, dass ›Christus mich für und für zu den Lebensbächlein leiten‹ lässt und ›im Himmel mit dem Segen‹ (auf mich) wartet (BWV 157).«

In der Nachfolge Christi teilen auch wir als Sämänner und -frauen freimütig aus und vertrauen darauf, dass aus jedem Korn neues Leben wachsen kann. Wir stimmen uns in die Zuversicht der Kantate ein: mal eher skeptisch hörend, mal schon aufmerksam lauschend, mal leise mitsummend, weil uns die Melodie des Lebens schon ergriffen hat, mal kräftig und voller Vertrauen einstimmend. Bach führt uns ins Miteinander dieser Stimmen. Der Glaube gedeiht im Duett: wenn die eine zweifelt, stärkt sie, dass der andere Gott zusingt: »Ich lasse dich nicht, du segnest mich denn!« (BWV 157) Wenn meine Stimme versagt, richtet mich der Klang der anderen auf.

Wir brauchen einander im Glauben, im Leben und im Sterben! Damit der Samen des Gottvertrauens keimt und wächst. Und wir am Ende einstimmen können: »Selig, wer mit mir so spricht: Meinen Jesum lass ich nicht!« (BWV 157)

Kantatengottesdienst (»Ich lasse dich nicht, du segnest mich denn«, BWV 157) in der Stadtkirche Karlsruhe am 7.2.2021.

In der Hoffnung leben

Predigt zum Sonntag Reminiscere – Römer 5,1–5

Da wir nun gerecht geworden sind durch den Glauben, haben wir Frieden mit Gott durch unsern Herrn Jesus Christus. Durch ihn haben wir auch den Zugang im Glauben zu dieser Gnade, in der wir stehen, und rühmen uns der Hoffnung auf die Herrlichkeit, die Gott geben wird. Nicht allein aber das, sondern wir rühmen uns auch der Bedrängnisse, weil wir wissen, dass Bedrängnis Geduld bringt, Geduld aber Bewährung, Bewährung aber Hoffnung, Hoffnung aber lässt nicht zuschanden werden; denn die Liebe Gottes ist ausgegossen in unsre Herzen durch den Heiligen Geist, der uns gegeben ist.[5]

Liebe Gemeinde!

»Ich habe Hoffnung!« Ein Satz bei einem Besuch im Krankenhaus. Die Krankenschwester ist gerade im Zimmer. Sie hat ihn auch gehört; sie schaut etwas verlegen zur Seite. Dann sagt sie: »Das ist gut!«, und lächelt beim Hinausgehen.

Ein Loblied der Hoffnung stimmt der heutige Predigttext an. Unsere Hoffnung ist stark, weil sie aus dem Frieden mit Gott lebt. Sie ist so stark, dass sie sich nüchtern und realistisch den Schrecken und der Not stellen kann: einer schlimmen Diagnose, aber auch der Katastrophe, die die Menschen zurzeit in Nordsyrien und auf der Flucht vor dem Krieg erleben. Bilder, die mich und viele andere kaum loslassen.

I

»Wir haben Hoffnung, weil wir durch Christus Frieden mit Gott haben!« (Vgl. Römer 5,1)

---

5   Römer 5,1–5; Luther 2017.

Das sind große Worte, wenn im Krankenhaus die Diagnose »Krebs« heißt. Woher nimmt die Hoffnung dann ihre Kraft? Oder wenn die christlichen Gemeinden immer kleiner werden in Syrien, weil immer mehr Menschen vor Krieg und Verfolgung fliehen müssen; weil die Mächtigen nicht mehr für Recht und Gerechtigkeit sorgen, sondern ihre Interessen mit Gewalt durchsetzen. Da ist kein Platz mehr für Vielfalt und ein lebendiges Miteinander; da gelten die Sorge für die Schwachen und die Liebe zu den Feinden als naiv und unzeitgemäß; die Zivilbevölkerung wird zum Spielball der Politik. Das geht bis dahin, dass die »Diakonie Katastrophenhilfe« und andere Hilfsorganisationen im griechisch-türkischen Grenzgebiet trotz Regen und Schnee und Kälte keine Zelte für die Flüchtlinge aufstellen dürfen.

Die Haltungen, die hinter dieser Katastrophe stehen, sind Machtgier einerseits und andererseits Angst: dass es nicht reicht für mich und uns. Unter dem Motto »Erst kommen wir!« lässt sich beides verbinden; damit lassen sich Stimmen gewinnen. Da werden die verschiedenen Gruppen und Identitäten gegeneinander ausgespielt; genau das Gegenteil von dem, was die ältesten Kirchen der Welt, die in diesem Gebiet entstanden sind, damals ausgezeichnet hat: »Hier ist nicht Jude noch Grieche, hier ist nicht Sklave noch Freier, hier ist nicht Mann noch Frau; denn ihr seid alle eins in Christus« (Vgl. Galater 3,28) sagt das älteste Taufbekenntnis aus Galatien in der heutigen Türkei. Christi Liebe versöhnt und eint, führt zusammen und stärkt die Hoffnung auf eine gemeinsame Zukunft, in der Gerechtigkeit und Frieden sich küssen. Davon ist gegenwärtig wenig zu spüren; die christlichen Kirchen und Gemeinden in der Region werden zerrieben, ihre Hoffnungen werden zerstört.

Die Angst und die Fixierung auf die eigenen Interessen stecken an und breiten sich wie ein Virus aus; in Europa, in Deutschland, auch bei uns: »Wie soll das gehen, wenn immer mehr Menschen zu uns kommen? Werden wir genug Wohnraum haben? Was wird mit meiner Arbeit?« Viele reagieren auch hier mit: »Wir zuerst!« Das Sortieren und Abwerten greifen um sich: »Du gehörst dazu – und du nicht!« So schleicht sich die Angst vor den anderen und die Sorge um das Eigene wie ein Gift in unsere Herzen. »Sollte die Liebe Christi wirklich auch unseren Feinden gelten?«

Die Bibel deckt diesen Zweifel an Gottes Liebe und diese Fixierung auf uns von der Geschichte vom Sündenfall bis zur Kreuzigung und in den ersten Gemeinden schonungslos auf. Sie fragt uns: »Wo ist dein Bruder, deine Schwester? Wer ist deine Nächste, dein Nächster? Hast du Christus erkannt in dem Fremden, der dir anvertraut und zugemutet ist?«

II

Die Passionszeit bietet eine Gelegenheit, innezuhalten und uns darüber klar zu werden, wo wir in dieser Angst gefangen sind, dass es nicht reicht für uns. Wo wir uns nicht darauf verlassen, dass wir durch Christus schon im Frieden Gottes leben und dem »Sorget nicht!« nicht trauen. Die Passionszeit eröffnet die Chance, nicht von mir weg auf die anderen zu zeigen, die vermeintlich Bösen, sondern zu entdecken, was mich von meinem Gottvertrauen wegführt. Die Passionszeit zeigt uns aber auch, wie Jesus Christus uns an die Hand nimmt und uns mit seiner Liebe in den Frieden mit Gott führt:

Mit seinem »Fürchte dich nicht!« nimmt er mir die Angst um mich selbst.

Auf seinem Weg zum Kreuz nimmt er mir die Schuld, die Bosheit, auch die Trägheit ab, die mich daran hindern, in seinem Geist der Liebe zu leben.

Seine Auferweckung führt mich aus der bedrohlichsten Dunkelheit, der Angst vor dem Tod.

»Ich lebe, und ihr sollt auch leben.« (Johannes 14,19) Das ist seine Zusage, mit der er uns einen Lebensraum der Gnade und des Friedens eröffnet.

Ich stelle mir diesen Raum der Gnade weit und hell vor. Während die Angst unser Leben eng macht, begegnen sich im Frieden Gottes die Menschen frei und offen, in einer menschenfreundlichen, achtsamen Atmosphäre. So wie wenn ein Mensch einen Raum betritt und auf einmal breitet sich eine unerwartete Leichtigkeit und Freundlichkeit aus; so wie ich es manchmal in einer offenen Kirche erlebe: Angst und Not fallen von mir ab und ich komme zur Ruhe. »Gott ist gegenwärtig!« als Schalom, als Frieden in einem ganz umfassenden Sinn: persönlich, politisch, wirtschaftlich, aber auch zwischen den Generationen, mit allem Leben in der Schöpfung.

Das Loblied der Hoffnung besingt, dass wir schon jetzt aus und in diesem Frieden leben. Die Kraft der Liebe Christi trägt und stärkt uns; sie zeigt sich im offenen Gesicht, in der sorgenden Gemeinschaft und in der Achtsamkeit für die anderen, im Vertrauen auf Gott und in der Hoffnung auf eine gute Zukunft. Diese Hoffnung ist ein grundlegendes Merkmal unserer christlichen Existenz. Sie umgibt uns wie ein Schutzmantel, sie stärkt uns in unseren Nöten und Konflikten wie eine Rüstung des Friedens, sie richtet uns aus auf die Zukunft: ein Kleid der Hoffnung.

III

Diese neue Wirklichkeit, in die uns Christus führt, übersieht nicht die Not. Sie ist nüchtern und realistisch. Sie kennt das Böse – auch die Bosheit in mir. Aber sie lässt sich davon nicht bannen, sondern macht Mut, in der Bedrängnis geduldig zu sein. Wie eine Kette von Perlen reiht Paulus die Erfahrungen aneinander, die wir im Frieden Gottes im Umgang mit Not und Schrecken machen: In der Bedrängnis brauchen wir Geduld; in der Geduld erfahren wir, wie sich der Glaube bewährt; die Bewährung stärkt unsere Hoffnung.

Von Bedrängnissen können wir viel erzählen, in unseren Familien- und Krankheitsgeschichten, aber auch im Leiden an einer Welt voller Ungerechtigkeit und Unfrieden, angesichts des Klimawandels oder der Vernichtung so vieler lebendiger Arten. Diese Erfahrungen können uns niederdrücken, bis in die Verzweiflung; sie können uns auch wütend oder zornig, ja gewalttätig machen.

Hilfreich ist die Geduld. Geduldig sein heißt nicht passiv sein oder träge. Die Geduld geht aktiv und selbstbewusst und tatkräftig die Schritte, die möglich sind, auch wenn sie noch so klein sind. Die Geduld sagt die Worte, die nötig und klar sind. Sie bleibt im Reden und Tun auf Gottes Verheißung ausgerichtet und lebt aus dieser Verbindung.

Vielleicht hilft der Begriff »Langmut« noch besser zu verstehen, was hier mit Geduld gemeint ist. Es braucht Mut, sich einer schweren Krankheit zu stellen und am Ende auch das Sterben als Teil des Lebens anzunehmen. Es braucht Mut, im Freundeskreis, im Betrieb, in der Schule, manchmal sogar in der Familie für eine humanitäre Flüchtlingspolitik einzutreten. Es braucht Mut – und einen langen Atem, weil wir keine schnellen Lösungen haben und immer wieder in uns selbst entdecken, dass uns die Angst und die Sorge um das eigene Wohl einfangen. Dagegen gilt die Zusage: Wir haben durch Christus schon Frieden mit Gott; deshalb können wir darauf vertrauen, dass am Ende alles gut und Christi Liebe unsere Welt erneuern wird.

Was stärkt unseren langen Mut? Was hilft, dass er sich in Not und Schrecken bewährt, wie es die dritte Perle auf der Kette verspricht?

Da sind zuerst die Menschen, die mit uns mitgehen – Familie, Freundinnen und Freunde, aber auch Menschen, die sich mit uns und für uns engagieren: sei es für Kranke in der Reha oder im Hospiz; sei es in der Hilfe für die Menschen, die Zuflucht bei uns suchen, in Gemeinden oder Flüchtlingsinitiativen.

Das geduldige Ringen um einen guten Weg bewährt sich, zweitens, wenn Menschen, die traumatisiert sind oder in Not, die Erfahrung machen, nicht einfach ausgeliefert zu sein; wenn sie selbst ihr Leben und ihren Weg mitgestalten und Verantwortung für sich und ihre Familien übernehmen können.

Und schließlich, drittens, bewährt sich die Langmut im Vertrauen, dass da eine Kraft ist, die stärker ist als Tod und Unrecht und uns trägt in Zeit und Ewigkeit.

Diese Kraft ist die Liebe Christi, die die Welt bewegt, versöhnt und eint, wie es das Motto für die Weltversammlung der Kirchen 2021[6] in Karlsruhe sagt. Sie umgibt uns und ist zugleich in unsere Herzen eingegossen; sie ist innen wie außen; sie zeigt sich in der Stille und im Beten und im Tun des Gerechten; sie macht uns zu neuen Menschen. Sie bildet den Horizont, an dem wir unser Leben im Raum der Gnade ausrichten; sie ist wie ein Grundton, auf den Christus unseren Lebensraum ein für alle Mal gestimmt hat. Sie ist die Kraft, die jeden einzelnen Menschen in Krankheit, Demenz und

---

6   Der Termin der Weltversammlung wurde wegen der Coronapandemie um ein Jahr verschoben und ist für Herbst 2022 geplant.

im Sterben stärkt, sodass sie nicht an sich, der Welt und an Gott verzweifeln; sie ist die Kraft, die Menschen hilft, auch in den Schrecken von Krieg, Gewalt und Flucht nicht die Würde zu verlieren, die Gott ihnen schenkt; sie ist die Kraft, die uns mutig Verantwortung für einander übernehmen lässt.

IV

Als ich mich nach meinen Besuchen im Stationszimmer verabschiede, schaut mich die Krankenschwester an. »Das möchte ich auch mal so sagen können. ›Ich habe Hoffnung!‹ Das ist doch erstaunlich, oder? Was für eine Kraft trotz der Krankheit!«

Christi Liebe führt uns aus der Bedrängnis in die Geduld, aus der Geduld in die Bewährung, aus der Bewährung in die Hoffnung. »*Hoffnung aber lässt nicht zuschanden werden; denn die Liebe Gottes ist ausgegossen in unsre Herzen durch den Heiligen Geist, der uns gegeben ist.*« (Römer 5,5)

Gottesdienst in der Johanneskirche in Ettlingen am 8.3.2020.

Gemeinsam aufbrechen und die Müden stärken

Predigt zum Sonntag Palmarum – Jesaja 50,4–9

> Gott der HERR hat mir eine Zunge gegeben, wie sie Jünger haben, dass ich wisse, mit den Müden zu rechter Zeit zu reden. Alle Morgen weckt er mir das Ohr, dass ich höre, wie Jünger hören. Gott der HERR hat mir das Ohr geöffnet. Und ich bin nicht ungehorsam und weiche nicht zurück. Ich bot meinen Rücken dar denen, die mich schlugen, und meine Wangen denen, die mich rauften. Mein Angesicht verbarg ich nicht vor Schmach und Speichel. Aber Gott der HERR hilft mir, darum werde ich nicht zuschanden. Darum hab ich mein Angesicht hart gemacht wie einen Kieselstein; denn ich weiß, dass ich nicht zuschanden werde. Er ist nahe, der mich gerecht spricht; wer will mit mir rechten? Lasst uns zusammen vortreten! Wer will mein Recht anfechten? Der komme her zu mir! Siehe, Gott der HERR hilft mir; wer will mich verdammen? Siehe, sie alle werden wie Kleider zerfallen, die die Motten fressen.[7]

Liebe Schwestern und Brüder, liebe Gemeinde,
es ist wunderbar, dass wir heute gemeinsam Gottesdienst feiern können. Ich danke Ihnen sehr für diese Einladung – und ich danke Ihnen für die Gemeinschaft, die zwischen uns gewachsen ist. Die Kirche Jesu Christi ist eine Kirche mit einem weiten Horizont in zeitlicher wie räumlicher Hinsicht. Wir gehören zusammen: Woher wir auch stammen; welche Sprache wir sprechen; welche kulturellen Traditionen wir mitbringen; ob wir Mann oder Frau, alt oder jung, reich oder arm sind: Wir sind eins in Christus!

Zu uns gehören die, die uns vorangegangen sind, und die, die nach uns kommen werden. Wir werden von denen getragen, die uns vorangegangen sind: Von Jesaja, auf dessen Wort wir heute hören. Von den ersten Christinnen und Christen in den Gemeinden in Kleinasien. Von unseren Lehrern und Lehrerinnen im Glauben,

---

7   Jesaja 50,4–9; Luther 1984.

mögen es unsere Eltern oder Großeltern gewesen sein oder andere Menschen in unseren Gemeinden. Und wir tragen Verantwortung für die Menschen, die nach uns kommen: für das Leben, das uns Gott zum Bebauen und Bewahren anvertraut hat; dass unser Glaube weitergegeben wird und die Müden gestärkt werden.

In dieser großen Zeit und Raum übergreifenden Gemeinschaft leben und glauben wir, in ihr feiern wir Gottesdienst. Was zeichnet unser gemeinsames christliches Leben heute aus? Wie werden wir als Gemeinde Jesu Christi erkennbar?

I

Das erste Kennzeichen ist das Hören. Wir sind eine Gemeinde, weltumspannend, durch die Zeiten hindurch. Das »Wir« ist umfassend. Aber es lebt aus der Vielfalt der Glieder am *einen* Leib. Wer dazu gehört, muss nicht so aussehen, so angezogen sein, das gleiche politische Programm vertreten wie alle anderen. Der christliche Glaube ist konkret, persönlich und individuell. Mir gilt Gottes Zusage; ich bin gefragt; das hat uns die Reformation vor fünfhundert Jahren noch einmal eingeschärft.

Alle Morgen weckt Gott mir das Ohr, dass ich höre, wie die hören, die Jesus nachfolgen. Das ist eine große Zumutung! Morgens aufzustehen – und dann erst einmal neu hinzuhören. Was hat Gott mir zu sagen? Das ist die Idee der Herrnhuter Losungen oder der täglichen Bibellese. Nicht morgens aufwachen und schon wissen, was richtig und falsch ist, sondern wieder neu hinhören. Was ist heute Gottes Auftrag an mich?

Wenn das gelingt, dann ist das wie eine kleine Pause, ein Innehalten. Ein Spalt öffnet sich, in dem sich Gottes Güte ausbreiten kann. Gerade in Konflikten ist das hilfreich, egal ob sie persönlich oder politisch sind. Da geht normalerweise alles ganz schnell. Der beleidigt mich. Ich halte dagegen. Die anderen sind für mich oder für ihn. Es gibt keine Alternative. So schaukelt sich das Ganze auf – und dann geht es zur Sache.

Unser Gottvertrauen unterbricht diese Eskalation. Erst einmal durchatmen und hören, bevor das erste Wort aus dem Mund herausgeht: Was würde Jesus sagen? Sich in die anderen hineinversetzen. Das Hören erfordert Mut! Nach Alternativen schauen. Dazu braucht es

Fantasie! Und Geduld und Beharrlichkeit! »Gott öffnet mir das Ohr! Ich weiche nicht zurück!«

II

Der zweite Orientierungspunkt ist die Ausrichtung auf die Müden. Um sie geht es Gott. »*Gott der HERR hat mir eine Zunge gegeben, wie sie Jünger haben, dass ich wisse, mit den Müden zu rechter Zeit zu reden.*« (Jesaja 50,4)

Als müde werden in der Bibel Menschen beschrieben, die mit ihren Kräften am Ende sind. Sie haben geklagt und geschrien. Sie haben etwas erlitten – nun wissen sie nicht mehr weiter. Kraftlos sind sie. Verzweifelt. Manche richten sich ein in ihren Verhältnissen – und geben ihre Last weiter; andere versinken im Kummer.

Dieses Bild des erschöpften Menschen, von Burn-out und Müdigkeit redet direkt in unsere Zeit. Den Druck, sich selbst zu optimieren, erleben schon Jugendliche in der Schule. Es gilt, lebenslang immer besser zu werden, immer effizienter, immer mehr Kompetenzen in allen Dimensionen; aber eine Ruhe ist nicht in Sicht. Ich laufe immer hinterher. Wer dem nicht gewachsen ist, wird leicht beschämt. Gefragt ist der ganze Mensch, mit Körper, Geist und Seele. Manchen fällt es schwer, Arbeitszeit und Freizeit zu trennen; in bestimmten Berufen, die viel Anerkennung und Gratifikation versprechen, wird erwartet, dass Menschen jederzeit im Dienst sind.

Jesaja ruft uns auf, dagegenzuhalten: Wie stärken wir die Müden? Wie sprechen wir ihnen überzeugend zu, dass Gottes Güte sie trägt und nicht zuschanden werden lässt?

Die Müden zur rechten Zeit stärken – das ist die Kunst, um die es in der Gemeinde geht. Diese Kunst hat meines Erachtens zwei Seiten:

Sie wahrt das Geheimnis von Menschen: »Du kennst mich Gott, bei dir bin ich geborgen. Bei dir ist das, wo ich nicht den Erwartungen entspreche, das, was mir selbst an mir fremd ist, auch das ist bei dir gut aufgehoben!« In unseren Gemeinden respektieren wir einander in unserer Verschiedenheit, in unserem Geheimnis, und vertrauen einander Gott an.

Dieser Respekt vor dem Geheimnis der anderen führt aber nicht in eine Gleichgültigkeit. Wir suchen die Begegnung. Wir schauen achtsam, wo Menschen erschöpft sind. Wir kommen mit ihnen ins Gespräch. Wir versuchen, ihr Vertrauen in Gott zu stärken und ihnen einen guten, gesegneten Platz in unserer Mitte zu geben. Dass sie Mut bekommen und sich selbst wieder mehr zutrauen.

In dieser Spannung von Geheimnis und Achtsamkeit im Umgang miteinander wächst die christliche Gemeinde.

III

Der dritte Orientierungspunkt ist die Gewaltfreiheit. »*Ich bot meinen Rücken dar denen, die mich schlugen, und meine Wangen denen, die mich rauften. Mein Angesicht verbarg ich nicht vor Schmach und Speichel.*« (Jesaja 50,6)

Schon das Volk Israel hat diese Frage beschäftigt, die die Kirche seit 2000 Jahren nicht loslässt: Geht das: nicht zurückschlagen, sich selbst zurücknehmen, gewaltfrei neue Lösungen ermöglichen? Diese Fragen beschäftigen Sie wahrscheinlich in den letzten Monaten im Gespräch mit Ihren Freunden und Verwandten in Korea sehr. Ich bin gespannt, von Ihnen zu hören, ob und wie sich in diesem Konflikt ein Fenster für eine friedlichere Zukunft öffnen kann.

Jesaja ist realistisch und nüchtern. Der Abschied von Krieg und Rüstung, die Suche nach anderen, gewaltärmeren Lösungen von Konflikten bedeutet ein hohes Maß an persönlichem Einsatz und Risiko. Wer Alternativen ausprobiert, braucht Mut. Vor allem, wenn gleichzeitig die Angst geschürt wird vor den Fremden, dem Gegner. Das gilt im Kleinen wie im Großen: Der Krieg in Syrien ist ein Krieg auf dem Rücken und gegen die Menschen in Syrien. Unsere internationale Politik ist längst hinter die Regeln des sogenannten gerechten Krieges zurückgefallen: der Schutz der Zivilbevölkerung, die Verhältnismäßigkeit der Mittel, das Ziel eines dauerhaften und rechtsfähigen Friedens; nicht einmal das, worüber sich die christlichen Konzile und Staaten im Mittelalter verständigt hatten, wird beachtet. Die beteiligten Akteure kennen nur ihre Machtinteressen.

Was können wir als Kirchen tun? Bonhoeffer hat vor dem Zweiten Weltkrieg auf ein weltweites Friedenskonzil gehofft. Ein solches Konzil, zu dem der Papst, das orthodoxe Patriarchat und der ökumenische Rat der Kirchen einladen, wäre auch heute ein wichtiges Zeichen; noch besser wäre ein gemeinsames Treffen der Weltreligionen.

Der Ruf in die Gewaltlosigkeit gilt aber auch im Kleinen, da, wo wir vor Ort etwas tun können. Wenn die Vertreter von Moscheegemeinden inzwischen große Angst vor Brandanschlägen haben; wenn muslimische Mädchen erzählen, wie sie wegen ihres Kopftuchs in der Straßenbahn behandelt werden, dann sind wir als Einzelne und in unseren Gemeinden gefragt, uns mutig und deutlich für die einzusetzen, die bedroht sind. Wir müssen Zeichen setzen und Spielräume auf dem Weg des Friedens eröffnen. Das ist nicht leicht und bequem, aber wir hören Gottes Wort und verlassen uns darauf: Gott wird uns helfen, darum werden wir nicht zuschanden.

IV

Heute am Palmsonntag denken wir daran, wie Jesus in Jerusalem einzog. Er ist unbewaffnet und orientiert sich an den Worten des Propheten: *»Ich bot meinen Rücken dar denen, die mich schlugen, und meine Wangen denen, die mich rauften. Mein Angesicht verbarg ich nicht vor Schmach und Speichel.«* (Jesaja 50,6) Die politisch Verantwortlichen nehmen ihn gefangen; das Volk stimmt seiner Ermordung zu, auch die Müden. Doch er bleibt seinem Weg und Gottes Geboten treu. Am Karfreitag stirbt er am Kreuz; aber drei Tage später setzt Gott ihn ins Recht und weckt ihn auf.

Heute, am Palmsonntag 2018, will Jesus in unsere Städte und Dörfer einziehen. Er will die Müden stärken und Frieden stiften. Seit Ostern ist der Tod besiegt. Lasst uns zusammen vortreten und es zeigen: Der Friede Gottes ist höher als alle anderen Mächte und Gewalten.

Gottesdienst in der koreanischen Gemeinde in Heidelberg am 25.3.2018.

Das Kreuz in der Mitte

Predigt zum Karfreitag – 2. Korinther 5,14–21

> Denn die Liebe Christi drängt uns, da wir erkannt haben: Einer ist für alle gestorben, also sind sie alle gestorben. Er ist für alle gestorben, damit, die, die da leben, hinfort nicht sich selbst leben, sondern dem, der für sie gestorben ist. Darum kennen wir von nun an niemanden mehr nach dem Fleisch. Und auch wenn wir Christus nach dem Fleisch gekannt haben, tun wir das jetzt nicht mehr. Darum: Ist jemand in Christus, so ist er eine neue Kreatur; das Alte ist vergangen, siehe, Neues ist geworden. Aber das alles geht von Gott aus, der uns mit sich selber versöhnt hat durch Christus und uns das Amt gegeben, das die Versöhnung predigt. Denn Gott war in Christus und versöhnte die Welt mit sich selber und rechnete ihnen ihre Sünden nicht zu und hat unter uns aufgerichtet das Wort von der Versöhnung. So sind wir nun Botschafter an Christi Statt, denn Gott ermahnt durch uns. So bitten wir nun an Christi Statt: Lasst euch versöhnen mit Gott! Denn er hat den, der von keiner Sünde wusste, für uns zur Sünde gemacht, damit wir in ihm die Gerechtigkeit würden, die vor Gott gilt.[8]

Liebe Gemeinde,
heute am Karfreitag rückt das Kreuz in die Mitte. Das Kreuz als Zeichen der Versöhnung! Mitten in der Not drängt uns die Liebe Christi in eine neue Wirklichkeit, in der Gott mit den Menschen und die Menschen untereinander versöhnt leben. Unter dem Kreuz erkennen wir uns als Geschwister und Kinder Gottes. Der Hass, die Schuldzuweisungen, der Kampf um Macht, Geld und Anerkennung finden ein Ende. Gottes Liebe drängt uns in eine neue Richtung: »*Lasst euch versöhnen mit Gott!*« (2. Korinther 5,10) Im Loslassen und im Vertrauen auf Gott werden wir selbst Botschafter und Botschafterinnen der Versöhnung.

---

8   2. Korinther 5,14–21; in Anlehnung an Luther 1984.

I

Das Kreuz rückt in die Mitte. Es ist das Zeichen des Leidens. Das Kreuz steht für die Opfer der Anschläge in Brüssel, für die Verzweiflung ihrer Angehörigen, für die Angst vor neuen Anschlägen. Es steht für die Menschen, die im Bürgerkrieg in Syrien sterben, für die Familien, die auseinandergerissen werden, für die Kinder, die ihre Eltern verlieren. Es steht für die Menschen, die in Idomeni verzweifeln und auf der Flucht im Mittelmeer ertrinken. Das Kreuz steht für all die Schrecken, die wir Menschen einander zufügen.

An *diesem* Kreuz stirbt einer für alle. Jesus nimmt die Leiden der Welt auf sich und legt sie vor Gott. Das verändert unsere Lage. Nicht, weil Jesus weniger verzweifelt wäre als wir im Angesicht des Todes. Er hat sich genauso verlassen gefühlt, hat genauso wie wir gehofft: »Lass diesen Kelch an mir vorübergehen!« Er stirbt für alle, aber Gott verlässt ihn nicht. Gott weckt ihn auf, ruft ihn wieder ins Leben, setzt ihn und seinen Weg ins Recht. Das verändert unsere Lage: Der Tod hat nicht das letzte Wort, er wird in seine Schranken gewiesen! Seitdem sind wir nicht mehr allein im Leiden und im Sterben. Gott ist mit uns. Christus watet mit durch den Schlamm in Idomeni; Christus nimmt die Menschen in den Arm, die Angehörige im Terror in Brüssel verloren haben; Christus sitzt mit uns an unseren Sterbebetten und geht mit uns den letzten Weg.

II

Wir stehen unter dem Kreuz Christi. Seine Liebe drängt uns zu einem neuen Miteinander. Das fängt mit einem anderen Blick auf die anderen an. »*Darum kennen wir von nun an niemanden mehr nach dem Fleisch.*« (2. Korinther 5,16) Nicht mehr nach dem Fleisch, das heißt: Entscheidend ist nicht mehr, wie charmant oder stark, wie genial und nützlich oder wie anstrengend mein Gegenüber ist! Die anderen nicht mehr nach dem Fleisch beurteilen, das führt heraus aus dem Vergleichen, aus dem wechselseitigen Ab- und Aufwerten. Entscheidend ist: Christus ist für mich und für die anderen Menschen gestorben! Auch für den, den ich nicht leiden kann, auch für die, mit der ich es schwer habe. Christus ist für alle gestorben und versöhnt uns. Gemeinsam sind wir von nun an »neue Kreatur«. »*Das Alte ist vergangen, siehe, Neues ist geworden.*« (2. Korinther 5,17)

Mich hat in dieser Passionszeit beeindruckt, wie eine Mutter, die ihre Tochter beim Amoklauf in Winnenden verlor, beschreibt, wie sie einen neuen Blick auf sich, auf ihr Leid, aber auch auf den Täter gewonnen hat: »Heute kann ich sagen: Ich vergebe dem Jungen, der meine Tochter bei seinem Amoklauf umgebracht hat. In den ersten Jahren geht das nicht, da ist man wie erstarrt. Kalt und wütend. Ich konnte seinen Namen nicht aussprechen. Ich habe immer nur ›der Täter‹ gesagt. Was mir geholfen hat? Für mich war die Natur sehr wichtig, Rückzug, Einsamkeit, Schweigen. Aber dann auch, dass Menschen einfach da waren, meine Familie, meine Freunde. Ich war genauso gestorben wie meine Tochter. Durch Wärme und Nähe, die ich erfahren habe, konnte das andere langsam wachsen. Das ist so, als ob man eine Kerze mit einer anderen anzündet. Heute lebt die Liebe, die meine Tochter war, wieder. Und ich kann Tim K. als Menschen sehen, ich kann sehen, dass er in großer Not war. Nur Liebe macht Vergebung möglich.«

III

Das Kreuz öffnet neue Wege in das Leben. Die Liebe Christi drängt uns zur Versöhnung. »*Lasst euch versöhnen mit Gott!*« (2. Korinther 5,20)

Das ist eine eigenartige Aufforderung, in der sich Aktiv und Passiv, Tun und Lassen in einer besonderen Weise verbinden. Gott handelt. Gott versöhnt. Aber wir finden uns hinein, wir lassen uns versöhnen, wir lassen uns von der drängenden Liebe Christi bewegen und mitnehmen. Und wir werden dadurch selbst zu Menschen, die die Versöhnungsbotschaft in die Welt tragen. Aus dem Geist der Versöhnung suchen wir Antworten auf Terror und Grausamkeit, auf Unrecht und Unfrieden, die diese nicht wiederholen und den Kreislauf von Hass und Gewalt nicht immer wieder neu antreiben. Wir suchen nach Wegen, den Schwachen beizustehen und die Gedemütigten aufzurichten. Wir suchen nach gewaltfreien Lösungen, wir wollen Vertrauen stärken. Seit dem stellvertretenden Tod von Christus am Kreuz gibt es nichts, im Leben nicht, im Sterben nicht und auch nicht im Tod, nichts, was uns trennen kann von Gottes Liebe. Sie führt uns heraus aus diesen Teufelskreisen und ermutigt, drängt uns zu vielen kleinen Schritten auf dem Weg, den Jesus vorausgegangen ist, zu einem Aufbruch in seinem Geist der Versöhnung.

Gottesdienst in der Stadtkirche Karlsruhe am 25.3.2016.

Ostern macht Mut zum Aufbruch ins Helle

Predigt zum Ostersonntag –1. Samuel 2,1–10

Liebe Festgemeinde,
ich gratuliere Ihnen sehr herzlich zu Ihrer wunderbar renovierten und umgebauten Auferstehungskirche. Hell, freundlich und einladend ist sie geworden, von außen und von innen. Hier werden Menschen gestärkt und gewinnen neue Kraft unter den ausgebreiteten Armen Christi. Hier finden Menschen zusammen: Alteingesessene, Zugezogene und Gäste, Junge, junge Alte und Alte, Fromme und weniger Fromme, Menschen mit ihren Fragen, ihren Zweifeln und Hoffnungen.

Wer eintritt, richtet sich seinen Blick aus auf das Fenster mit dem Auferstehungskreuz, hinter dem das bunte Osterlicht aufstrahlt und unser Gottvertrauen nährt. Wer hier Gottesdienst gefeiert oder gebet hat, geht gestärkt und ermutigt wieder hinaus in die Stadt, in die Familien, in den Urlaub oder an die Arbeitsstellen. Das Osterlicht begleitet sie oder ihn in den Alltag.

I

Was bedeutet Auferstehung für uns heute? Ich lese aus dem 1. Buch Samuel im 2. Kapitel die Verse 1–10, den Predigttext für das diesjährige Osterfest.

> Und Hanna betete und sprach: Mein Herz ist fröhlich in dem HERRN, mein Haupt ist erhöht in dem Ewigen. Mein Mund hat sich weit aufgetan wider meine Feinde, denn ich freue mich deines Heils. Es ist niemand heilig wie du, außer dir ist niemand, und ist kein Fels, wie unser Gott ist. Lasst euer großes Rühmen und Trotzen, freches Reden gehe nicht aus eurem Munde; denn der HERR ist ein Gott, der das merkt, und von ihm werden Taten gewogen. Der Bogen der Starken ist zerbrochen, und die Schwachen sind umgürtet mit Stärke. Die da satt waren, müssen um Brot dienen, und die Hunger litten, hungert nicht mehr. Die Unfruchtbare hat

sieben geboren, und die viele Kinder hatte, welkt dahin. Der HERR tötet und macht lebendig, führt hinab zu den Toten und wieder herauf. Der HERR macht arm und macht reich; er erniedrigt und erhöht. Gott hebt auf den Dürftigen aus dem Staub und erhöht den Armen aus der Asche, dass er ihn setze unter die Fürsten und ihn den Thron der Ehre erben lasse. Denn der Welt Grundfesten sind des HERRN, und er hat die Erde darauf gesetzt. Er wird die Füße seiner Heiligen behüten, aber die Gottlosen sollen zunichtewerden in Finsternis; denn viel Macht hilft doch niemandem. Die mit dem HERRN hadern, sollen zugrunde gehen. Der Höchste im Himmel wird sie zerschmettern, der HERR wird richten der Welt Enden. Er wird Macht geben seinem Könige und erhöhen das Haupt seines Gesalbten.[9]

Ostern feiern wir den Aufbruch ins Helle. Die Osterkerze zieht in die Kirche ein. Nach und nach breitet sich das Licht auf die anderen Kerzen aus. Die Dunkelheit weicht; der Morgen bricht an. »Was sucht ihr den Lebenden bei den Toten? Er ist nicht hier, er ist auferstanden.« (Lukas 24,5–6) Er ist wahrhaftig auferstanden!

So kommt Bewegung in unser Leben: Aus Unheil wird Heil, das Dunkle wird hell und aus dem Tod erwächst neues Leben. Darüber jubeln die Frauen, die an das Grab von Jesus kommen.

Lange vor Jesu Geburt singt auch die Prophetin Hanna von einem solchen umstürzenden Wechsel: vom Unheil zum Heil, vom Tod zum Leben. Ihr Lied ist auf drei Töne gestimmt, auf einen Dreiklang, der diese Kirche erfüllen soll: den Ton der Freude; den Ton des Mutes zur Umkehr und den Ton der Macht Gottes.

II

Als erstes erklingt der Ton der Freude: »*Mein Herz ist fröhlich in dem HERRN, mein Haupt ist erhöht in dem Ewigen. Mein Mund hat sich weit aufgetan wider meine Feinde, denn ich freue mich deines Heils.*« (Vgl. 1. Samuel 2,1)

---

9   1. Samuel 2,1–10; in Anlehnung an Luther 1984.

Hanna war lange kinderlos. Sie zweifelte an sich, fühlte sich wertlos; traurig begegnete sie ihrem Mann. Jeder mitleidige Blick der anderen versetzte ihr einen Stich. Was hatte sie vorzuweisen? Mitten im Leben schmeckte sie die Bitterkeit des Todes. Wieder und wieder flehte sie zu Gott: »Steh mir bei!«

Und Gott hört ihr Rufen. Sie bekommt ein Kind. Sie nennt es Samuel: Gott hört! Sie, die Frau, die darunter leidet, dass sie nicht das erfüllt, was die anderen von ihr erwarten, sie erlebt, dass Gott treu ist. Die Niedergeschlagene richtet sich auf und jubelt und singt: Gott hört, Gott hilft, Gott rettet. Sie besingt ihre Erfahrung von Auferstehung mitten im Dunkel des Lebens. Sie singt ein Lied der Freude, wie unsere Osterlieder!

Und wie wir unsere Osterlieder nach Karfreitag singen, unter dem Kreuz, so besingt auch sie keine heile Welt ohne Konflikte. Sie kennt die Dunkelheiten. Sie weiß, wie schwer das Leben sein kann und wie schlimm es ist, zu den Überflüssigen zu gehören. All das kommt vor in diesem Lied. Aber es erklingt unter einem neuen Vorzeichen. Es baut auf dem Grundton der Freude auf: Gott hebt die Bedürftigen aus dem Staub. Gott schreibt keinen Menschen ab. Gott erweckt zum Leben, auch da, wo niemand es mehr erwartet. Ich wünsche Ihnen, dass viele Lieder, die auf diesen Ton der Freude gestimmt sind, diese Kirche in Zukunft erfüllen. Lieder, die die Menschen in ihrer Not ernst nehmen und sie zugleich ermutigen, aufrichten und stärken. Dass diejenigen, die das Gefühl haben: ich bin allein, in dieser Kirche Gemeinschaft erfahren. Dass diejenigen, die Trost suchen, erleben: Hier bekomme ich neue Kraft. Dass diejenigen, die unter Unrecht leiden, hier neuen Lebensmut finden.

III

Auf diesen Grundton der Freude baut in Hannas Lobgesang der Ton des Muts zur Umkehr auf. »*Der Bogen der Starken ist zerbrochen und die Schwachen sind nun umgürtet mit Stärke. Und die da satt waren, müssen um Brot dienen, und die Hunger litten, hungert nicht mehr. Der HERR macht arm und macht reich. Er erniedrigt und erhöht.*« (Vgl. 1. Samuel 2,4–5.7)

Was Hanna besingt, ist wirklich ein Umsturz, ein radikaler Wechsel. Die Opfer von Macht und Gewalt richten sich auf und gehen selbstbewusst und mutig ihrer Wege; die Waffen der Starken aber werden zerbrochen. Da haben die Menschen genug zum Leben, die bisher kein sauberes Wasser und zu wenig zu essen haben, deren Kinder nicht in die Schule gehen können, für die Medikamente zu teuer sind; die Satten aber müssen um Brot dienen. Eine neue Zeit bricht an, eine Ordnung des gerechten Friedens ergreift die Herzen und verändert die Welt.

Der Wandel beginnt mit einem neuen Hören und Sehen. »*Lasst euer großes Rühmen und Trotzen, freches Reden gehe nicht aus eurem Munde*« (1. Samuel 2,3), ruft Hanna den Menschen zu. Hört ihr die Schreie der Menschen in Not? Seht ihr, was da passiert in Syrien, im Jemen? Da wird bombardiert und geschossen ohne Rücksicht auf Zivilisten – und wir sind mit unseren Waffen da hinein verstrickt. Wir profitieren davon, dass woanders Krieg geführt wird.

Genau da hinein scheint nun ein neues Licht, das Osterlicht. Es deckt auf, wo wir stehen: Dass Feindesliebe noch immer ein Fremdwort ist, nicht nur für andere, sondern gerade auch für mich. Aber vor allem öffnet es Fenster und Türen zu neuen Möglichkeiten. Lichtblicke, wie diese vielen kleinen Durchlässe, die der Fassade dieser Kirche ein Gesicht geben: dass die Töne und die Bilder des Friedens hinein und hinaus können! Ich höre die Bitten aus dem Patriarchat unserer orthodoxen Geschwister in Syrien: »Bitte keine weiteren Waffen mehr in unsere Region! Es sind schon zu viele. Helft uns aufbauen und versöhnen. Wir brauchen Pflugscharen, keine Schwerter. Wir haben noch Hoffnung, gerade jetzt an Ostern! Aber bitte: Sucht mit uns nach politischen Lösungen!«

Das Osterlicht taucht die Welt in ein neues Licht aus Hoffnungen und Möglichkeiten. Menschen versöhnen sich. Auch in einer festgefahrenen Situation lassen sich Türen öffnen. Unsere Partnerkirche in Nigeria versucht das gerade mit Bildungsprogrammen für muslimische und christliche Jugendliche: »Schau neu hin, entdecke die guten Seiten am anderen! Üb Vertrauen ein!« Kleine Schritte auf dem Weg des Lebens. Aber genau die sind nötig – und jeder und jede von uns ist danach gefragt, da, wo er oder sie Verantwortung trägt. Wenn viele kleine Leute an vielen Orten solche

Schritte tun, dann breitet sich das Osterlicht aus und es wird heller. »Kehret um, kehret um, und ihr werdet leben« – das ist der zweite Ton, der auf dem Ton der Freude aufbaut und diese Kirche erfüllen möge.

IV

Ganz oben schwingt ein dritter Ton mit – oder ist er eher die Grundlage für die anderen beiden? Er erzählt von der Macht Gottes. Von ihr singen die Grundfesten der Erde und der Himmel; tiefe Töne, schwer zu hören, kaum zu glauben. Und doch ruht alles darauf: Nichts und niemand ist heilig wie Gott. Gott führt hinab zu den Toten und wieder herauf.

Christus, der Gekreuzigte, ist der erste, den Gott von den Toten auferweckt hat. Keine Waffe konnte ihn töten, kein Fels vor dem Grab ihn halten. Gott hat ihn ins Recht gesetzt. Das Lied des Lebens ist stärker als der Tod. Darauf ruht alles, was wir glauben und tun, so wie es auf dem alten Grundstein dieser Kirche steht: »Einen andern Grund kann niemand legen als den, der gelegt ist, welcher ist Jesus Christus.« (1. Korinther 3,11)

Wer auf diesen Ton der Macht Gottes hört, weiß um seine Grenzen: »Ich bin ein Mensch, ich bin nicht Gott.« Wir haben das Leben nicht in unserer Hand; unser eigenes nicht, und schon gar nicht das der anderen. Das Leben ist Gottes Gabe. Sie ist uns anvertraut, damit wir sorgsam damit umgehen, mit Ehrfurcht vor dem Leben und auf der Suche nach dem Frieden Christi. In allem, was wir auf diesem Weg in das Leben tun, sind wir gewiss: Christus, der Gekreuzigte und Auferstandene ist das Gesicht der Macht Gottes. Er geht mit uns, er weist uns den Weg, er bleibt uns treu, auch wenn wir an unsere Grenzen kommen.

V

Mit dem österlichen Dreiklang der Freude, des Mutes zur Umkehr und der Macht Gottes nehmen Sie diese Kirche wieder in Gebrauch. Wir stimmen gemeinsam mit allen Christinnen und Christen auf dieser Erde ein in das Lob Gottes im Himmel und auf Erden. Ich wünsche Ihnen Gottes Segen für alles, was in dieser Kirche geschieht, dass sie ein Segen wird für diesen Ort und dieser Erde.

Christ ist erstanden! Er ist wahrhaftig auferstanden.

Gottesdienst zur Wiedereinweihung der Auferstehungskirche in Überlingen am 1.4.2018.

Die Freude über das »Ja« Gottes erfüllt die Welt

Predigt zum Sonntag Jubilate – Sprüche 8,22–36

> Gott hat mich schon bei sich gehabt im Anfang aller Wege. Ehe Gott etwas schuf, von Anbeginn her. Ich bin eingesetzt von Ewigkeit her, im Anfang, ehe die Erde war. Als die Tiefe noch nicht war, ward ich geboren, als die Quellen noch nicht waren, die von Wasser fließen. Ehe denn die Berge eingesenkt waren, vor den Hügeln ward ich geboren, als er die Erde noch nicht gemacht hatte noch die Fluren darauf noch die Schollen des Erdbodens. Als Gott die Himmel ausspannte, war ich da. Als Gott den Erdkreis absteckte über der Tiefe, als Gott die Wolken droben mächtig machte, als die Quellen der Tiefe kräftig sprudelten, als Gott dem Meer seine Grenze setzte und den Wassern, dass sie nicht überschreiten seinen Befehl; als Gott die Grundfesten der Erde legte, da war ich beständig dabei! Gottes Freude war ich Tag für Tag und spielte vor Gott allezeit; ich spielte auf dem Erdkreis und hatte meine Lust an den Menschenkindern. So hört nun auf mich, meine Kinder! Wohl denen, die meine Wege einhalten! Hört meine Unterweisung und werdet weise und schlagt sie nicht in den Wind! Wohl dem Menschen, der meine Botschaft hört, dass er lausche an meiner Tür täglich, dass er hüte die Pfosten meiner Tore! Wer mich findet, der findet das Leben und erlangt Freude vor Gott. Wer aber mich verfehlt, zerstört sein Leben; alle, die mich hassen, lieben den Tod.[10]

Der Anfang des Lebens ist die Freude, liebe Gemeinde! Ein Grundgefühl, dass Gott »Ja« sagt: zu dieser Erde, zu den Menschenkindern – und zu mir. Noch bevor Gott die Welt schuf, war da bei Gott diese Lust am Leben und dieser Jubel: Jubilate, »Lobet den Herrn!« Noch bevor Himmel und Erde unterschieden wurden, noch bevor die Berge sich hoben und die Täler sich senkten, noch ehe die Wasser aus den Quellen flossen, war sie da: diese Freude über Gottes Liebe zum Leben. Sie breitete sich aus im ganzen Planeten-

---

10 Sprüche 8,22–36; in Anlehnung an Luther 2017.

system; sie riss alles mit sich und brachte es in Schwung; von Anfang an machte sie dem Leben Mut, aus diesem Grundvertrauen heraus zu leben, zu wachsen und zu gedeihen – im Jubel, in der Freude vor und mit Gott.

I

Um dieses Grundgefühl geht es heute am Sonntag Jubilate. Wie eine weise und sehr vergnügte Person erzählt die Freude von ihren Erfahrungen mit Gott und der Welt und macht uns ihr Lebensgefühl schmackhaft. Sie lockt uns, mit unserem Jubel einzustimmen in diese Urerfahrung, die allen Unterscheidungen vorausliegt und das Leben von Anfang an begleitete. Alles, was ist, ruht auf einem Grundton, der Gottes Liebe zum Leben zum Klingen bringt.

Als vor ein paar Wochen das erste Foto eines Schwarzen Loches durch die Presse ging, habe ich mit Menschen darüber gesprochen, was das für sie, für uns heißt. Wie verändern solche neuen Entdeckungen in den Weiten des Weltraums unseren Glauben? Wir wissen immer besser, wie das Weltall entstanden ist, wie sich der Mensch entwickelt hat. Wo ist da Gott? Was heißt da »Schöpfung«?

Unser Bibeltext gibt darauf eine Antwort: Gott ist nicht der Erfinder, der Biowissenschaftler, der Gentechniker, dem wir bei der Arbeit zuschauen – wie er Festes und Flüssiges voneinander trennt, wie er die einzelnen Planeten auf ihre Bahnen setzt, wie er die vielfältigen Formen des Lebens auseinander hervorgehen lässt. Gott ist die Lust, die sich am Leben freut. Gott ist die Kraft des Geistes, die eine Welt entstehen lässt, in der Pflanzen und Tiere und Menschen sich lebendig entwickeln, ihre Lebensräume ausfüllen und verändern. Gott ist der Geist der Liebe, die sich in diesem Sonnensystem ausbreitet, damit das Leben gelingt.

Vor aller Unterscheidung, vor allen Fragen nach Zufall und Notwendigkeit, vor aller Knappheit, vor allem Sorgen »Wie wird es weitergehen?« ist die Welt eingehüllt in Gottes Liebe zum Leben. In ihr sind wir geborgen. Sie macht unser Herz leicht. So wie ein Kind nach einem Schrecken in den Armen von Mutter oder Vater wieder Vertrauen schöpft und ruhig wird – und mutig, wieder spielen zu gehen, sich auszuprobieren und die Welt zu gestalten. Wie ein weiter

Raum, der uns Freiheit schenkt zum Atmen, zum Leben inmitten von Leben, das Leben will.

II

In unserem Predigttext erzählt die Freude, wie sie erlebt, wie das Leben entsteht und sich entwickelt. Da wird Ordnung geschaffen. Da wird unterschieden und geplant. Da wird gerechnet und gearbeitet. Wie einen Bauplatz steckt Gott den Erdkreis ab über der Tiefe; wie beim Küstenschutz in Zeiten des Klimawandels setzt Gott dem Meer eine Grenze.

Aber zugleich hat die Freude, die sich in Gottes Schaffen ausbreitet, etwas Spielerisches und Leichtes. »*Gottes Freude war ich Tag für Tag und spielte vor Gott allezeit; ich spielte auf dem Erdkreis und hatte meine Lust an den Menschenkindern.*« (Vgl. Sprüche 8,30–31) Gott freut sich, über Spiel und Tanz und all das Unerwartete. Über Lebensräume der Freiheit, in denen Neues erprobt wird, über ungewohnte Perspektiven, die uns die Augen öffnen und den Kopf freimachen für Herausforderungen, die unser Planen und Rechnen übersteigen. Auf einmal zeigen sich ungeahnte Möglichkeiten: Der Mensch kann fliegen; er kann mit anderen Menschen reden, sie sehen, auch wenn sie auf der anderen Seite der Erdkugel sind. Und das nicht nur, um etwas zu erreichen und weil es nützlich ist, sondern weil es gut ist, weil es Freude macht, weil es verbindet.

So ist die Welt der Freude, die aus Gottes »Ja« lebt: Sie verbindet Freiheit und Ordnung, Arbeit und Spiel, Notwendigkeit und Möglichkeit. In diesem Miteinander entstehen Schulen und Krankenhäuser und Tunnel für Stadtbahnen, Arzneimittel und Aufzüge mit Solarenergie. Da gibt es Bildung und Forschung, da entwickelt sich das Recht. Vor siebzig Jahren entstand unsere Verfassung. Den Vätern und Müttern des Grundgesetzes ist Großartiges gelungen: die Menschenwürde ganz oben und ganz tief in allem zu verankern, was unser Land ausmacht. Den Rechtsstaat, die Verantwortung für die, die Unterstützung und Fürsorge brauchen. Nicht alles ist bis ins Kleinste geregelt, aber aus diesem Kern heraus lassen sich die jeweils aktuellen Herausforderungen, die Aufbrüche und Veränderungen klug und weise gestalten.

Nicht gegeneinander, sondern miteinander sind Ordnung und Spiel unterwegs, weil Gottes »Ja« den Raum des Lebens öffnet. Immer wieder tun sich neue Möglichkeiten auf. Leistung und Erfolg sind nicht alles. Gottes »Ja« gilt nicht nur den Besten; Gott hat auch an den schrägen Vögeln seine Freude. Die körperlich Verwundeten, die geistig oder psychisch Angeschlagenen – sie sind seine Freude; auch an ihnen und mit ihnen und durch sie wächst Gottes Lebenslust. »Meine Kraft ist in den Schwachen mächtig« (2. Korinther 12,9), sagt uns Gottes »Ja«. Lasst sie uns suchen und entdecken! Und erleben, dass uns Begegnungen mit Menschen, die anders, die fremd, die vermeintlich schwächer sind, etwas geben, was wir vielleicht noch gar nicht wissen. Dass sie uns frei machen vom Zwang zur Norm und von den Bildern, die wir und andere über uns haben, die uns klein machen oder unter Druck setzen. Die Lust am Leben hängt nicht daran, wie klug oder stark oder erfolgreich ich bin; sie lebt aus der Freude am »Ja« Gottes zu dieser Welt, zu uns, zu mir.

III

Die Freude, die Gottes Handeln von Anfang an begleitet, will sich unter uns ausbreiten. Aber sie stößt auch auf Widerstand und erlebt, wie gefährdet das Leben ist. Deshalb hat der letzte Absatz einen anderen Ton:

»So hört nun auf mich, meine Kinder! Wohl denen, die meine Wege einhalten! Hört meine Unterweisung; werdet weise und schlagt sie nicht in den Wind! Wohl dem Menschen, der auf meine Weisungen hört, dass er lausche an meiner Tür täglich, dass er hüte die Pfosten meiner Tore! Wer mich findet, der findet das Leben und erlangt Freude vor Gott. Wer aber mich verfehlt, zerstört sein Leben; alle, die mich hassen, lieben den Tod.« (Vgl. Sprüche 8,32–36)

Die weise und vergnügte Freude mahnt uns. Was wird aus der Lebenslust, wenn wir mit ihrem Tun und Lassen das Leben gefährden? Wir überschreiten die planetarischen Grenzen mit unserem Verbrauch fossiler Brennstoffe, sodass der Meeresspiegel immer schneller steigt und das Leben und die Kultur von vielen Millionen Menschen gefährdet. Wir füllen die Meere mit Plastikmüll, der nicht zerfällt. Wir engen den Lebensraum von vielen Tier- und Pflanzenarten immer weiter ein. Ob die Freude, die bei und mit und vor Gott spielt und ihre Lust an den Menschenkindern hat, deshalb heute weint?

Vielleicht, wahrscheinlich! Aber ihre Hoffnung auf Gottes »Ja« lässt sie nicht los. Sie lockt uns von der Sorge in das Vertrauen auf Gottes Zusage; weg vom Kampf um immer mehr zum Genug und in die Freude. *»Wer mich findet, der findet das Leben und erlangt Freude vor Gott.«* (Vgl. Sprüche 8,35)

Die Kraft zur Umkehr kommt nicht aus der Drohung oder aus einer griesgrämigen Unfreundlichkeit. Die Kraft wieder hineinzufinden in Gottes »Ja« zum Leben, kommt aus der Teilhabe an der Freude Gottes. Aus dem Vertrauen darauf, dass Gott immer schon für diese Schöpfung, für uns, für mich gesorgt hat. Dass Gott uns nicht fallen lässt, trotz all dem, was wir nachhaltig falsch machen. Aus der Gewissheit: Es gibt ein Genug. Und es ist genug für alle da!

Wir feiern heute gemeinsam Abendmahl. Wir teilen, was wir zum Leben nötig haben: Brot und Wein und Gemeinschaft und vor allem Gottes »Ja« zum Leben.

Brot steht für all das, was wir unbedingt zum Leben brauchen: Obdach, Kleidung, Nahrung. Da gibt es ein Genug; deshalb teilen wir Brot und keine Lachspasteten. Deshalb erzählt die Bibel, dass fünf Brote und zwei Fische für Tausende gereicht haben. »Wenn jeder gibt, was er hat, dann werden alle satt.« Das ist nicht einfach. Schon in der Bibel streiten die Gemeinden darum, wie die Armen und die Reichen miteinander Abendmahl feiern können. Aber es ist möglich, weil Gottes Liebe uns die Augen füreinander öffnet und uns verbindet.

Wir feiern die Gemeinschaft. Wir geben uns ein Zeichen des Friedens. »Friede sei mit dir!« Wir achten aufeinander. Kann ich etwas für dich tun? Wir trauen uns zu wenig, das zu fragen oder auch von uns aus zu sagen, was wir brauchen. Wer aus der Freude Gottes lebt, will sie weitergeben. Sie ist die Mitte des Abendmahls.

Wir feiern mit Wein, oder zumindest mit leckerem Traubensaft. Der Wein steht für all das, was uns erfreut wie Wein: das Grün des Frühlings, der blaue Himmel, das Lachen der Kinder, die Lebensgeschichten der Alten. Wenn uns die Freude ergreift, verändern wir uns und unseren Lebensstil – wie von selbst.

Wir feiern die Freude über Gottes Liebe zur Welt und finden im Abendmahl mit Christus die Kraft, uns den großen Herausforderungen von Klimawandel und Artensterben zu stellen. Denn: »Ist jemand in Christus, so ist er eine neue Kreatur; das Alte ist vergangen, siehe, Neues ist geworden.« (2. Korinther 5,17)

Gottesdienst in der Stadtkirche Karlsruhe am 12.5.2019.

Hoffnungsvoll und hellhörig in Gottes Schöpfung

Predigt in der Weltgebetswoche für die Einheit
der Christen vor Pfingsten – Römer 8,14.18–22.24

Liebe Gemeinde hier im Nationalpark, liebe Schwestern und Brüder, es ist wunderbar hier in der Natur gemeinsam Gottesdienst zu feiern, selbst wenn es heute regnet und ein bisschen düster ist. Jetzt, wo im Mai alles grünt und blüht. »Wie lieblich ist der Maien, aus lauter Gottes Güt'! … Die Tier' sieht man jetzt springen, mit Lust auf grüner Weid', die Vöglein hört man singen, die loben Gott mit Freud!« (EG 501, Martin Behm) Statt dem Brummen der Autos hören wir die Blätter rauschen oder den Regen tropfen, den eigenen Atem. Manchmal ist das gar nicht so leicht, aus dem vollen Lauf innezuhalten und ruhig zu werden, wo einen doch so vieles umtreibt.

Was ist Ihre Erfahrung? Wie lange müssen Sie bei einem Spaziergang im Wald laufen, bis Ihr Kopf frei wird? Bis die Lasten leichter werden und Sie wieder frei atmen? Bis Sie spüren: Es ist wunderbar, in Gottes Schöpfung zu leben?

I

Ich lese einen Abschnitt aus dem 8. Kapitel des Römerbriefs:

> Welche der Geist Gottes treibt, die sind Gottes Kinder. […] Ich bin nämlich überzeugt, dass die Leiden dieser Zeit nicht ins Gewicht fallen gegenüber der Herrlichkeit, die an uns offenbar werden soll. Denn die Schöpfung wartet ängstlich und sehnsuchtsvoll darauf, dass die Kinder Gottes offenbar werden. Die Schöpfung ist ja unterworfen der Vergänglichkeit – gegen ihren Willen, sondern durch den, der sie unterworfen hat. Doch sie hofft darauf, dass alle Kreaturen befreit werden von der Knechtschaft der Vergänglichkeit zu der herrlichen Freiheit der Kinder Gottes. Denn wir wissen, dass die ganze Schöpfung seufzt und in Wehen liegt, bis zu dem heutigen Tag. […] Denn wir sind gerettet auf Hoffnung hin.[11]

---

11 Römer 8,14.18–22.24; in Anlehnung an Luther 2017.

»Ich bin Leben, das leben will, inmitten von Leben, das leben will.«
Dieser Satz von Albert Schweitzer begleitet mich seit meiner Schul-
zeit. Draußen im Freien, in der Natur spüre ich in besonderer Weise,
was er bedeutet: Ich bin Teil eines größeren Ganzen. Die Natur und
ich, wir gehören zusammen.

Im Büro oder zu Hause stellt sich leicht der Eindruck ein: Wann
es wie hell ist, wie warm es sein soll oder wie laut oder leise, das
bestimme, regle ich. (Bald vielleicht nur noch durch Zuruf: »Alexa,
mir ist zu kalt!«) Hier draußen spüre ich: Ich bin Leben inmitten
von Leben. Ich laufe und spüre die Erde mit ihren Unebenheiten.
Ich hinterlasse Spuren. Ich streiche über einen Farn. Ich staune: Was
für riesige, alte Bäume! Ich erlebe, wie angewiesen ich auf Sonne und
Regen bin, auf Erde und Luft. »Besser jetzt nicht rausgehen, wenn
es so schüttet.« »Oder vielleicht gerade doch: Dancing in the rain!
Denn Mairegen bringt Segen!?«

»Ich bin Leben, das leben will, inmitten von Leben, das leben
will.« (Albert Schweitzer) Die Fichte da und der Farn dort, die Sand-
steine und der Eichelhäher – und wir: Wir gehören zusammen! In
unserer Vergänglichkeit und in unserer Hoffnung. Dass die Natur
vergänglich ist, das ist für uns eine Selbstverständlichkeit. Aber dass
sie auch hofft, sich sehnt und ängstlich wartet – wie wir –, das ist
die große Entdeckung des Glaubens: Der Geist Gottes, dessen Fest
wir an Pfingsten feiern, lässt uns gemeinsam hoffen. Mit den Rehen
und den Staren und den Buchen und Kastanien, ja selbst mit den
Steinen hoffen wir, dass wir »befreit werden von der Knechtschaft
der Vergänglichkeit zu der herrlichen Freiheit der Kinder Gottes«
(Römer 8,21).

II

Wir hoffen gemeinsam! So weit ist der Horizont des Glaubens. Wenn
Gottes Geist sich in unserer Welt ausbreitet, dann verändern sich
nicht nur unser persönliches Leben und unser Miteinander, sondern
auch die Natur, die ganze Schöpfung erstrahlt und blüht auf. Wenn
die Kinder Gottes Pfingsten feiern, dann atmet auch die Natur auf!
Das eine gibt es nicht ohne das andere. So, wie die Sonne durch die
dunklen Regenwolken bricht und ein Regenbogen bunt über uns auf-

strahlt. Plötzlich fallen »*die Leiden dieser Zeit nicht mehr ins Gewicht gegenüber der Herrlichkeit, die uns umfängt*« (vgl. Römer 8,18).

Was ändert sich durch Gottes Geist? Wir werden hellhörig. »Hellhörig«, das ist ein wunderbares Wort. »Hört ihr das?«, fragt uns Paulus, »das Seufzen der Kreatur?«

Der Vogel des Jahres 2018 ist der Star. Ein »Allerweltsvogel«, aber doch auch ein echter Star: In wunderbaren Schwärmen können die Stare gemeinsam fliegen – und jeder einzelne Vogel kann herrlich singen – und alle anderen nachmachen, auch Ihr Auto oder Ihr Handy, selbst Hundebellen wollen manche schon gehört haben.

Wir und die Stare gehören zusammen in Gottes Schöpfung. »Hört ihr das?«, fragt uns Paulus, »dieses Seufzen der Kreatur?« Wie seufzt ein Star? Er singt doch auch heute herrlich? Ja, das Seufzen der Stare entdecken wir, weil wir sie immer weniger hören. Weil wir Menschen uns ausbreiten, Straßen bauen, Neubaugebiete für die Industrie und das Wohnen erschließen, alle Flächen intensiv nutzen. Die Hecken verschwinden, Insekten und Würmer werden weniger – und auf einmal stehen die Stare auf der Liste der gefährdeten Tierarten. Hellhörig sollen wir sein, also hören, was leiser wird. Heute schon hören, was uns fehlt, wenn die Stare nicht mehr singen, die Bienen nicht mehr summen.

Können wir den Klimawandel hören? Ich habe im Fernsehen einen Bericht gesehen – und habe immer noch dieses laute Krachen im Ohr, als ein großes Stück von einem Eisberg abbrach. So schnell hat sich die durchschnittliche Temperatur auf dieser Erde erhöht, dass schon heute einige Inseln im Pazifik nicht mehr bewohnbar sind, dass Pole und Gletscher schmelzen. Wir in Baden werden die direkten Folgen spät merken, weil Gott uns einen so wunderbaren ausgeglichenen Lebensraum anvertraut hat: nicht zu heiß und nicht zu kalt, nicht zu viel Wasser und auch nicht zu trocken, weit weg vom steigenden Meeresspiegel und von tauenden Gletschern. Aber in Gottes Geist gehören wir zusammen: wir und die Menschen im Pazifik, wir und die Gletscher.

III

Hellhörig macht uns der Pfingstgeist. Nüchtern und ohne Illusionen schauen und hören wir hin, so wie Jesus Christus das auch getan hat:

Da ist die Not. Das sind die Leiden. So sind die Machtverhältnisse. Im Geist Gottes wird es hell – und wir erkennen die Lage, wie sie ist, aber auch wie es sein könnte. *»Denn wir sind gerettet auf Hoffnung hin.«* (Römer 8,24)

Hell-hörig hören wir, dass das Seufzen der Kreatur einen besonderen Klang hat: *»Denn wir wissen, dass die ganze Schöpfung seufzt und in Wehen liegt, bis zu dem heutigen Tag.«* (Vgl. Römer 8,22) Paulus benutzt, um das Stöhnen und Seufzen von Staren und Gletschern zu beschreiben, das Wort, das im Griechischen für das Stöhnen und Seufzen einer Frau unter der Geburt benutzt wird. In ihm schwingt Ungeduld mit und leidenschaftliches Drängen – hinaus ins Helle drängt das neue Leben. Das Seufzen, das wir hören, lebt aus der Hoffnung und richtet sich auf die Zukunft der Kinder Gottes aus.

IV

Gottes Geist macht uns hellhörig. Wir hören vom Hellen her, von der Zuversicht, vom Gottvertrauen und vom Mut. Wir schauen aufmerksam auf die Not, wir hören genau hin; aber wir hören vom Hellen her. Die Not wird uns nicht überwältigen: *am Ende werden die Leiden dieser Zeit nicht ins Gewicht fallen gegenüber der Herrlichkeit, die uns umfangen wird* (vgl. Römer 8,18).

Diese Zuversicht macht uns Mut, unsere kleinen und großen Schritte zu wagen und das zu tun, was wir tun können. Wer die Welt ins Helle hinein hört, ist kein Duckmäuser mehr. Jesus richtet uns auf. Aufrecht und mutig suchen wir neue Wege. Unterschiedliche Wege, Wege, die für den Ort und die Aufgabe passen, vor die wir gestellt sind, wenn wir das Seufzen der Kreatur hören.

Vielleicht heißt das für die einen, weniger Auto zu fahren, für die anderen, sich in ihrem Beruf für gerechtere Arbeitsbedingungen zu engagieren und für die dritten, den Urlaubsflug durch Teilnahme an der Klimakollekte klimaneutral zu gestalten. Da gibt es kein Rezept und keine Vorschrift, sondern da herrscht die Freiheit des Glaubens: Jede entscheidet an ihrem Ort. Jeder übernimmt da Verantwortung, wo er hingestellt ist. Wichtig ist, dass wir unsere Ohren und unsere Herzen nicht verschließen, sondern hellhörig sind und aufrecht unsere Schritte gehen.

Die ängstliche Kreatur wartet darauf, dass wir offenbar werden als Kinder Gottes und die herrliche Freiheit des Geistes Gottes sich ausbreitet und unsere Welt mit Freude erfüllt.

Ökumenischer Gottesdienst im Nationalpark Schwarzwald in der Klosterruine Allerheiligen am 17.5.2018.

Pfingsten – das Fest der Begeisterung

I
Begeistert

Pfingsten erfüllt ein neuer Geist die Menschen. Traurige werden getröstet. Ängstliche bekommen neuen Mut. Wer eben noch trübsinnig vor sich hinstarrte, hebt den Kopf und geht hinaus ins Freie. Menschen begegnen dem Geist Gottes und werden froh und frei.

Ich stelle mir das ähnlich vor, wie wenn nach langem Regen plötzlich der Himmel aufreißt und die Sonne strahlt: Die Menschen atmen auf. Vielleicht auch wie bei einem großen Fußballspiel oder bei einem Konzert, das die Menschen mitreißt: Sie klatschen und singen. Sie nehmen den Rhythmus auf und tanzen. Menschen, die sich nicht kennen, fallen sich in die Arme. »Wir gehören zusammen, wir sind eine Gemeinschaft.« Auf dem Nachhauseweg lächeln sie wildfremde Leute an und, je nach Charakter, summen sie die Lieder in der S-Bahn oder singen sogar laut.

So muss es auch in Jerusalem gewesen sein, als der Pfingstgeist herabbrauste: Der Himmel ist offen. Die Sorgen sind vergessen. Alles ist gut. Die ersten Christinnen und Christen sind so begeistert, dass sie allen davon erzählen müssen.

II
Begegnungen mit Begeisterten

Die Begegnung mit dem Geist Gottes verändert die Menschen und ihr Miteinander. Die Begeisterung der einen strahlt auf die anderen aus. Auch auf die, die bisher nicht zu den Freundinnen und Freunden von Jesus gehörten. Die schauen erst einmal irritiert, sind befremdet und bestürzt über diese Begeisterung. »Was ist da los?« »Das ist doch nicht normal, was da passiert.« »Sie sind voll süßen Weins« heißt es über die erste Pfingstgemeinde (Apostelgeschichte 2,13).

Nun könnten ja alle ihres Weges gehen. Die einen zurück in die Kirche, die anderen in ihre Häuser, an die Arbeit oder zum Einkaufen. Aber der Pfingstgeist treibt die Menschen in die Begegnung: Das, was hier geschieht, ist für alle wichtig, so verschieden sie auch sind. Alle sollen hören und verstehen, was der Geist zu sagen hat, egal welche Sprache einer spricht, egal zu welchem Milieu eine gehört!

Das zeichnet diesen Geist Gottes aus: Er will sich ausbreiten und erreicht die unterschiedlichsten Menschen in ihrer eigenen Sprache. Alle dürfen verschieden bleiben und doch begegnen sich Fremde in einem Geist. Niemand muss erst wie Petrus, Jakobus, Johannes oder Andreas werden, niemand erst die Sprache der Mitglieder der ersten Gemeinde lernen. »Siehe, sind nicht diese alle, die da reden, Galiläer? Wie hören wir sie denn ein jeder in seiner Muttersprache?« (Apostelgeschichte 2,7–8) Wie kann das sein, dass wir sie alle »in unseren Sprachen die großen Taten Gottes verkünden« hören (Apostelgeschichte 2,11)?

III
Begeistert reden

Gottes Geist ergreift Menschen. Andere stehen daneben, schauen zu, sind befremdet, lehnen ab, was sie hören und sehen. Das Besondere der pfingstlichen Begeisterung ist, dass sie nicht mit sich zufrieden ist. Es reicht ihr nicht, mit denen in einem Rhythmus zu klatschen, denen es genauso geht. Sie will nicht unter sich bleiben, sie will hinaus und alle ergreifen. Sie sucht die Begegnung mit anderen, auch fremden Menschen.

Deshalb fängt Petrus an zu predigen. Was er erlebt hat, setzt er in Worte um, die anderen helfen, die Begeisterung zu verstehen. Er gibt den Schwung und die Freude, die ihn aus seiner Trauer geholt haben, mit Worten weiter, die den Kopf und das Herz der anderen erreichen. Er rührt sie mit seinen Worten an, auch die, die vorher nur gestaunt oder den Kopf geschüttelt haben über diese Geistbesessenen, die sich gewundert, geärgert oder gespottet haben.

Begeistert erzählt er von Jesus: Wie er Kranke geheilt und Traurige getröstet hat. Wie er Frieden gestiftet hat. Wie er Menschen wieder in die Gemeinschaft geführt hat.

Begeistert erzählt er aber auch von den Konflikten, in die das geführt hat. Weil Jesu Geist unsere Unterscheidungen außer Kraft setzt: Die Schwachen macht er stark und die Mächtigen stößt er vom Thron. Am Ende haben sich die Mächtigen gegen ihn zusammengetan – und das Volk hat zugestimmt. Deshalb musste Jesus am Kreuz sterben. Aber das war nicht das Ende: Gott hat Jesus auferweckt; Gottes lebendiger Geist hat die Macht des Todes überwunden.

Mit seinen Argumenten macht es Petrus seinen Zuhörerinnen und Zuhörern nicht leicht, begeistert zu sein. Er redet von Schuld und Mitschuld. Er ist realistisch und ehrlich. Und doch, offensichtlich gelingt es ihm gerade dadurch die Menschen zu erreichen: »Als sie aber das hörten, ging's ihnen durchs Herz, und sie sprachen zu Petrus und den andern Aposteln: Ihr Männer, liebe Brüder, was sollen wir tun?« (Apostelgeschichte 2,37)

IV
Im Geist umkehren

»Was sollen wir tun?« Die Frage zeigt, dass Paulus nicht nur den Kopf, sondern auch Herz und Hand erreicht hat. Die pfingstliche Begeisterung will kein kurzes Erlebnis oder eine schnelle Flucht aus dem Alltag sein, sie will durch das ganze Leben tragen: durch Freude und Streit, auch durch Niederlagen und Not, auch durch die Situationen, in denen der Himmel verschlossen scheint.

»Tut Buße!« (Apostelgeschichte 2,38) Das ist die erste Antwort. Die Begeisterung verändert mich. Sie macht mich frei davon, immer Recht haben zu müssen, immer alles richtig gemacht haben zu müssen. Die eigene Verwicklung zu erkennen, nach der eigenen Beteiligung und Schuld zu fragen, das ist der erste, heilsame Schritt. Seid realistisch, macht euch klar, was ihr dazu beitragt, dass der Himmel verschlossen scheint. »Tut Buße!«

Wo beschäme ich andere Menschen, statt sie auf ihre Gaben und Stärken anzusprechen? In der Familie und in der Schule, an der Arbeit und im Sportverein. Wo treibe ich sie in die Enge, statt sie zu ermutigen und herauszulocken aus ihrer Einsamkeit und Schwäche? Was tragen wir zu den gegenwärtigen Konflikten in der Welt bei? Z. B. mit unseren Rüstungsexporten?

V
Im Geist der Taufe leben

»Was sollen wir tun?« »Jeder von euch lasse sich taufen.« (Apostelgeschichte 2,38) Das ist das Zweite. Wir sind schon getauft. Als Kinder zumeist. Luther hat gesagt: Es ist wichtig, immer wieder hineinzukriechen in die eigene Taufe. Sich klarzumachen: Weil ich getauft bin, gehöre ich zu Christus! Weil ich getauft bin, kann ich mich darauf verlassen, dass mich Gott mit seinen Augen ansieht, mich nicht auf meine Fehler und Schwächen festlegt, nicht auf das, was ich anderen Menschen angetan habe und vielleicht nie mehr gut machen kann. Manchmal ist es ja nur ein böses Wort, das eine Freundschaft zerstört. Ich kann es nicht mehr zurückholen, es ist gesagt.

All das hat vor Gott seinen Platz – und verliert in der Taufe seine Macht. In der Taufe wird meine Not und Schuld, all das, womit ich selbst und andere an mir nicht zufrieden sind, abgewaschen und in ein neues Licht gerückt. Ich bekomme ein neues Kleid angezogen, mit dem ich mich frei und mutig unter den Menschen bewegen kann. Mit dem ich auf andere zugehen kann, auch wenn sie mir fremd sind oder Angst machen. Ein neues Kleid, in dem ich gewiss bin, dass Gott mit mir geht – auf allen Wegen, in allen Begegnungen.

VI
Sich begeistern lassen

»Was sollen wir tun?« Die Frage drängt. Manchmal scheinen die Antworten schwierig und unklar. Ich sitze da und überlege, wie ich etwas an mir ändern könnte, an meinem Leben, an meiner Ehe, in der Politik. Ich nehme mir vor, ab morgen, dann endlich soll alles anders werden. Und dann schaffe ich es wieder nicht. Was soll man da schon tun! Ich schaffe es nicht!

Damit bin ich wieder am Anfang. Die pfingstliche Antwort auf die Frage nach dem Tun ist die Begeisterung, die uns Gottes Geist schenkt. Da fallen Feuerzungen vom Himmel! Sie geben die Wärme, die wir brauchen, wenn es um uns herum kalt ist, weil wir miteinander nicht zurechtkommen. Sie geben das Licht, das Orientierung schenkt und den Weg hell macht. Sie geben den Schwung, der uns aufstehen lässt und uns in die Begegnung schickt.

Wir ziehen uns nicht selbst an unseren Haaren aus dem Sumpf, sondern weil wir uns begeistern lassen von diesem Geist Gottes. Im Gottesdienst, mit unseren Liedern und Gebeten, in Begegnungen, in denen wir uns gegenseitig zusagen: »Gottes Geist ist mit dir!« In Begegnungen, in denen wir uns das gegenseitig spüren lassen: Da interessiert sich einer für mich, da fragt eine »Wie geht es dir?«, da heißen Menschen einander willkommen, Freunde und Fremde, Flüchtlinge und die Nachbarschaft. Gottes Geist macht euch mutig und frei.

Pfingsten ist das Fest der Begeisterung! Verlasst euch darauf: Feuer kam vom Himmel! Was sollen wir tun? Euch miteinander wärmen an diesem Feuer und aufeinander zugehen in seinem Licht.

Beitrag für das »Konradsblatt. Die Wochenzeitung für das Erzbistum Freiburg« Pfingsten 2015.

Im Glanz der Sonne der Gerechtigkeit wandeln!

Predigt zum 8. Sonntag nach Trinitatis – Jesaja 2,1–5

Das ist das Wort, das Jesaja, der Sohn des Amoz, geschaut hat über Juda und Jerusalem: In den kommenden Tagen wird der Berg, auf dem das Haus des HERRN ist, feststehen, höher als alle Berge und über alle Hügel erhaben, und alle Nationen werden herzulaufen. Und viele Völker werden hingehen und sagen: Kommt, lasst uns auf den Berg des HERRN gehen, zum Hause des Gottes Jakobs, damit er uns lehre seine Wege und wir wandeln auf seinen Pfaden! Denn von Zion wird Weisung ausgehen und das Wort des Herrn von Jerusalem. Und er wird für Recht sorgen zwischen den Nationen und vielen Völkern Recht sprechen. Da werden sie ihre Schwerter zu Pflugscharen und ihre Spieße zu Sicheln machen. Denn es wird kein Volk wider das andere das Schwert erheben, und sie werden hinfort nicht mehr lernen, Krieg zu führen.
Kommt nun, ihr vom Hause Jakob, lasst uns wandeln im Lichte des Herrn![12]

So wird es sein, liebe Gemeinde: Wie die helle Morgensonne wird das Licht Gottes über uns aufgehen und ihr Glanz wird die Erde erleuchten! Von Osten und von Westen, von Süden und von Norden kommen die Menschen, angezogen wie die Falter vom Licht, wie Bienen vom Blütenduft. Sie kommen, um Gottes Wort zu hören. Gottes Gerechtigkeit breitet sich aus. Es herrscht Frieden unter den Völkern und sie werden hinfort nicht mehr lernen, Krieg zu führen. Eine wunderbare Vision!

Jesaja gewährt uns einen Einblick in Gottes Friedensreich, das auf uns zukommt. Es liegt uns noch voraus, aber wir spüren schon, wie es uns zu sich zieht: so, wie die Liebe Verliebte zu sich zieht, unwiderstehlich. Auch wenn wir drohen, über persönliche Not zu verzweifeln, über Gewalt und Unrecht; der Glanz der Sonne der Gerechtigkeit stärkt unsere Hoffnung und unser Vertrauen in Gottes

---

12 Jesaja 2,1–5; in Anlehnung an Luther 2017.

Güte. Gottes Friedensreich kommt! Das setzt uns in Bewegung: Auf, kommt herbei, lasst uns in diesem Glanz Gottes wandeln! Lasst uns mutig Frieden stiften! Lasst uns das Recht stärken! Lasst uns Verantwortung übernehmen für die Schöpfung Gottes!

I

Vor 30 Jahren, im Herbst 1989 hatten viele Christinnen und Christen in Thüringen und Sachsen, in Brandenburg und Mecklenburg-Vorpommern diese Vision des Glaubens vor Augen: »Schwerter zu Pflugscharen!« Dieses Bild trugen sie in ihren Herzen und als Aufnäher auf ihren Jacken: »Lasst uns wandeln im Lichte des Herrn!«

Sechs Jahre zuvor war im Lutherhof in Wittenberg zum 500. Geburtstag von Martin Luther ein Amboss aufgestellt. Ein Schmied schmiedete aus einem Schwert eine Pflugschar. Heiß, sehr heiß war die Esse, damit das Eisen wirklich glühte und zu bearbeiten war. Und der Schmied brauchte sehr viel Kraft.

Glaubensarbeit ist schwere Arbeit; sie ist anstrengend und erfordert Mut. Manchmal vergessen wir das. Damals zeigte sich das in Ostdeutschland: Militärische Erziehung war sehr wichtig in der DDR; wer ihr widersprach, rührte an den Grundfesten des Staates und riskierte einiges. Die Mächtigen waren hoch gerüstet. Trotzdem ließen sich Christinnen und Christen von ihrem Glauben leiten und spürten den Rückenwind, mit dem Gottes Geist sie vorwärtsdrängte in Richtung auf Versöhnung und Frieden: »In diesem Geist wollen wir handeln; im strahlenden Glanz der Sonne der Gerechtigkeit können wir unsere Welt verwandeln!« Sechs Jahre später war die Mauer überwunden – ohne Gewalt, friedlich! Wer hätte das gedacht?! Was am Ende für alle sichtbar sein wird, wurde damals im Glauben schon erfahrbar. Deshalb: »Auf, kommt herbei! Lasst uns wandeln im Lichte des Herrn!« (EG 426)

II

»Ach Gott!« höre ich manchmal, wenn ich über solche Erfahrungen mit der Kraft des Glaubens spreche. »Was ist daraus geworden!? Damals, das war ein Aufbruch! Aber wo stehen wir heute?« Weit weg scheint das Friedensreich; der Glanz der Sonne der Gerechtigkeit wirkt blass. »Ach Gott!« Das klingt manchmal ironisch; da schwingt heute die ganze Skepsis gegenüber Glauben und Kirche mit: »Wozu brauche ich das? Nützt ja im Alltag doch nicht wirklich. Am Ende muss doch jeder und jede für sich selbst sorgen.«

Aber in diesem »Ach Gott!« höre ich auch eine große Sehnsucht, dass die Sonne der Gerechtigkeit endlich aufgeht. Peter Noll, ein Schweizer, der schwer an Krebs erkrankt war und ein Tagebuch über sein Sterben geschrieben hat, hat die Vision des Jesaja mit einem solchen »Ach Gott!« kommentiert. Verzweifelt und sehnsüchtig zugleich! Beides spürt man in seinen Worten. Verzweifelt und sehnsüchtig fragt er: Kann ich mich dieser Vision anvertrauen? Dass das Leben gut ausgeht, auch mein Leben? Dass ich auch mit meiner Krankheit und meinem Sterben nicht herausfalle aus Gottes Hand? Dass am Ende die Gerechtigkeit triumphiert und nicht die Mächtigen und das Unheil?

Der tödlich Erkrankte weiß um die Macht seiner Krankheit und sehnt sich doch nach dem Licht Gottes; er ruft doch: »Ach Gott!« Wann kommst du, wann wirst du für Recht sorgen? Wann wird der Glanz deines Lichtes mein Leben erfüllen und unsere Welt neu machen, Frieden bringen und Gerechtigkeit, für deine ganze Schöpfung?[13]

III

Der Glaube sieht schon, wie die Sonne der Gerechtigkeit aufgeht. Kranke finden Beistand und Trost. Die Schwachen erhalten Recht. Die Hungrigen werden satt. Die Völker lösen ihre Probleme und Konflikte ohne militärische Gewalt. Sie bewahren die Schöpfung, die Gott ihnen anvertraut. In diesem Licht wollen wir leben und mit unseren Möglichkeiten dazu beitragen, dass es aufstrahlt und sich ausbreitet.

---

13 Peter Noll (1984): Diktate über Sterben und Tod. Zürich.

Gottes Licht leuchtet – und die Völker lernen den Frieden. Was bisher dem Krieg diente, soll nun zum Leben helfen: Schwerter zu Pflugscharen! Spieße zu Winzermessern! Jetzt wird es ernst mit Abrüstung und Rüstungskonversion: Was könnten wir alles für den Frieden tun, wenn wir das Geld, vor allem aber die Forschung und die menschliche Kreativität, die in den modernen Waffen stecken, für die Entwicklung und Bewahrung unseres Planeten investieren würden. Wenn wir unser Bild von den anderen, den Feinden von Gottes Licht lenken lassen.

Dann wird die Zukunft der anderen zu unserer eigenen Aufgabe. Das fängt in der eigenen Familie an, in der Nachbarschaft: mancher Streit dauert Jahre und geht über Generationen. Aber wenn die Sonne der Gerechtigkeit aufgeht, fassen sich Menschen ein Herz – lasst uns wandeln im Licht Gottes! Einer geht zur Nachbarin und reicht ihr die Hand; eine entschuldigt sich und baut eine Brücke.

Einfühlung will gelernt sein. Aufmerksamkeit will geübt sein: dass ich sehe, was der oder die andere brauchen. Wenn unsere Welt im Glanz Gottes leuchtet, dann finden wir Frieden und Sicherheit und Wohlstand nicht mehr allein und gegen und auf Kosten der anderen, sondern nur gemeinsam: persönlich und politisch.

So wie in den Projekten der Friedensorganisation »Ferien vom Krieg«. Jedes Jahr laden sie Menschen aus Konfliktgebieten zu gemeinsamen Ferien vom Krieg ein, z. B. junge Erwachsene aus Israel und Palästina. Für manche ist es die erste Begegnung mit der anderen Seite. Oft prallen die Einstellungen hart aufeinander und die Gruppen machen sich gegenseitig schwere Vorwürfe. »Mein Bruder ist von euren Leuten ermordet worden.« Da fließen Tränen und kein Weg scheint vom politischen Streit zum persönlichen Vertrauen zu führen. Und dann kommt es doch zur Begegnung. Die jungen Leute reden und ringen miteinander und manchmal beginnen sie zu ahnen: »Wir sind nicht zum Krieg verdammt!« (David Grossman)[14] So verlernt es sich, Krieg zu führen. So lernt sich Frieden!

---

14 Vgl. David Grossman (2006): Diesen Krieg kann keiner gewinnen. Chronik eines angekündigten Friedens. Frankfurt a. M.

IV

Der Berg, von dem aus Gottes Licht die Welt verändert, ist der Berg Zion in Jerusalem. Er zeichnet sich geografisch nicht durch seine Höhe aus; er ist kein 8000er, nicht einmal ein 3000er; er ist sogar niedriger als der Ölberg direkt daneben. Es ist nur die Anwesenheit Gottes, die den kleinen Berg zu einem erhabenen Ort, zum Berg der Verheißung und des Friedens macht. Gott bringt Licht in das Dunkel, aber nicht als mächtiger Heerführer und König, der die Gegner vernichtet; Gott zeigt sich: in der Befreiung aus der Sklaverei, im Kind in der Krippe, im Mitleiden, in der Schwäche, am Kreuz, im Beistand in Krankheit und Not. Gottes Frieden rettet die Welt nicht durch starke Waffen, sondern alle sammeln sich um einen niedrigen Berg, um ein Kind, unter einem flüchtigen Regenbogen; im Glanz der Gerechtigkeit Gottes leuchtet auf jedem Gesicht die Würde des Menschen, gerade auch bei denjenigen, die nicht für sich selbst sorgen können.

Gott macht die Welt hell! Es ist Gottes Menschenfreundlichkeit, Gottes Gerechtigkeit, die die Sonne der Gerechtigkeit über dieser Erde aufgehen lässt und uns in ihrem Licht wandeln lässt. Gott traut uns viel zu, aber weiß auch um unsere Grenzen. Jede politische Perspektive hat ihre Grenzen; jede Entscheidung birgt das Risiko, schuldig zu werden. Diese Erkenntnis führt nicht in die Beliebigkeit. Aber sie warnt uns davor, die eigenen Ansprüche absolut zu setzen oder gar mit Gewalt durchzusetzen. Wir versuchen, mutig zu bekennen und Christus nachzufolgen, aber wir erleben auch, dass wir wie die Jüngerinnen und Jünger einschlafen und scheitern; dass wir das Gute wollen, aber eigentlich unser Eigenes suchen – und Jesus verraten. Wo will Jesus mich heute in seinem Glanz hinschicken? Wem werde ich auf dem Berg Gottes, im Glanz der Sonne der Gerechtigkeit begegnen, vielleicht unerwartet, um mich mit ihm oder ihr zu versöhnen?

Gottes Sonne der Gerechtigkeit geht auf über uns. In ihrem Licht richten wir uns auf und übernehmen Verantwortung für uns und für die anderen. Deshalb: »Auf, kommt herbei, lasst uns wandeln im Lichte des Herrn!«

Gottesdienst in Eggenstein, Eggenstein-Leopoldshafen am 11.8.2019.

Den Glauben ins Leben ziehen!

Predigt zum 13. Sonntag nach Trinitatis –
Apostelgeschichte 6,1–7

> In diesen Tagen aber, als die Zahl derjenigen zunahm, die Jesus nach-
> folgten, erhob sich ein Murren unter denen, die griechisch sprachen,
> in der Gemeinde gegen die, die hebräisch sprachen, weil ihre Witwen
> übersehen wurden bei der täglichen Versorgung. Da riefen die Zwölf die
> Gemeinde zusammen und sprachen: Es ist nicht recht, dass wir für die
> Mahlzeiten sorgen und darüber das Wort Gottes vernachlässigen. Darum,
> ihr lieben Brüder und Schwestern, seht euch um nach sieben Personen
> in eurer Mitte, die einen guten Ruf haben und voll Heiligen Geistes und
> Weisheit sind; sie wollen wir zu diesem Dienst bestellen. Wir aber wollen
> beim Gebet und beim Dienst des Wortes bleiben.
> Und die Rede gefiel der Menge gut; und sie wählten Stephanus, einen
> Mann voll Glaubens und Heiligen Geistes, und Philippus und Prochorus
> und Nikanor und Timon und Parmenas und Nikolaus, den Juden-
> genossen aus Antiochia. Diese Männer stellten sie vor die Apostel; die
> beteten und legten die Hände auf sie. Und das Wort Gottes breitete sich
> aus und die Zahl der Menschen in der Gemeinde wurde sehr groß in
> Jerusalem.[15]

Liebe Gemeinde,
tausend Jahre und mehr reicht die Geschichte des christlichen
Lebens hier im Kaiserstuhl zurück; der christliche Glaube hat die
Orte geprägt, die Menschen gestärkt und zur Nächstenliebe ermutigt.
Die Kirchengebäude erzählen von der Kraft des Glaubens, die Generationen getragen hat, so wie sie uns heute trägt: durch gute Ernten und die Freude über Geburten und Hochzeiten, über all das,
was gelungen ist; aber auch durch die großen Kriege damals, durch
Krankheiten und Unfälle, durch die Sorgen, die die Menschen mit

---

15 Apostelgeschichte 6,1–7; in Anlehnung an Luther 2017.

in die Kirche bringen: Was wird aus unserer Ehe? Wird die Mutter wieder gesund? Werde ich meinen Arbeitsplatz behalten?

Im Segen Gottes gehen wir durch die Zeiten: Darauf vertrauen wir! Davon zeugen unsere Gottesdienste und unsere Seelsorge, das wollen wir in der Konfirmandenarbeit, im Kindergottesdienst und Kindergarten weitergeben und in die Kommune ausstrahlen, auch in diesen Jahren, in denen die Zahl der Mitglieder sinkt und das Geld knapper wird.

I

Wir sind in einer anderen Situation als die erste Gemeinde in Jerusalem, von der unser Predigttext erzählt; sie wuchs schnell. Viele spürten die Kraft, die in der Bewegung steckt, die Jesus angestoßen hat. Gott ist nicht weit weg, irgendwo da oben und kommt nur zu uns, um zu belohnen oder zu bestrafen. Nein, Gottes Reich ist schon heute und hier mitten unter uns. Christus ist bei uns und geht mit seinem Segen mit uns auf die grünen Wiesen und durch die Weinberge voller Trauben, aber auch durch die dunklen Täler, auch durch Einsamkeit und Schuld.

Überall erzählen die Christinnen und Christen damals, wie die Liebe Gottes das Leben verändert – in der Synagoge, auf dem Marktplatz, sogar beim Militärdienst: »Gott segnet uns! Gott richtet uns auf und macht uns Mut, selbst im Geist von Jesus Christus zu leben!« Die Menschen reden nicht nur davon, sie strahlen es aus; sie leben die Liebe, die Christus schenkt, praktisch und konkret in ihrem Alltag: Sie achten aufeinander und auf andere. Sie wissen nicht nur, wenn es einem oder einer schlecht geht; sie sprechen die betroffene Person auch an und suchen mit ihr nach neuen Wegen. Sie sehen, wenn jemand nicht mehr für sich selbst sorgen kann – und tun dann etwas, sie packen an. Sie decken den Tisch und laden ein: Reiche und Arme, Schüchterne und Besserwisser, die Stars und die, die schief angeschaut werden – und immer ist noch ein Platz frei für Fremde, für Christus, wenn er wiederkommt. So ziehen sie den Glauben kräftig ins Leben! Das strahlt aus und überzeugt viele.

II

Die Gemeinde wächst. So schnell, dass sich nicht mehr alle kennen und wissen, wem es wie geht, wer welche Sorgen hat, wer welche Gaben mitbringt. Manche verstehen sich kaum, denn in Jerusalem leben Menschen zusammen, die nicht nur aus Israel stammen, sondern auch aus den Gebieten, die heute zu Italien, der Türkei oder Griechenland, zum Libanon und Syrien gehören.

Gottes Bewegung führt uns zusammen: Es sind unterschiedliche Glieder, unterschiedliche Gaben, aber es ist ein Leib. Christus schickt uns in die Welt, zu den anderen, auch zu denen, die uns fremd sind. Gerade da bewährt sich der Glaube: Diejenigen zu lieben, die wie ich sind und mit denen ich gern zusammen bin, das ist normal. Aber unser Gottvertrauen macht uns frei und mutig, über unsere Freundschaften hinauszudenken und zu lieben, eine Gemeinde aus unterschiedlichen Menschen zu werden.

III

Es ist nicht leicht, so groß zu denken und zu handeln. Heute nicht – und damals nicht! Damals in Jerusalem murren die zugezogenen Gemeindeglieder. Ihre Witwen werden schlechter behandelt als die einheimischen. Die Witwen stehen in der Bibel beispielhaft für die Menschen, die besondere Unterstützung brauchen, weil sie nicht für sich selbst sorgen können. Wenn es den Witwen gut geht, dann funktioniert die Gemeinde, dann lebt sie ihren Glauben und die Nächstenliebe – und niemand wird übersehen!

Was für ein hoher Anspruch! Ich weiß noch, wie erschreckt ich und andere aus meiner ersten Gemeinde waren, als sich am Anfang meiner Zeit dort jemand aus der Gemeinde das Leben genommen hatte. Warum hatte ich nichts gemerkt? Wie konnte das passieren? Wir haben uns im Kirchenvorstand gefragt: Wie können wir achtsamer werden, vielleicht sogar dazu beitragen, dass das nicht wieder passiert? Wie gehen wir weiter im Segen Gottes? Wir haben nicht alles in der Hand. Gottvertrauen heißt auch, Sorgen, Herausforderungen und Menschen loslassen und Gott anvertrauen! Aber das, was wir im Geist Jesu tun können, das wollen wir auch tun.

IV

Vier Hinweise gibt uns der Predigttext, auf was wir als Gemeinde auf diesem Weg achten können:

Gemeinsam eine Lösung suchen!

In Jerusalem wird eine Gemeindeversammlung einberufen. Nicht von oben nach unten wächst die Kirche, sondern aus dem Miteinander der verschiedenen Menschen, die alle zu Christus gehören. Jeder und jede hat etwas dazu beizutragen, wie wir gemeinsam mit einer Herausforderung umgehen können. Jede und jeder ist gefragt mit seinen und ihren Begabungen: »Wer kann denn gut griechisch? Wer kann diese Witwen versorgen und unterstützen?«

Da werden auf einmal Namen genannt von Menschen, die bisher kaum in Erscheinung getreten sind; aber sie sind bereit, Verantwortung zu übernehmen. So wie 2015, als viele Menschen auf der Flucht nach Deutschland kamen – da gingen in vielen Gemeinden die Türen weit auf und manche, die sich engagierten, sagten: »Ich war schon lange nicht mehr da, aber jetzt weiß ich wieder, warum ich in der Kirche bin.« Oder in den Wochen im April und Mai, in denen wegen Corona keine Gottesdienste gefeiert werden konnten; auf einmal fielen manchen Gemeinden Menschen ein, die selten kamen, aber doch auch dazugehören: »Die kennt sich doch aus mit Computern, kann die uns nicht helfen, eine Online-Andacht zu produzieren?« Ja, sie kann und macht es gern!

Bereit sein, zu teilen!

Die Gemeinde wächst, weil Menschen dazukommen, die in Jerusalem noch nicht zu Hause sind. Wie wird man eine einladende Gemeinde? Mit offenen Augen und Ohren nehmen die Verantwortlichen in der Gemeinde wahr, dass die, die schon immer dazugehören, und die, die neu sind, nicht gleichbehandelt werden. Mir hat mal eine junge Familie, in der ich ein Kind taufen sollte, gesagt: »Wir waren schon mal bei Ihnen im Familiengottesdienst. Die kannten sich alle; sie standen zusammen und redeten. Aber uns hat niemand angesprochen, auch unsere Kinder nicht. Wir hatten das Gefühl, da ist kein Platz für uns. Da sind wir nicht mehr gekommen.«

Einladende Kirche, das heißt: Wer schon seine Heimat gefunden hat, macht die Tür auf für die, die keine Oma im Dorf haben, aber auch hier ankommen wollen. Wer genug hat, teilt es mit denen, die Hunger haben, die eine Wohnung suchen oder einfach Kontakt. Dann ist unsere Kirche attraktiv und strahlt aus, was sie verkündigt.

Verantwortung abgeben!

Die Zwölf, die die Jerusalemer Gemeinde bisher geleitet haben, geben Verantwortung ab. Das ist nicht leicht. Oft wollen wir ja, dass neue Menschen dazukommen und mitmachen; allerdings: »Doch bitte so, wie wir das immer schon gemacht haben.« Aber wer will, dass die Gemeinschaft wächst, muss den Neuen auch Platz einräumen für ihre Fragen und Ideen und Pläne. Die Zwölf tun das! Sie trauen den anderen etwas zu und geben die Verantwortung für den diakonischen Dienst in der Gemeinde an die sieben Neugewählten ab. Sicher, da wird sich etwas ändern und der Geist Christi sich von einer neuen Seite zeigen; aber das gehört dazu, wenn wir als Gemeinden lebendig und auf dem Weg bleiben wollen.

Glauben und Nächstenliebe leben!

Manche sehen in dieser Geschichte den Anfang einer Trennung zwischen Diakonie und Kirche, die beiden schadet: Die Kirche kümmert sich dann nur noch um das Seelenheil; wo bleibt da das praktische Christentum, das unsere Verkündigung glaubwürdig macht? Und die Diakonie macht nur noch soziale Arbeit; wo bleibt da der Glaube?

Verkündigung und Diakonie gehören wie bei Jesus unauflöslich zusammen: Wir brauchen den Gottesdienst und das Gebet, um uns von Gott im Dienst an den Menschen aufrichten und stärken zu lassen; wir brauchen die Diakonie, um den Glauben ins Leben zu ziehen und zu zeigen, wie Gottes neues Reich schon jetzt spürbar ist. Christus kommt uns in besonderer Weise nahe in Armen und Kranken, in Witwen und Flüchtlingen, in Menschen, die nicht für sich sorgen können. Gottesdienst und Diakonie sind aneinandergebunden und aufeinander angewiesen: Wenn Verkündigung gelingt, übernehmen Menschen Verantwortung für andere; wenn Menschen Nächstenliebe üben, breitet sich der Segen Gottes aus.

V

Im Segen Gottes gehen wir durch die Zeiten: Darauf vertrauen wir! In dieser Kraft leben wir unseren Glauben: in Worten und Taten, in unserer Gemeinschaft und unserer Verantwortung für andere. So strahlt Gottes Segen aus und gibt Menschen Hoffnung und Lebensmut, für andere da zu sein.

Gottesdienst in Bickensohl im Kaiserstuhl am 6.9.2020.

Dankbarkeit gibt der Welt ein neues Gesicht!

Predigt zum Erntedankfest –1. Timotheus 4,4–5

> Denn alles, was Gott geschaffen hat, ist gut, und nichts ist verwerflich, was mit Danksagung empfangen wird; denn es wird geheiligt durch das Wort Gottes und Gebet.[16]

Liebe Erntedankgemeinde,
Dankbarkeit gibt der Welt ein neues Gesicht!

Für mich ist der Gottesdienst am Erntedankfest einer der schönsten und wichtigsten im Jahr! Die Kirchen, aber auch andere Gottesdiensträume wie diese Halle sind herrlich geschmückt: mit Blumen und Ähren, mit Äpfeln und Birnen, Kürbissen, Kohl, Kartoffeln … Alles leuchtet in prächtigen Farben, es riecht nach frischem Brot und Erde, man kann fast schon beim Hinschauen schmecken, wie süß die Trauben in diesem Jahr sind.

Vielen Dank allen, die diese Halle hier so wunderbar gestaltet haben; vielen Dank, liebe Familie Kaufmann, dass Sie uns eingeladen haben; vielen Dank euch, liebe Konfirmandinnen und Konfirmanden, dass ihr beim Bewirten helft; vielen Dank allen, die dazu beigetragen haben, dass dieses Fest heute stattfinden kann.

Vor allem aber gibt Erntedank dem Leben ein neues Gesicht: Wir halten inne und setzen die Brille der Dankbarkeit auf. Im Gottvertrauen finden wir unseren Platz zwischen Himmel und Erde. Wir entdecken unsere Verantwortung für unsere Mitmenschen, aber auch für Tiere und Pflanzen, für alles, was Gott geschaffen hat. Wir schauen dankbar zurück und mutig und hoffnungsvoll nach vorn. Was für eine Fülle des Lebens, die Gott uns anvertraut!

---

16 1. Timotheus 4,4–5; Luther 2017.

I

Am Erntedankfest feiern wir: »Es geht durch unsre Hände, kommt
aber her von Gott.« (EG 508,2) Himmel und Erde, was wir tun und
was Gott für uns tut, das gehört zusammen! Sie, die Landwirte,
haben gepflügt und gestreut, Sie haben sich mit Wissen und Sorg-
falt darum gekümmert, dass das Getreide und die Früchte gut wachsen und die Tiere gedeihen. Sie haben gearbeitet und das getan, was
nötig und möglich war; »doch Wachstum und Gedeihen steht in des
Himmels Hand« (EG 508,1).

Für manche waren die Hitze und die viele Sonne in diesem Jahr
zu viel; sie hatten sich eine bessere Ernte erhofft. Andere haben eine
besonders gute Ernte, so viel Obst, so viele Reben, dass die Genos-
senschaften gar nicht mehr wissen, wohin damit.

Erntedank lehrt uns, dass Himmel und Erde zusammengehören.
Gott trägt uns durch die Zeiten. Gott sorgt für uns und die Schöpfung. Darauf baut alles auf; das ist die erste, grundlegende Dimension, die unser Leben bestimmt. Gott gilt unser erster Dank!

II

Diese Erntedank-Entdeckung verändert unser Leben: »*Denn alles,
was Gott geschaffen hat, ist gut, und nichts ist verwerflich, was mit
Danksagung empfangen wird.*« (1. Timotheus 4,4) Wer die Welt mit
Gottvertrauen und Dankbarkeit anschaut, gewinnt Freiheit. Gott ist
nicht kleinlich, schreibt nicht jeden einzelnen Schritt vor, wie wir
diese Welt, das Land, die Tiere, die Früchte zu behandeln haben,
was wir zu essen haben, was gesund ist und was nicht. Alles, was
Gott geschaffen hat, ist gut, wenn wir es mit den Augen der Dankbarkeit sehen.

Im Glauben sind wir frei, unseren eigenen Weg zu gehen. Allerdings ist das keine Freiheit der Ellenbogen; diese Freiheit ist weder
rücksichtslos noch gleichgültig. Vielmehr macht uns dieses dank-
bare Gottvertrauen frei *und* verantwortlich. Gott traut uns zu, mit
unserer Freiheit so verantwortlich umzugehen, dass unsere Mitmenschen, die ganze Schöpfung und auch die zukünftigen Generationen zu ihrem Recht kommen.

Das Erntedankfest stärkt unser Gottvertrauen und schenkt uns Freiheit. Das ist heute wichtig, wo wir manchmal den Eindruck haben, dass es gar keine Alternativen gibt, dass wir nur noch getrieben sind von den harten wirtschaftlichen Bedingungen am Markt. Das brauchen wir angesichts von auseinanderstrebenden Interessen, wenn es z. B. darum geht, wofür Flächen verwendet werden: für Neubaugebiete, für eine Bahnstrecke oder für eine landwirtschaftliche Nutzung.

Wer glaubt und singt, dass Wachstum und Gedeihen, dass alle guten Gaben von Gott kommen, dass am Ende für uns gesorgt ist, der entdeckt Alternativen, Kompromisse und kleine, aber manchmal vielleicht auch große Schritte auf dem Weg in eine gute Zukunft für Mensch und Natur und die zukünftigen Generationen.

III

Wir danken heute den Menschen, die dazu beitragen, dass wir genug zu essen und die meisten von uns ein gutes Leben haben: Ihnen, den Männern und Frauen in der Landwirtschaft, aber natürlich auch denen, die die Nahrung verarbeiten, den Menschen, die sie transportieren, denen, die die Züge und die LKWs für den Transport bauen …

Wer die anderen Menschen mit den Augen der Dankbarkeit ansieht, entdeckt, wie sehr wir aufeinander angewiesen sind. Wir brauchen einander. Die Starken und die Jungen, die Erfahrung der Alten und manchmal gerade auch die, von denen wir wenig erwarten. Der Leib gedeiht nur, wenn alle Glieder zusammenwirken, wenn gerade auch die schwächsten, die am wenigsten angesehenen Glieder zu ihrem Recht kommen.

Am Erntedankfest sollen alle satt werden; wir geben weiter, was wir empfangen. Deshalb feiern wir heute auch ein Fest des Teilens. In vielen Gemeinden werden die Gaben vom Altar zu den sogenannten Tafeln gebracht, um denen eine Freude zu machen, die weniger haben.

IV

Die Dankbarkeit führt uns aber noch darüber hinaus: Sie achtet Pflanzen und Tiere, sie sind keine austauschbaren Produktionsmittel, sie sind Geschöpfe Gottes. »*Denn alles, was Gott geschaffen hat, ist gut.*« (1. Timotheus 4,4)

Als wir letztes Jahr im Winter ein paar Tage Urlaub auf einem Bauernhof gemacht haben, sind mein Enkel und ich jeden Abend in den Stall, um beim Melken, Füttern und Misten zuzusehen; morgens war es uns zu früh. Das war kein großer Hof. Die Familie hatte vielleicht knapp dreißig Kühe im Stall; ich fand sie alle ziemlich ähnlich, aber die Bauersfamilie, auch die Kinder vom Hof kannten jede einzelne Kuh mit Namen, ihre Freundlichkeit und ihre störrischen Züge.

Die Landschaft, die Rebe, den Roggenhalm, den Käfer, das Schwein und den Hahn als Mitwelt entdecken, als Kreaturen Gottes, die ihr eigenes Recht haben, dazu kann uns das Erntedankfest helfen. Das ist keine Idylle: Wir gestalten als Menschen unsere Erde und unsere Mitwelt, wir drücken ihr unseren Stempel auf, wir gefährden sie auch mit unseren Planungen und unserem Handeln. Was würde geschehen, wenn alle Menschen auf der Erde so viel Fleisch essen würden wie wir in Deutschland? Aber wer dankbar auf die Erde und ihre Geschöpfe schaut, entdeckt, was die »Ehrfurcht vor dem Leben bedeutet«, die uns Albert Schweitzer so ans Herz legt. Alles, was da ist, *wird geheiligt* durch Gott. »Ich bin Leben inmitten von Leben, das Leben will.« Das geht nicht ohne Konflikte. Da fallen Entscheidungen. Da gibt es Konstellationen, in denen wir merken, dass wir andere Wege gehen und umkehren müssen, wenn wir unsere Erde bewahren wollen, wenn wir so leben wollen, dass auch noch die übernächste Generation sich an dieser herrlichen Kulturlandschaft freuen kann.

V

Der Grundton der Dankbarkeit verändert auch unseren Blick auf unsere Zeit. Wir werden frei, weiter nach vorn zu schauen. Manchmal muss man sich heute zurücknehmen und weniger machen, um langfristig und nachhaltig zu wirtschaften, hat mir ein Landwirt letztes Jahr gesagt. Da wachsen die Hoffnung und das Vertrauen, dass auch in der nächsten und übernächsten Generation Menschen und Familien in und von der Landwirtschaft leben können. »Enkeltauglich« finde ich ein wunderbares Wort und ein gutes Kriterium, um beim Abwägen und Nachdenken zu entscheiden. Solange die Erde steht, soll nicht aufhören: Saat und Ernte, Sommer und Winter …, dieses Gottvertrauen stärkt unsere Hoffnung und macht die Zukunft hell und weit. Wir sind nicht festgelegt auf diesen Weg oder keinen. Aus dankbarem Gottvertrauen brechen wir mutig auf und entdecken neue Wege in die Zukunft.

VI

Das Erntedankfest übt in die Dankbarkeit ein, die wir in unseren Familien, im Beruf, in Dorf und Stadt brauchen. Wir wollen sie mitnehmen in unseren Alltag. Deshalb ist es uns als Kirchen wichtig, Familien in der Landwirtschaft dabei zu begleiten und zu beraten, wie es weitergehen kann. Deshalb ist es gut, wenn wir bei einer Hofübergabe an die nächste Generation einen Gottesdienst feiern und den Segen Gottes für die erbitten, die dankbar loslassen und neue Freiheit gewinnen, aber auch für die, die nun in die Verantwortung eintreten und das Vertrauen brauchen, dass Gott es gut meint mit ihnen, in allem Wandel, der nötig ist. *»Denn alles, was Gott geschaffen hat, ist gut, und nichts ist verwerflich, was mit Danksagung empfangen wird; denn es wird geheiligt durch das Wort Gottes und Gebet.«* (1. Timotheus 4,4–5)

Ein Weg, diese Dankbarkeit des Erntedankfestes mit in den Alltag zu nehmen, ist das Tischgebet oder ein Tischlied zum Essen: Es ist wie ein kleines Erntedankfest vor der Mahlzeit. Wir halten inne, manchmal nur kurz, manchmal nur, weil wir es halt so gewohnt sind. Aber in dieser kleinen Geste blitzt doch das auf, was entscheidend ist: Gottes Segen trägt uns durchs Leben. Wir brauchen Menschen, die für uns sorgen und sind selbst gerufen, für andere da zu sein. Wir sind Teil der Schöpfung und verantwortlich, sie zu bebauen und für kommende Generationen zu bewahren. Solche Dankbarkeit gibt der Welt ein neues Gesicht!

Erntedankgottesdienst des Badischen Landwirtschaftlichen Hauptverbandes (BLHV) in Neuenburg-Grißheim am 7.10.2018.

Frieden denken!

Predigt zum 21. Sonntag nach Trinitatis – Jeremia 29,1–14

Dies sind die Worte des Briefes, den der Prophet Jeremia von Jerusalem sandte an den Rest der Ältesten, die weggeführt waren, an die Priester und Propheten und an das ganze Volk, das Nebukadnezar von Jerusalem nach Babel weggeführt hatte – nachdem der König Jechonja und die Königinmutter mit den Kämmerern und Oberen in Juda und Jerusalem samt den Zimmerleuten und Schmieden aus Jerusalem weggeführt waren –, durch Elasa, den Sohn Schafans, und Gemarja, den Sohn Hilkijas, die Zedekia, der König von Juda, nach Babel sandte zu Nebukadnezar, dem König von Babel:

So spricht der HERR Zebaoth, der Gott Israels, zu allen Weggeführten, die ich von Jerusalem nach Babel habe wegführen lassen: Baut Häuser und wohnt darin; pflanzt Gärten und esst ihre Früchte; nehmt euch Frauen und zeugt Söhne und Töchter, nehmt für eure Söhne Frauen und gebt eure Töchter Männern, dass sie Söhne und Töchter gebären; mehrt euch dort, dass ihr nicht weniger werdet. Suchet der Stadt Bestes, dahin ich euch habe wegführen lassen, und betet für sie zum HERRN; denn wenn's ihr wohl geht, so geht's euch auch wohl.

Denn so spricht der HERR Zebaoth, der Gott Israels: Lasst euch durch die Propheten, die bei euch sind, und durch die Wahrsager nicht betrügen, und hört nicht auf die Träume, die sie träumen! Denn sie weissagen euch Lüge in meinem Namen. Ich habe sie nicht gesandt, spricht der HERR.

Denn so spricht der HERR: Wenn für Babel siebzig Jahre voll sind, so will ich euch heimsuchen und will mein gnädiges Wort an euch erfüllen, dass ich euch wieder an diesen Ort bringe. Denn ich weiß wohl, was ich für Gedanken über euch habe, spricht der HERR: Gedanken des Friedens und nicht des Leides, dass ich euch gebe Zukunft und Hoffnung. Und ihr werdet mich anrufen und hingehen und mich bitten, und ich will euch erhören. Ihr werdet mich suchen und finden; denn wenn ihr mich von ganzem Herzen suchen werdet, so will ich mich von euch finden lassen, spricht der HERR, und will eure Gefangenschaft wenden und euch sammeln aus allen Völkern und von allen Orten, wohin ich euch verstoßen habe, spricht der HERR, und will euch wieder an diesen Ort bringen, von wo ich euch habe wegführen lassen.[17]

Liebe Synodalgemeinde, liebe Schwestern und Brüder,
nicht nur wir machen uns Gedanken, wie es mit Kirche und Welt wohl weitergeht. Auch Gott macht sich Gedanken über sein Volk Israel, über diese Erde und wohl auch über uns. Gottes Gedanken sind weder optimistisch noch pessimistisch; sie sind strategisch, im Sinne eines guten strategischen Prozesses: Was Gott denkt, geschieht!

»Denn ich weiß wohl, was ich für Gedanken über euch habe, spricht der HERR: Gedanken des Friedens und nicht des Leides, dass ich euch gebe Zukunft und Hoffnung.« (Jeremia 29,11)

Das ist eine großartige Zusage für unsere Synode, die alles, was wir in den nächsten Tagen verhandeln werden, in ein helles Licht stellt: *»Dass ich euch gebe Zukunft und Hoffnung!«*

I

Der Brief mit der guten Nachricht kam damals aus Jerusalem, aus einer Stadt in Tränen, zerstört wie heute Homs oder Aleppo. Der Brief ging nach Babylon, in die damals angesagte Stadt mit hohen Mieten und prallem Leben, so wie heute Berlin oder London.

Der Brief geht an eine Minderheit in dieser Riesenstadt: Verschleppte, Geflüchtete, Angehörige einer fremden Religion. Da klingt der viel zitierte Satz *»Suchet der Stadt Bestes!«* (Jeremia 29,7) wie ein Aufruf zur Assimilation. Als einen der Märtyrer unter den Bibeltexten hat der Alttestamentler Rainer Kessler ihn deshalb einmal bezeichnet. Ob bei der Einweihung eines Sportheims, beim Lob des Ehrenamtes oder der Predigt einer Abgeordneten zum Tag der Deutschen Einheit: Er wird sehr gern benutzt, aber eben auch instrumentalisiert, um einem Engagement einen Heiligenschein umzuhängen.

---

17 Jeremia 29,1–14; Luther 2017.

Dabei könnte man ihn auch andersherum lesen. Gott traut der Minderheit etwas zu, wenn Jeremia ihr zuruft: »*Suchet der Stadt Bestes!* Ihr seid besonders dafür geeignet zu entdecken, was gut, was das Beste für ein Gemeinwesen ist, gerade ihr, die ihr in der Minderheit und Außenseiter seid und keine Macht habt.« Also: Nur wer Differenz erfahren hat, wer weiß, was Armut ist und Verfolgung, bekommt das Ganze in den Blick. Zu leicht wird sonst das Eigene, das, wie es immer schon ist, zum Allgemeinen.

Die biblische Tradition macht deshalb die Schwachen zum Kriterium dafür, wie gut ein Gemeinwesen funktioniert und ob es vom Segen Gottes erfüllt ist, ja zum Ort der Offenbarung Gottes wird: Was ihr getan habt einem unter diesen meinen geringsten Geschwistern, das habt ihr mir getan. Das Beste der Stadt misst sich daran, ob und welchen Platz die Armen in ihr haben, ob gut für die Kranken und für die Sterbenden gesorgt ist, ob die Fremden und Flüchtlinge zu ihrem Recht kommen und gastfreundlich aufgenommen werden.

II

Was ist das Beste? Jeremia liebt den Schalom. Allein im Vers 7 kommt das Wort drei Mal vor: »*Sucht den Schalom der Stadt, in die ich euch habe wegführen lassen, und betet für sie zum HERRN; denn wenn in ihr Schalom herrscht, lebt auch ihr im Schalom.*«

Das Beste, der Schalom, von dem hier die Rede ist, ist konkret, sozial und leiblich. Da geht es um Ökonomie: sich ansiedeln, das Land, die Gärten bebauen, Einkommen generieren und etwas beitragen zum Bruttosozialprodukt. Es geht um Fortpflanzung und um die kommenden Generationen. Ob »Mehren« auch heißt, Menschen aus anderen Gruppen zu heiraten, gar aus der Mehrheitsgesellschaft? In vielem erinnert der Text an Exodus 1: das Volk, das in und trotz der Sklaverei zahlenmäßig wächst, aber sich nicht vermischt, sondern identifizierbar bleibt. Wer mal eine Weile im Ausland gelebt hat, kann das sofort verstehen. Nicht umsonst feiern die vor zweihundert und mehr Jahren nach Brasilien ausgewanderten Deutschen heute das nach München zweitgrößte Oktoberfest – und haben es eigentlich immer noch sehr gern, wenn ihre Söhne und Töchter andere deutsche Nachkommen heiraten.

Aber wohin gehören dann die, die sich trotzdem ineinander verlieben? Sie bilden ja auch eine Minderheit, oft zwischen den Fronten. Gilt auch ihnen der Brief? Gott hat Gedanken des Friedens über uns, dass er uns Zukunft gebe und Hoffnung. Gott öffnet unsere Blicke, unsere Kirchentüren und vor allem unsere Herzen und stellt unser Abgrenzen und Sortieren grundsätzlich infrage.

III

Noch einmal: Was unterscheidet den Brief des Jeremia von einem Aufruf zur Assimilation? Zuerst und vor allem die religiöse Dimension: *»und betet für sie zum HERRN!«* Bei aller Teilhabe und allem Einfinden in die und Mitgestalten der Mehrheitsgesellschaft: In der Fürbitte bleibt die Differenz zu der religiösen Umgebung deutlich. Der Schalom kommt nicht aus der Orientierung an Marduk oder einer babylonischen Leitkultur, sondern weil die Fürbitte für die anderen uns in einer grundlegenden und radikalen Weise vor Gott neu verbindet: Wir sind Geschöpfe Gottes, Gottes Kinder. Den Schalom der Stadt fördert nicht Assimilation oder Unterwerfung, sondern eine selbstbewusste Integration aus dem Geist des Gottvertrauens.

IV

Allerdings gibt es Schalom nicht ohne Widerworte. Bei Jeremia taucht der Begriff auch negativ auf. Er streitet um die richtige Verwendung und wehrt sich dagegen, dass mit dem Reden vom Besten der Stadt Konflikte übertüncht werden. Wenn Schalom wirklich gedeihen soll, braucht es Streit und Auseinandersetzung. Da müssen Widersprüche aufgedeckt werden und die unterschiedlichen Akteure und Interessen zu Wort kommen.

Im Kapitel zuvor ruft der Konkurrenzprophet Hananja den Menschen zu: »Ihr müsst euch nicht auf die Situation einstellen; ihr müsst nur noch ein bisschen durchhalten, nur noch zwei Jahre. In zwei Jahren haben wir das alles geklärt, dann seid ihr, die verschleppten Israeliten, wieder zurück in Israel – und ihr, Babylonier, seid uns wieder los!« Er lügt sich und den anderen etwas in die Tasche. Und das führt dazu, dass die Mauern auf beiden Seiten wachsen, so wie wenn heute manche politisch davon ausgehen, dass alles bald wieder so ist wie früher – und dann kommen seltsame apokalyptische Begriffe wie: Kontrollverlust, Flut, Krise. Mit solchen Bildern brauchen sich weder die einen noch die anderen auf die gegenwärtige Lage einzustellen; da wachsen die Mauern eher noch und die Wege aufeinander zu verschließen sich.

Wer Frieden sucht, muss Konflikte ernst nehmen und sich ihnen stellen, nüchtern und realistisch und vor allem mit Gottvertrauen!

V

Hananja vertröstet die Menschen mit kurzen Zeitspannen. Jeremia aber liest die Gedanken Gottes und die haben einen langen Atem: siebzig Jahre, drei Generationen, dann kommt das Ende der Verbannung und eine Rückkehr wird möglich sein! Ob die Enkel und Urenkel dann noch zurückwollen? Auf jeden Fall sind es nicht die kurzfristigen Interessen einer Generation, sondern die langen Rhythmen und die langen Verantwortungsketten, die wir im Glauben in die Stadt und die Gesellschaft einzubringen haben. Es geht um mehr als um einen Weg für mich selbst, für meine Familie, meinen Ort, meine Gemeinde; es geht um Enkeltauglichkeit und die Bereitschaft, auch für andere, für Europa, für unsere Geschwister in den Partnerkirchen Verantwortung zu übernehmen.

Der Wochenspruch nimmt das auf. Seine erste Hälfte – »Lass dich nicht vom Bösen überwinden« (Römer 12,21) – lässt uns auf uns selbst schauen. Ein anständiger Mensch sein, sich an die Gebote halten, das wollen die meisten. Da bin ich persönlich gefragt, das passt auch in ein privatisiertes Christentum. Aber der Vers geht weiter und wird damit zur Herausforderung und Zumutung: »sondern überwinde das Böse mit Gutem.« Da kommen die anderen in den Blick, das System, die Interessenkonflikte, die sich über Generationen hinziehen, in denen wir heute gefragt sind, an Morgen und an die zu denken, die weit weg sind. Da ist der aufrechte Gang gefragt, die sorgfältige Wahrnehmung der Konflikte, Klarheit und Geduld.

VI

»*Suchet der Stadt Bestes!*« Das öffnet einen weiten Horizont und fragt nach dem, was wir, auch als Minderheit, in unseren Ort, unsere Region, unser Land, in Europa einzubringen haben. Wir richten unser Leben auf die Zukunft Gottes hin aus, auch wenn sich Gottes Zusagen erst gegenüber unseren Nachkommen erfüllen werden. Gott kommt uns dabei entgegen, die Gegenwart des Geistes gibt uns Kraft und Geduld und Mut zum aufrechten Gang: »*Ich weiß wohl, was ich für Gedanken über euch habe, spricht Gott: Gedanken des Friedens und nicht des Leides, dass ich euch gebe Zukunft und Hoffnung.*« (Vgl. Jeremia 29,11)

Gottesdienst zur Eröffnung der Herbsttagung der Badischen Landessynode in der Klosterkirche Bad Herrenalb am 21.10.2018.

Der eine Gott, der Leben schafft!

Predigt zum Reformationsfest – 5. Mose 6,4–9

Liebe Gemeinde,

wir feiern heute am Reformationstag ein Fest des Glaubens! Wir feiern, dass der Glaube uns in unserem Alltag begleitet, dass er uns im Leben trägt und im Sterben tröstet. Wir feiern, dass unser Glaube uns frei macht und mutig, Verantwortung zu übernehmen – hier vor Ort und gegenüber unseren Nächsten. Aber auch in den weiten Horizont, in den uns Gottes Schöpfung stellt, den uns mit Menschen verbindet, die uns fern und fremd sind, und auch mit denen, die uns vorangegangen sind und die nach uns kommen werden.

Evangelischer Glaube macht mutig und frei, uns immer wieder neu auf Christus auszurichten, so wie uns das Kreuz in dieser Kirche ausrichtet. So wie Menschen in dieser Kirche seit fast 500 Jahren fragen: Was bedeutet uns heute die Freiheit eines Christenmenschen? Was heißt heute evangelisch glauben – in einer Zeit, in der Menschen unterschiedlichen Religionen angehören und andere sich fragen, ob sie Glauben und Kirche eigentlich brauchen?

Ich lese den Predigttext für den heutigen Reformationstag aus dem 5. Buch Mose im 6. Kapitel (Verse 4–9):

> Höre, Israel, der HERR ist unser Gott, der HERR allein. Und du sollst den HERRN, deinen Gott, lieb haben von ganzem Herzen, von ganzer Seele und mit all deiner Kraft. Und diese Worte, die ich dir heute gebiete, sollst du zu Herzen nehmen und sollst sie deinen Kindern einschärfen und davon reden, wenn du in deinem Hause sitzt oder unterwegs bist, wenn du dich niederlegst oder aufstehst. Und du sollst sie binden zum Zeichen auf deine Hand, und sie sollen dir ein Merkzeichen zwischen deinen Augen sein, und du sollst sie schreiben auf die Pfosten deines Hauses und an die Tore.[18]

---

18 5. Mose 6,4–9; Luther 1984.

I

»*Höre, Israel!*« Diese Aufforderung begleitet jüdische Menschen bis
heute durch ihr Leben: morgens und abends, zu Hause, an der Klage-
mauer oder in der Synagoge, im Alltag und am Feiertag; diese Verse
sind ein zentrales Bekenntnis des jüdischen Glaubens.

Diejenigen, die sie als Predigttext für den Reformationstag aus-
gesucht haben, laden uns ein, an der Tür zu lauschen, was Gott dem
Volk Israel Wichtiges zu sagen hat. Aber wir müssen keinen roten
Kopf bekommen, weil wir beim Lauschen ertappt werden. Jesus, der
diese Worte wahrscheinlich als Kind gelernt und selbst oft gelesen
und gesprochen hat, öffnet uns die Tür und lädt uns ein zuzuhören.
Diese Worte gelten auch uns, weil der Gott Abrahams, Isaaks und
Jakobs, der eine Gott, der Israel aus der Knechtschaft in Ägypten befreit hat, durch Jesus Christus auch unser Gott geworden ist. Das ist
heute, wo jüdische Gemeinden und Menschen, die eine Kippa tragen,
sich in Deutschland bedroht fühlen, eine wichtige Grundlage unseres Glaubens: wir gehören zusammen, wir glauben an einen Gott!

II

Dieser Gott hat einen Namen. Martin Luther hat die vier Buchstaben,
die hier im Hebräischen stehen, mit »HERR« übersetzt. Im Juden-
tum werden sie nicht ausgesprochen.

Warum? Weil Gott nicht auf den Begriff zu bringen ist. Weil Gott
nicht unseren Bildern unterworfen werden soll: nicht männlich,
nicht weiblich, und doch wie Mutter und Vater; wie eine Burg, wie
Sonne und Schild – und doch mehr und anders als das alles. Mein
Trost und mein Heil, aber doch nicht nur die Bestätigung meiner
Ansichten und Überzeugungen, sondern immer auch eine Herausforderung.

Gott lässt sich nicht für unsere Interessen instrumentalisieren.
Das mussten die Israeliten am Berg Horeb lernen, als sie Gott in
einem goldenen Kalb anbeten wollten oder als sie später behaupteten,
ihr Gott sei der König über die Götter der anderen Völker (Psalm 95).

Auch für die Reformation war diese Erkenntnis wichtig: Der
Glaube sollte nicht den Einfluss und das Vermögen der Mächtigen

stärken, sondern die Menschen frei machen, aufrichten und ihnen zusagen: »Fürchte dich nicht; du gehörst zu Christus!« Wahrscheinlich ließ Graf Georg von Wertheim deshalb schon 1518 ein Mandat gegen »kostspielige Leichenbegängnisse und Jahrtagsstiftungen« an die Tür der Wertheimer Stiftskirche schlagen.

Wir deutschen evangelischen Kirchen haben erst in den Schrecken von zwei Weltkriegen und angesichts des menschenverachtenden Nationalsozialismus gelernt: Wer »Gott mit uns« auf Koppelschlösser schreibt, hat Christus schon verloren. Er oder sie hängt sein oder ihr Herz an einen Abgott: den Gott des Nationalismus, der den eigenen Wert erst durch die Abwertung der anderen gewinnt; den Gott der Sicherheit, der auf Waffen vertraut, statt den Frieden zu wagen; den Gott des »immer mehr«, der nie genug hat und uns auf Erwartungen und Ideale festlegt, die Unzufriedenheit und Neid in unseren Herzen säen, weil andere immer mehr haben, besser sind, mehr gelten, der uns stetig über die Grenzen des Wachstums in Gottes Schöpfung hinaustreibt.

Der Reformationstag widerspricht den Abgöttern und allen Versuchen, Gott und den Glauben für eigene Interessen in Dienst zu nehmen, sei es auch erzieherisch, wie früher manchmal in der Familie: »Wenn du nicht das tust, was ich dir sage, wird Gott dich strafen.« Nein, Gott will Menschen, die sich nicht fürchten, sondern aus der Kraft der Liebe Christi leben, die frei und aufrecht, besonnen und selbstbewusst ihren Glauben leben. In diesem Sinne macht uns die Reformation kritisch, vor allem selbstkritisch, aber diese kritische Perspektive wird auch zu einem Leitfaden im Dialog mit anderen Religionen und mit der Politik.

III

Der evangelische Glauben hat eine große kritische Kraft. Noch wichtiger aber ist sein Vertrauen in die Liebe Gottes. Das ist die eigentliche reformatorische Entdeckung: Entscheidend ist nicht, was wir tun, sondern was Gott für uns tut. Wir können »Gott lieben von ganzem Herzen, von ganzer Seele und mit aller unserer Kraft« (vgl. 5. Mose 6,5), weil Gott uns zuerst liebt, weil wir umgeben sind und geborgen in der Liebe Christi. Sie überwindet Feindschaft und ermöglicht Umkehr. Sie rettet die Schwachen und sorgt für die, die nicht für sich selbst sorgen können. Sie verbindet uns trotz aller Unterschiede in einer wechselseitigen Gemeinschaft. Sie öffnet uns Wege in verfahrenen Situationen und entdeckt in Konflikten, in denen wir keinen Ausweg sehen, kreative Lösungen.

Der evangelische Glaube lebt daraus, dass Gottes Liebe uns zuvorkommt. Dass wir nur einstimmen müssen und uns einfinden in die liebevolle Bewegung Gottes in dieser Welt. Manchmal fällt uns das leicht und wir schwimmen einfach mit auf dem breiten Fluss des Glücks, weil uns die Liebe zum Beispiel in unserer Partnerschaft, in der Familie oder in der Gemeinde trägt. Aber manchmal liegen wir auch wie ein schwerer Brocken im Weg: »Mit den Nachbarn reden wir seit dreißig Jahren nicht, Herr Pfarrer. Da werde ich doch nicht jetzt rübergehen, nur weil sie krank ist!«

Jesus hat die Liebe Gottes in unsere Welt gebracht und uns ermutigt, uns ihr anzuvertrauen und in ihr zu leben: »›Du sollst den Herrn, deinen Gott, lieben von ganzem Herzen, von ganzer Seele und von ganzem Gemüt.‹ Dies ist das höchste und erste Gebot. Das andere aber ist dem gleich: ›Du sollst deinen Nächsten lieben wie dich selbst.‹« (Matthäus 22,37–39)

IV

Über Glauben muss man reden. Glauben kann man lernen. Glauben muss man üben. »*Und diese Worte, die ich dir heute gebiete, sollst du zu Herzen nehmen und sollst sie deinen Kindern einschärfen und davon reden, wenn du in deinem Hause sitzt oder unterwegs bist, wenn du dich niederlegst oder aufstehst. Und du sollst sie binden zum Zeichen auf deine Hand, und sie sollen dir ein Merkzeichen zwischen deinen Augen sein, und du sollst sie schreiben auf die Pfosten deines Hauses und an die Tore.*« (5. Mose 6,6–9)

Vielleicht hat Josef Jesus dieses »*Höre, Israel!*« schon gleich nach der Geburt dankbar ins Ohr geflüstert. Vielleicht hat Maria es gesprochen, nachdem Jesus zum ersten Mal in der Krippe eingeschlafen ist. Hören und erzählen, so wächst der Glaube. Das Wichtigste wird auswendig gelernt! By heart, sagen die Engländer. Genau das ist hier gemeint – dass die wichtigsten Texte sich in uns festsetzen, unser Herz, unseren Kern bestimmen. Als Jesus sein Elternhaus in Nazareth verlässt, nimmt er all das mit; leichtes Gepäck, weil er es auswendig kann. Und doch Kraft für weite Wege und ein Trost, der im Leben und Sterben trägt.

Glauben können wir lernen. Glauben können wir üben. Über Glauben müssen wir reden. Dann merken wir, was uns trägt. Auch, was sich hohl anhört. Und was stimmt und zu mir passt: Wie kann ich beten? Wie spreche ich von meinem Glauben, wenn mein Freund mich fragt? Oder mein Enkel? Was sage ich am Krankenbett, wenn ich gefragt werde: Wie geht es nach dem Tod weiter?

Der Glaube ist etwas sehr Persönliches, aber keine Privatsache. Wenn ich in Begegnungen Erfahrungen mit ihm sammle, entwickelt er sich weiter und vertieft sich. Deshalb ist es schade, dass wir heute selten miteinander über den Glauben reden. Ich habe Gespräche darüber mit Taufeltern, mit jungen Erwachsenen, mit Freunden im Ohr: »Ja, ich war eigentlich gerne im Konfirmandenunterricht, aber danach war das kein Thema mehr. Wer redet schon über den Glauben? Das machen doch nur Fanatiker, das ist doch peinlich.« Dabei will sich der Glaube gerade im Alltag bewähren; will mutig und frei machen – und uns in unseren Verantwortungen tragen und stärken. Sonst geht es ihm wie dem Salz auf der Straße, das fad wird und zertreten und nutzlos.

»Und diese Worte, die ich dir heute gebiete, sollst du zu Herzen nehmen und sollst sie deinen Kindern einschärfen und davon reden, wenn du in deinem Hause sitzt oder unterwegs bist, wenn du dich niederlegst oder aufstehst.« (5. Mose 6,6–9) Wenn ich über meinen Glauben rede, lege ich mich fest: »So stelle ich mir Gott vor.« »So, hoffe ich, geht es meinem verstorbenen Vater jetzt bei Gott.« Traue ich mich das zu sagen? Und mit einem Freund, meiner Frau darüber zu reden, sodass wir spüren, wie wir den Glauben ins Leben ziehen. Da gehört er hin!!

Die Konfirmanden und Konfirmandinnen stöhnen manchmal, wenn sie Lieder oder Bibelverse lernen sollen. Ich finde es gut, etwas auswendig, by heart, im Herzen zu haben. Eine Liedstrophe, ein Gebet, die dann im richtigen Moment hoffentlich ihre Kraft entfalten, wenn wir, wenn ihr sie braucht. Ich habe schon erlebt, wie eine Konfirmandin am Krankenbett der Großmutter den Psalm 23 gesprochen hat, wie ein Enkel aus dem Posaunenchor dem Großvater zum Geburtstag »Lobe den Herrn« vorgespielt hat – und wie schön und kräftig das war und unseren Glauben gestärkt hat.

V

»Höre, Israel, der HERR ist unser Gott, der HERR allein. Und du sollst den HERRN, deinen Gott, lieb haben von ganzem Herzen, von ganzer Seele und mit all deiner Kraft.« – »und deinen Nächsten wie dich selbst.« (5. Mose 6,4–5; Matthäus 22,39)

Reformationsgottesdienst in der Stiftskirche Wertheim am 31.10.2019.

Ein Lockruf zur Umkehr!

Predigt zum Buß- und Bettag – Römer 2,1–10

> Darum, o Mensch, kannst du dich nicht entschuldigen, wer du auch bist, der du richtest. Denn worin du den andern richtest, verdammst du dich selbst, weil du ebendasselbe tust, was du richtest. Wir wissen aber, dass Gottes Urteil zu Recht über die ergeht, die solches tun. Denkst du aber, o Mensch, der du die richtest, die solches tun, und tust auch dasselbe, dass du dem Urteil Gottes entrinnen wirst? Oder verachtest du den Reichtum seiner Güte, Geduld und Langmut? Weißt du nicht, dass dich Gottes Güte zur Buße leitet?
>
> Du aber, mit deinem verstockten und unbußfertigen Herzen, häufst dir selbst Zorn an für den Tag des Zorns und der Offenbarung des gerechten Gerichtes Gottes, der einem jeden geben wird nach seinen Werken: ewiges Leben denen, die in aller Geduld mit guten Werken trachten nach Herrlichkeit, Ehre und unvergänglichem Leben; Zorn und Grimm aber denen, die streitsüchtig sind und der Wahrheit nicht gehorchen, gehorchen aber der Ungerechtigkeit; Trübsal und Angst über alle Seelen der Menschen, die Böses tun, zuerst der Juden und ebenso der Griechen; Herrlichkeit aber und Ehre und Frieden allen denen, die Gutes tun, zuerst den Juden und ebenso den Griechen.[19]

Liebe Schwestern und Brüder in Christus,
am Buß- und Bettag feiern wir, dass wir umkehren können. Es ist Gottes Güte, die uns zur Umkehr treibt. Sie ist kräftiger als unsere Rechthaberei, unsere Bosheiten und unsere Eitelkeiten, auch stärker als unsere Trägheit. Gottes Güte macht uns frei, umzukehren und Jesus Christus mutig und mit Ausdauer zu folgen: auf dem Weg in ein Leben in Fülle, in eine Gemeinschaft des Geistes, die die umgreift, die uns nah, und die, die uns fern, fremd, ja feindlich sind; zu der die gehören, die uns vorausgegangen sind, und die, die nach uns

---

19 Römer 2,1–10; in Anlehnung an Luther 2017.

kommen; die uns in Ehrfurcht vor dem Leben mit Gottes Schöpfung verbindet, die mit uns seufzt und hofft, die Gott uns anvertraut.

I

Buß- und Bettag, das klingt im Deutschen nach erhobenem Zeigefinger und Moral: »Das ist gut und das ist böse. Mach das und lass dies. Und wenn du nicht machst, was wir dir sagen, dann wirst du schon sehen.« Da wird gedroht. Da wird gerüttelt und geschüttelt: »So sollst du sein.« Da geht es um Entscheidungen: entweder so oder so! Und ums Sortieren: die Guten zu uns – die Bösen raus.

Die Reformation erinnert uns daran, dass der Buß- und Bettag eigentlich eine andere Überschrift hat. Sie heißt: »Weißt du nicht, dass Gottes ›Güte‹ dich zur Buße treibt?« Nicht Gottes Zorn, nicht moralische Gesetze und Vorschriften über das Verhalten geben dem heutigen Tag seinen besonderen Charakter, sondern Gottes Güte. Sie ermöglicht uns, umzukehren. Sie ermöglicht es uns, in allen unseren Unterschieden und mit all dem, was wir einander schuldig bleiben, zusammenzubleiben. Das ist die Botschaft des Buß- und Bettages: Es ist nicht unsere Disziplin oder unser Wohlverhalten, es ist Gottes Güte, die uns und dieser Erde eine neue Lebensperspektive eröffnet.

II

Das Evangelium für den heutigen Buß- und Bettag erzählt die Geschichte von einem Feigenbaum im Weinberg (vgl. Lukas 13,1–9). Der bringt keine Frucht, auch nicht nach drei Jahren. Da sagt der Besitzer zu seinem Weingärtner: »Schluss jetzt, ich habe schon so lange investiert und immer noch keinen Ertrag. So hau ihn ab!« Aber der Weingärtner stellt sich schützend vor das, was ihm anvertraut ist. »Gib ihm noch ein Jahr. Ich grabe und dünge. Vielleicht bringt der Baum dann doch noch gute Früchte. Wenn nicht, so hau ihn ab!« Der Weingärtner bewahrt den Feigenbaum davor, abgeholzt zu werden. Er holt nicht die Axt, sondern den Spaten, er lockert den Boden und düngt ihn und müht sich um den Baum. Er überzeugt den Besitzer des Weinbergs, dass er noch ein Jahr warten soll. Ein Jahr, eine begrenzte Zeit, aber auch eine geschenkte Zeit: Vielleicht, hoffentlich in einem Jahr, da wird der Baum blühen und Früchte tragen.

So zeigt sich Gott uns in Jesus Christus, so gütig wie der Weingärtner, so menschenfreundlich. Nicht zum Abhacken ist Christus gekommen, sondern um zu verbinden und zu versöhnen, um neues Leben zu ermöglichen.

III

Gottes Güte treibt uns zur Umkehr. Diese Güte geht nicht großzügig über Unrecht und Ungerechtigkeit hinweg. Ihr ist unser Tun und Lassen nicht gleichgültig: Gott unterscheidet klar die guten Werke von dem Bösen, das wir tun. Christus wird als Weltenrichter zurückkehren und dann zu uns sagen: »Was ihr getan habt einem unter diesen meinen geringsten Geschwistern, das habt ihr mir getan« (vgl. Matthäus 25,40); was nicht, das seid ihr mir schuldig geblieben.

Wir sind freie und verantwortliche Christenmenschen; zu unserer Würde gehört es, dass wir Rechenschaft geben. Ja, es gibt falsche Wege. Und Gott will, dass wir von ihnen umkehren; Gottes Güte treibt uns zur Umkehr.

Die Bibel nennt die Macht der falschen Wege »Sünde«. Sie hat viele Gesichter. Sie zeigt sich, wenn ich mich über Gebote *zu Lasten anderer* hinwegsetze. Weil ich fixiert bin auf meinen Erfolg, gefangen von dem Wunsch nach Anerkennung. Da höre ich auf die Einflüsterungen: »Das gilt doch nicht für dich! Jeder ist seines Glückes Schmied! Setz dich durch; du musst auch mal die Ellenbogen ausfahren!« Da gehe ich über die Grenzen, obwohl ich weiß, dass es nicht richtig ist. Wir erleben das im Kleinen, aber auch im Großen: Deshalb kämpfen wir gerade bei Brot für die Welt und in den Kirchen für ein Lieferkettengesetz; damit Menschenrechte endlich auch für Textilarbeiterinnen in Bangladesch gelten, damit mit dem Geld für Seltene Erden wie Coltan für unsere Handys nicht länger Gewaltregime finanziert werden.

Der *Hochmut* ist eine Sünde. Wo mache ich mich zur Richterin, zum Richter über die anderen? Wo zeige ich auf die Fehler der anderen und merke gar nicht, dass vier Finger auf mich zurückweisen?

Das gibt es in unseren Gemeinden, wenn wir über die anderen reden, die uns nicht fromm genug sind; aber auch im alltäglichen Rassismus, der auf Menschen herabsieht, weil sie eine andere Hautfarbe oder Herkunft haben.

Aber auch der *Kleinmut* ist ein falscher Weg. Da unterschätze ich meine Gaben und meine Kraft, mache mich klein und bin mutlos, obwohl Christus darauf wartet, dass ich mich zeige. Traue ich mich etwas zu sagen, wenn schlecht über andere geredet wird, wenn rechtspopulistische Parolen vertreten werden – über die »Fremden«, »die kriminell sind und uns bedrohen«?

Und schließlich die *Trägheit*. Auch sie ist ein Gesicht der Sünde: Ich senke den Kopf, schaue weg und gehe an denen vorbei, die Hilfe brauchen. »Das nützt ja eh nichts. Was soll ich da machen? Die gehen mich doch gar nichts an! Wir können doch in Deutschland nicht jedem helfen.« Aber Christus hat uns in der Geschichte vom barmherzigen Samariter erzählt, wie einer den Kopf hebt und hinschaut und den sieht, der unter die Räuber gefallen ist: Da liegt mein Nächster, den Gott mir zumutet und anvertraut.

IV

Gottes Güte treibt zur *Umkehr.* Sie ringt mit der Sünde. Sie will, dass wir umkehren. Deshalb geht es am Buß- und Bettag auch um unsere Werke, um das, was wir tun oder zu tun unterlassen. Und es ist Gottes *Güte,* die uns zur Umkehr treibt. *Güte ist deshalb auch das erste und entscheidende Kennzeichen der Umkehr.* Wer Christus nachfolgt, orientiert sich an seiner Güte, an seiner Langmut, an seiner Geduld. So gütig wie die Vertreter des Weltrates der Kirchen, die direkt nach dem Zweiten Weltkrieg zu uns nach Deutschland kamen, um eine Brücke zu bauen, um Hoffnung zu stiften, um Umkehr zu ermöglichen. So gütig wie die Nagelkreuzgemeinschaft aus Coventry, die sich direkt nach dem Ende des Krieges für Versöhnung einsetzte trotz der Schrecken der Bombennacht. Wieviel Güte brauchen Menschen, braucht ein Land, um seine Schuld bekennen zu können? Die evangelische Kirche in Deutschland konnte 1947 in Stuttgart ihre Schuld bekennen, weil andere ihr gütig und mit dem Willen zur Versöhnung entgegengekommen sind.

Ein Zweites: *Der Weg der Umkehr versöhnt und führt Menschen zusammen.* In den letzten Jahren haben in vielen Ländern, nicht nur in Deutschland politische Konzepte an Gewicht gewonnen, die auf Abgrenzung und Abschottung setzen. Sie sortieren und polarisieren. Sie nutzen eine Sprache, die spaltet und auseinandertreibt: »Wir gehören dazu – und ihr nicht!« »Streitsüchtig« nennt das unser Predigttext.

Gottes Güte wehrt sich gegen solch ein Spalten. Sie ermutigt uns, das Wohl der Gemeinschaft über den eigenen Nutzen zu stellen. Statt Misstrauen zu säen, gilt es, das Vertrauen der Menschen untereinander, auch zu den Feinden zu stärken, das Vertrauen auch in Institutionen und in das Recht, die einen verlässlichen und gewaltfreien Ausgleich ermöglichen. Statt auszugrenzen, wollen wir als Kirchen dazu beitragen, dass die Menschenrechte und die Würde aller Menschen geachtet werden und dass wir gemeinsam friedliche Lösungen für Konflikte finden. Statt zu spalten, wollen wir in unseren Gemeinden Begegnungen ermöglichen, gerade auch mit Fremden.

Damit bin ich beim dritten Kennzeichen der Umkehr: *Das ist der Respekt und die Achtung für die Mitgeschöpfe und ganz besonders für die, die in Not sind.* Viele Einzelne und Gemeinden haben sich in den letzten zweieinhalb Jahren von Gottes Güte bewegen lassen: Sie haben die Türen ihres Gemeindehauses geöffnet und bieten Raum für ein Café International, für Sprachkurse und Kinderspiele; sie öffnen ihre Ohren und Herzen für die schrecklichen Geschichten von Gewalt, Vertreibung und Flucht. Sie waren und sind da für die, die Hilfe brauchen, die Gottes Güte uns anvertraut.

Manche sind auch mutig auf die zugegangen, die aus Angst ihre Türen verschließen und die Sorge haben, dass es nicht für alle reicht. Umkehr heißt, auch sie mit im Blick zu haben und einzuladen, ihnen zuzuhören und mit ihnen zu reden, ihnen einen Platz anzubieten, an dem Tisch, den Jesus uns deckt. Auch er ist immer wieder gerade dahin gegangen, wo er nicht erwartet wurde.

V

Gottes Güte leitet uns zur Umkehr und in ein neues, wirklich ökumenisches Miteinander. Da schwindet die Angst vor dem Fremden, da wächst der Respekt für die anderen. Eine Tür geht auf in eine Welt der Gastfreundschaft – der Tisch ist gedeckt. Christus lädt uns ein, miteinander Brot und Wein zu teilen. Da haben viele Platz und lassen sich stärken: Einsame und Lebenslustige, Männer und Frauen, Junge und Alte, Menschen aus der Nachbarschaft und von weither. Ihnen allen schmeckt das Brot des Lebens, sie freuen sich gemeinsam am Kelch des Heils. Schmeckst du, wie freundlich Christus ist? Spürst du, dass Gottes Güte dich zur Umkehr treibt?

Gottesdienst zur Eröffnung der Synode der Evangelischen Mission in Solidarität (EMS) in Pforzheim-Hohenwart am 20.11.2019.

II

THEMEN UND ANLÄSSE

Drei Samen für Europa

Predigt zum Sonntag Sexagesimä –
Apostelgeschichte 16,9–15

Und Paulus sah eine Erscheinung bei Nacht: Ein Mann aus Mazedonien
stand da und bat ihn: Komm herüber nach Mazedonien und hilf uns!
Als er aber die Erscheinung gesehen hatte, da suchten wir sogleich nach
Mazedonien zu reisen, gewiss, dass uns Gott dahin berufen hatte, ihnen
das Evangelium zu predigen.
Da fuhren wir von Troas ab und kamen geradewegs nach Samothrake,
am nächsten Tag nach Neapolis und von da nach Philippi, das ist eine
Stadt des ersten Bezirks von Mazedonien, eine römische Kolonie. Wir
blieben aber einige Tage in dieser Stadt. Am Sabbattag gingen wir hinaus
vor die Stadt an den Fluss, wo wir dachten, dass man zu beten pflegte, und
wir setzten uns und redeten mit den Frauen, die dort zusammenkamen.
Und eine gottesfürchtige Frau mit Namen Lydia, eine Purpurhändlerin
aus der Stadt Thyatira, hörte zu; der tat der Herr das Herz auf, sodass sie
darauf achthatte, was von Paulus geredet wurde. Als sie aber mit ihrem
Hause getauft war, bat sie uns und sprach: Wenn ihr anerkennt, dass ich
an den Herrn glaube, so kommt in mein Haus und bleibt da. Und sie
nötigte uns.[20]

Liebe Gemeinde,
die Geschichte des christlichen Abendlandes beginnt mit einem
Traum. »*Komm herüber, und hilf uns!*«, ruft einer aus Mazedonien,
im heutigen Griechenland. Paulus hört diesen Ruf und macht sich
aus Kleinasien auf, um Europa zu helfen. Ihr Gottvertrauen macht
ihn und seine Gefährten mutig: Sie verlassen ihre Heimat und brechen auf, um anderen Menschen Hoffnung zu bringen.

    Was bringen sie nach Europa? Was sind die Samen, die sie in die
europäische Erde legen, damit sie Frucht bringen?

---

20 Apostelgeschichte 16,9–15; Luther 1984.

I

Uns in Europa ist unser Glaube geschenkt. Von Menschen, die auf der gleichen Route nach Europa gekommen sind, wie heute die Flüchtlinge aus den Kriegs- und Bürgerkriegsgebieten in Syrien, im Irak und in Afghanistan. Sie stammen aus jüdischen Gemeinden im heutigen Israel und Palästina.

Paulus geht mit seinen Freunden zuerst zu den Menschen, die so leben wie sie selbst, die so sprechen wie sie. So ist das bis heute, bei Menschen, die in ein neues Land kommen. Sie suchen Vertrautes. *»Am Sabbattag gingen wir hinaus vor die Stadt an den Fluss, wo wir dachten, dass man zu beten pflegte, und wir setzten uns und redeten mit den Frauen, die dort zusammenkamen.«* (Apostelgeschichte 16,13)

Der christliche Glaube wächst aus seinen jüdischen Wurzeln. Er braucht sie. Wenn er sich von ihnen abschneidet, verliert er die Bodenhaftung: Gott hat Himmel und Erde geschaffen und uns anvertraut. Gott hat die versklavten Nachkommen von Jakob und Josef aus der Knechtschaft und aus unwürdigen Lebensverhältnissen befreit. Im Bund mit Gott scheint es hell über denen, die im Finstern wohnen. All das wüssten wir nicht ohne die hebräische Bibel; all das und noch viel mehr verbindet uns mit unseren jüdischen Geschwistern. In diese Erfahrungen und Verheißungen der jüdischen Gemeinden nimmt Jesus uns hinein und lässt uns teilhaben an dieser neuen Wirklichkeit. Deshalb geht Paulus dorthin, wo die jüdischen Menschen in Griechenland mit den Worten beten, die auch Jesus benutzt hat. Dorthin, wo Menschen den Sabbat halten, um ihren Glauben zu stärken.

Der Sabbat, die Ruhe mit und vor Gott ist das erste Samenkorn, das in Europa aufgehen soll. An einem Tag in der Woche gemeinsam innehalten und nicht arbeiten. Sich auch nicht von irgendetwas anderem treiben lassen: möglichst das noch erledigen und vielleicht sogar noch schnell hier etwas einkaufen. Nein, stattdessen innehalten und sich konzentrieren: Was trägt mich durch mein Leben? Worauf verlasse ich mich? Was verbindet mich mit anderen? Wie gehe ich mit den anderen und mit meiner Mitwelt um? Was soll ich tun?

Unseren Glauben bekommen wir geschenkt. Aber er wächst nur, wenn er gepflegt wird. Er wird nur kräftig und hilfreich für mich und andere, wenn ich mich für ihn interessiere. Dazu braucht es die regelmäßige und gemeinsame Unterbrechung. Dazu braucht es Ruhe und Stille. Dazu müssen wir hören, was Gott uns zu sagen hat. Wer im Hamsterrad läuft, stetig berieselt von Bildern und Musik, wer allen Erwartungen gerecht werden will, hat dazu wenig Zeit und Kraft. Dann geht es immer weiter – eine endlose Schleife, auf der Jagd nach »mehr«, »erfolgreicher« und »anerkannter«. Ans Ziel kommt man so nicht.

Glaube wird lebendig und kräftig, wenn wir diese vielen Töne und Klänge, Erwartungen und Versprechungen, die uns normalerweise einhüllen, regelmäßig unterbrechen, um aktiv auf Gott zu hören: Wohin will ich gehen? Mit wem will ich unterwegs sein? Was will Gott mir sagen? Dazu ist der Sonntag da: um gemeinsam innezuhalten!

Wir stehen kurz vor der Passionszeit. In zehn Tagen ist Aschermittwoch. Dann beginnen sieben Wochen, in denen wir eingeladen sind, sabbatlich zu leben und unseren normalen Alltag bewusster wahrzunehmen und auf Gott zu beziehen. Darüber nachzudenken, was uns durchs Leben trägt und was wir zum Leben brauchen – und was nicht, worauf wir in der Fastenzeit verzichten!

II

Der zweite Same, den Paulus legt, ist diese Frau: Lydia mit ihrer Gemeinde – die erste europäische Hauskirche.

Lydia war wahrscheinlich keine Jüdin, aber sie hält sich zur jüdischen Gemeinde. Sie betet und singt dort mit, liest die Psalmen und hört auf Gottes Wort. Ihr ist diese regelmäßige gemeinsame Unterbrechung wichtig; aus ihr schöpft sie Kraft. Sie stammt nicht aus Mazedonien; sie ist keine Europäerin von Geburt, sondern zugezogen aus dem Gebiet der heutigen Türkei. Sie ist Unternehmerin in einem Gewerbe, das die Leute brauchen, aber nicht in ihren Städten haben wollen: Sie stellt Purpur her und verkauft es. Das ist ein einträgliches, aber auch sehr schmutziges Geschäft – es stinkt fürchterlich! Eine solche Arbeit ist nichts für freie Bürger, für freie Männer. Das ist ein Geschäft für Frauen, die am Rande der Gesellschaft stehen, für Sklavinnen und Freigelassene, die nicht die vollen Bürgerrechte haben.

Sie gehören zusammen als ein Haus, eine Gemeinschaft. Sabbat für Sabbat feiern sie zusammen Gottesdienst.

Diese randständigen Menschen nehmen sich Zeit, Paulus zuzuhören. Und Gott öffnet Lydias Herz und sorgt dafür, dass das Wort Gottes nicht nur bis zu ihren Ohren kommt, sondern sie ergreift. So kommen Lydia und Paulus ins Gespräch. Sie erzählen sich ihre Geschichten des Glaubens und des Lebens. Sie erleben, wie ein neuer Geist einzieht, Gottes Geist. Er verbindet die, die sich fremd sind. Er macht Mut, die Welt im Geist der Liebe neu zu gestalten. Er schenkt gerade denen Würde, die sonst an den Rand gedrängt werden. Gottes Kraft erweist sich in den Schwachen als mächtig.

Am Ende lässt sich Lydia mit ihrem ganzen Haus taufen. Das ist der zweite Same, der in europäischen Boden fällt: eine Kirche, in der Menschen ihre Würde finden; in der es zu unerwarteten Begegnungen kommt; in der eine lebendige Gemeinschaft wächst, die mutig und frei für ihren Glauben eintritt. Deshalb tragen wir eine besondere Verantwortung für diejenigen am Rande, in Not, für die, die nicht für sich selbst sorgen können.

III

Was zeichnet diese Kirche aus? Das ist der dritte Samen, der am Anfang der europäischen Kirchengeschichte gelegt wird: Diese erste europäische Kirche ist gastlich, gastfreundlich! Sie gewährt den Missionaren Unterkunft. Sie öffnet ihre Türen für Begegnungen. Sie lädt ein und teilt, was sie hat, – und erlebt, wie sie dadurch bereichert wird. »Wenn ihr anerkennt, dass ich an den Herrn glaube, so kommt in mein Haus.« (Apostelgeschichte 16,15)

Seit Jesus Christus nicht mehr unter uns ist, halten wir Ausschau nach ihm. Er begegnet uns in der Bibel, hier im Gottesdienst, nachher im Abendmahl. Da, wo wir erleben, wie freundlich und zugewandt Gott ist, wie Gott für uns einsteht, da finden wir ihn.

Lydia versteht sofort, wie wichtig Begegnungen und die Anderen für unsere Kirche und unseren Glauben sind. Wir suchen Christus und finden ihn da, wo Menschen in Not sind: arm, hungrig, durstig, nackt, gefangen, krank und fremd! Und wir erleben, dass die Begegnungen, das Trösten, das Helfen eine neue Gemeinschaft der

Freude bildet: Da ist Christus mitten unter uns. Da, wo wir viel Besuch von Fremden haben, da haben wir viele Begegnungen mit Christus. Da, wo wir als Kirche unsere Türen öffnen und gastfreundlich leben, wo wir die anderen ernst nehmen und ihre Würde achten, da ist Christus, da sind wir nahe bei unseren Wurzeln, da wächst unser Glaube, da wird unser Gottvertrauen und unsere Hoffnung auf einen neuen Himmel und eine neue Erde gestärkt, in denen Frieden und Gerechtigkeit herrschen.

Ich habe das auch in diesem Jahr wieder in der Vesperkirche erlebt. Wo Kirche in dieser Weise gastfreundlich lebt, offen für die Menschen, die zu ihr kommen, da verändert sie sich auch in ihrem Miteinander und die, die helfen, werden mindestens so froh. Das strahlt dann aus und macht Mut, noch weitere Wege in eine neue Gemeinschaft zu suchen: persönlich und privat, mehr auf die anderen zu, nach der Nachbarin zu schauen, die krank ist. Aber auch als Gemeinde: das Abendmahl denjenigen nach Hause bringen, die heute nicht kommen konnten, weil sie krank sind oder schwach – oder voller Zweifel.

In einer gastfreundlichen Kirche ist auch für diejenigen Platz, die nicht dazu zu passen scheinen, die sonst eher als schräg angesehen werden und am Rande stehen. Ich habe auch dieses Jahr wieder gestaunt, wie bunt die Tische in der Vesperkirche besetzt waren: Zimmerleute auf der Walz, Menschen, die kein Obdach und nicht genug zum Leben haben, ältere Damen und Herren, die froh sind, ein paar Wochen jeden Mittag miteinander essen zu können, junge Leute, die von ihren Betrieben geschickt sind zu helfen. Sie erleben gemeinsam eine neue Gemeinschaft im Geist Christi.

IV

Drei Samen legt Paulus in Europa in der ersten Gemeinde in die Erde: den Sonntag und die regelmäßige gemeinsame Unterbrechung, um im Glauben zu wachsen; die Kirche als Gemeinschaft derjenigen, die Mut haben zur unerwarteten Begegnung und einstehen für Menschenwürde; die Gastfreundschaft als Kennzeichen unseres Glaubens.

Die Samen wachsen wie von selbst. Wir haben es vorhin im Gleichnis gehört. Darauf können wir uns auch in diesen schwierigen

Zeiten verlassen. Aber Gelassenheit gewinnen, heißt nicht tatenlos zusehen. Sondern sich aufmachen und mit Paulus und Lydia diese Samen regelmäßig gießen und pflegen, damit der Sonntag den Menschen in Europa eine Hilfe zum Leben ist, damit die Menschenwürde gestärkt wird und Europa ein gastlicher Kontinent bleibt.

Gottesdienst im Europawahljahr in der Stadtkirche Karlsruhe am 24.2.2019.

Mitten im Leben glauben lernen

Predigt zum siebzigsten Todestag von Dietrich Bonhoeffer

Liebe Gemeinde,
die alten evangelischen Kirchen in Fulda heißen Christus- oder
Lutherkirche; das neue Gemeindehaus, in dem ich konfirmiert
wurde, trägt den Namen »Bonhoeffer-Haus«. Bonhoeffer, das war
für mich als Konfirmand erst einmal ein Name. Aber je mehr ich
über die Person erfuhr, desto mehr stand der Name auch für ein Programm: für einen Glauben, der keine Angst vor Fragen und vor der
modernen Welt hat. Für eine Kirche, die über den eigenen nationalen
Tellerrand hinausschaut und sich den Herausforderungen der Welt
stellt und sie mitgestalten will. Für ein christliches Leben, das sich
an den Schwachen orientiert und politisch einmischt: für Frieden,
für Menschenrechte, für eine gerechtere Welt. Für eine persönliche
Form der Nachfolge, die um Christi willen sogar das eigene Leben
riskiert, weil sie sich bei Gott geborgen weiß.

In der evangelischen Kirche gibt es keine Heiligen, die vor und
bei Gott für uns eintreten. Aber es gibt Zeuginnen und Zeugen des
Glaubens. Es ist gut, an sie zu denken, weil sie uns heute in unserem Glauben und in unserem Handeln stärken können. Ein solcher
Zeuge ist Dietrich Bonhoeffer.

I

»Ich möchte glauben lernen!« schreibt Bonhoeffer in einem Brief am
21. Juli 1944, einen Tag, nachdem der Versuch gescheitert war, Hitler
zu töten. Bonhoeffer, Stauffenberg und die anderen Beteiligten hatten gehofft, durch ihr Attentat die Vernichtungsmaschinerie in den
Lagern der Nationalsozialisten und den Krieg zu stoppen.

Glaube ist für Bonhoeffer kein Besitz, den er hat und mit dem
er alles um sich herum beurteilt. Glaube ist ein Wagnis: ein Ringen mit Zweifeln. Die Bereitschaft, sich Rückfragen zu stellen. Eine
große Nüchternheit gegenüber allen, die meinen die Wahrheit fest

in Händen zu haben. Die Neugierde, zu hören, was die anderen glauben.

Das hat mich schon früh fasziniert: wie Bonhoeffer so offen, gesprächsfähig und weitherzig sein kann und trotzdem fest im Glauben steht. Wie diese Glaubensgewissheit nicht in einen Fundamentalismus führt, der alles besser weiß, sondern die Glaubensstärke gerade das Herz öffnet. Weil sie nicht darauf schaut, was ich selbst kann, erreiche oder durchsetze, sondern weil sie sich Gott in die Arme wirft, weil sie nicht nach den eigenen Leiden fragt, sondern mit Christus zu den Leidenden geht, mit ihm in Gethsemane wacht, unter sein Kreuz tritt. Bonhoeffer sieht von sich ab und lernt auf diesem Weg glauben. So wird man Christ, ein freier Mensch in allen Lebensfragen, doch immer gebunden an Christus.

II

Mit freiem Herzen ist Bonhoeffer auf die Menschen um sich herum zugegangen. Er wollte mit ihnen entdecken, wie Christus in unserer Welt existiert. Er hatte keine Angst vor einem Gespräch mit Atheisten. Er suchte den Kontakt zu Menschen, die außerhalb der Kirche sozial engagiert waren. Er machte sich auf die Ökumene, nach Rom. Dann Vikariat in Barcelona. Amerika hat ihn fasziniert, Mexiko, Kuba, der Weltbund für internationale Freundschaftsarbeit der Kirchen in der Schweiz, später England, London, die englischen Kirchen.

Mich freut, dass sehr viele unserer Pfarrerinnen und Pfarrer, gerade der jüngeren und noch mehr unter den Studierenden, längere Zeit im Ausland gearbeitet oder studiert haben. Sie bringen Erfahrungen mit, die sie als Menschen und zukünftige Geistliche, aber auch unsere Kirche bereichern; sie weiten ihren Horizont und entdecken dabei wie Bonhoeffer, dass Christus uns über alle Grenzen hinweg verbindet, hinweg über die Grenzverläufe zwischen Nationen, Milieus und sozialen Schichten, aber auch über Abgrenzungen im Kopf.

Auch sein Weg in den Widerstand gegen den Nationalsozialismus ist von dieser offenen, suchenden, ökumenischen Grundhaltung bestimmt. Bonhoeffer zieht sich nicht in die Kirche zurück, sondern sucht den Kontakt zu Menschen, die wie er bereit sind, politisch Verantwortung zu übernehmen. Dabei tritt die Konfessionszugehörigkeit in den Hintergrund. Dass wir uns in den großen Kirchen heute bemühen, gerade zu grundsätzlichen politischen Fragen gemeinsam Stellung zu beziehen, ist auch eine Frucht des Miteinanders im Widerstand.

III

Anfang der 1930er-Jahre spürt Bonhoeffer, wie gefährdet der Friede ist. Er sieht die dunklen Wolken eines neuen Weltkriegs heraufziehen. Vielleicht hat er ähnliche Sorgen wie manche von uns in den letzten Monaten und Jahren, in denen militärische Gewalt eine immer größere Rolle spielt und Krieg wieder zum selbstverständlichen Mittel der Politik wird. Hellhörig soll die Kirche da sein, erschrecken soll sie über die Lage der Welt – und Christus herbeirufen, damit er die Welt erneuert: »Wer ruft zum Frieden, dass die Welt es hört, zu hören gezwungen ist?« Der einzelne Christ und die einzelne Kirche können zeugen und leiden. Aber

> »nur das eine große ökumenische Konzil der Heiligen Kirche Christi aus aller Welt kann es so sagen, dass die Welt zähneknirschend das Wort vom Frieden vernehmen muss und dass die Völker froh werden, weil diese Kirche Christi ihren Söhnen im Namen Christi die Waffen aus der Hand nimmt und ihnen den Krieg verbietet.«[21]

Bonhoeffer musste wie die Friedensbewegung vor dem Ersten Weltkrieg erleben, dass die Kirchen am Ende in ihrer Ökumene noch nicht so weit waren; dass sie sich im Kriegsfalle doch an ihrer nationalen Zugehörigkeit orientierten. Heute müssen wir Bonhoeffers Idee eines großen ökumenischen Konzils vielleicht erweitern: Könnte eine gemeinsame Erklärung der Weltreligionen zum Gewaltverzicht den Frieden fördern? Was trauen wir uns und den Religionen zu?

---

21 Dietrich Bonhoeffer (1934): Kirche und Völkerwelt, Rede auf der Fanö-Konferenz, 28. August 1934, in: DBW 13, S. 301.

Bonhoeffer hat mit seinen Überlegungen zur Friedensfrage den Kirchen einen neuen Weg eröffnet. Viele haben es seitdem aufgenommen; unser Synodenpapier zum gerechten Frieden ist entscheidend von seinen Gedanken geprägt. So wie er betont es den eindeutigen Vorrang der Gewaltfreiheit. Zugleich zieht es sich nicht auf eine Position der Besserwisserei zurück, sondern erkennt an, dass wir in politischen Konflikten manchmal keine weiße Weste behalten können, sondern schuldig werden, durch Tun oder Nichtstun.

Wenige Jahre später steht Dietrich Bonhoeffer, der sich so klar für Gewaltfreiheit ausspricht, vor der Frage: Dürfen und müssen wir im Widerstand Gewalt anwenden und Hitler töten, weil das die einzige verbliebene Möglichkeit ist, den Terror der Nazis zu stoppen und den Krieg schneller zu beenden? Werden wir nicht auch schuldig, wenn wir nichts tun? Und wie sorgen diejenigen, die so oder so schuldig werden dafür, dass das eigentliche Ziel, politische Konflikte gewaltfrei zu lösen, im Blick bleibt?

IV

Bonhoeffer will Gemeinschaft. Kirche ist für ihn Kirche mit anderen; aber er entdeckt noch mehr: Sie ist nur Kirche, wenn sie für andere da ist. So wie Christus für andere da war.

Das ist eine Herausforderung für eine große und reiche Kirche wie unsere. Wir haben viel, um das wir uns sorgen: Finanzen, Personal, Räume. Bonhoeffer ist nüchtern und realistisch genug, um das nicht einfach abzutun. Aber lebendig, wirklich Kirche wird Kirche erst, wenn sie sich auf den Weg zu denen macht, für die Christus in die Welt gekommen ist. Wenn am Tisch der Vesperkirche die Menschen mit uns Brot und Wein teilen, die nachts kein Dach über dem Kopf haben. Wenn die junge Frau aus Somalia, die in der evangelischen Frauengruppe von den Schrecken ihrer Flucht erzählt, sich danach gestärkt fühlt und Unterstützung findet. Kirche ist nur Kirche, wenn sie für andere da ist.

Bonhoeffers Weg zeigt, dass Kirche dann auch politisch sein muss. Oder wie es der Ratsvorsitzende der EKD, Heinrich Bedford-Strohm, kürzlich formuliert hat: »Wer fromm ist, muss auch politisch sein.«

In der Auseinandersetzung mit dem Nationalsozialismus und mit einer Kirche, die sich vor allem um sich selbst, um ihre Finanzen, ihr Personal, ihre Räume und ihre Strukturen kümmerte, findet Bonhoeffer zu einer theologisch begründeten, klaren politischen Position, die ihn schließlich konsequent in den Widerstand führt. Deutlich stellt er sich gegen den Antisemitismus, gegen den Boykott jüdischer Geschäfte, gegen die Berufsverbote und den Ausschluss jüdischer Menschen von allen öffentlichen Ämtern. Nur wenige Christinnen und Christen haben sich damals so klar wie Bonhoeffer gegen den Rassenhass und vor die Opfer gestellt. Bonhoeffer wurde deswegen angefeindet; Studierende verließen seine Vorlesungen; schließlich wurde ihm die Lehrerlaubnis entzogen.

Dass die Kirchen dem Rad in die Speichen fallen müssen, wenn die Menschenwürde auf dem Spiel steht, das haben viele Kirchen seitdem von Bonhoeffer gelernt. In Lateinamerika hat er die Theologie der Befreiung engagiert, die sich gegen die Ausbeutung und Unterdrückung der Armen engagierte; in Südafrika haben seine Texte vielen Christinnen und Christen Mut gemacht, sich dem Apartheidregime zu widersetzen, dass die Weißen zum auserwählten Volk erklärte und die Schwarzen unterdrückte.

Wir haben als evangelische Kirchen gelernt, dass wir einstehen müssen für die, die unsere Hilfe brauchen: für Arme in unserer Gesellschaft, für die Notleidenden weltweit, für Flüchtlinge, die bei uns Zuflucht suchen. Ich freue mich, wie viele unserer Gemeinden sich in diesem Geist Bonhoeffers engagieren, wie sorgfältig und fachlich kompetent unsere diakonischen Beratungseinrichtungen arbeiten, wie klar Gemeinden und Kirchen in Deutschland sich politisch zum Thema äußern – und sich deutlich gegen alle Fremdenfeindlichkeit positionieren.

V

Dietrich Bonhoeffer hat seinen Glauben mitten im Leben gelernt und gelebt. Eine besondere Bedeutung kam für ihn der Bibel zu. Er hat sie gemeinsamen mit seinen Studierenden und in den Predigerseminarkursen gelesen; er hat sich auch täglich von den Losungen herausfordern und inspirieren lassen.

Am Freitag nach Ostern waren Bonhoeffer und seine Mitgefangenen nach Schönberg, nördlich von Passau, gebracht worden. In die dortige Schule hatten die Wächter die Häftlinge gebracht. Ich kann mir das kaum vorstellen, aber Eberhard Bethge, der die große Biografie über Bonhoeffer geschrieben hat, schildert, dass die Gefangenen miteinander plauderten und lachten. Vielleicht hofften sie, dass der Krieg doch zu Ende sein würde, bevor sie ermordet würden. Bonhoeffer sprach unter anderem mit einem russischen Mitgefangenen. Er erläuterte Kokorin, der sich als Atheist verstand, die Grundlagen des christlichen Glaubens und lernte von ihm Russisch.

Am Sonntag Quasimodogeniti, dem ersten Sonntag nach Ostern, hielt Bonhoeffer seine letzte Andacht über die Losung und den Lehrtext des Tages. Die Losung war ein kleiner Teil des fünften Verses aus Jesaja 53: »Durch seine Wunden sind wir geheilt.« Sie führt in das Zentrum von Bonhoeffers Glaubens an Christus und an den fröhlichen Wechsel, den wir im Glauben zu Ostern erleben. Wir kommen mit unserer Schuld zu Gott, mit all dem, wo wir versagt haben, wo wir nicht deutlich genug unsere Stimme erhoben haben, wo wir nicht aufgestanden sind für die anderen, für die Menschen in Not. Aber Christus lässt uns nicht in der Not allein. Er nimmt unsere Last und unsere Schuld auf sich, damit wir frei und aufrecht stehen können.

Der Lehrtext aus 1. Petrus 1,3 nimmt diesen Klang auf: »Gelobt sei Gott, der Vater unseres Herrn Jesus Christus, der uns nach seiner großen Barmherzigkeit wiedergeboren hat zu einer lebendigen Hoffnung durch die Auferstehung Jesu Christi von den Toten.« Dieses österliche Vertrauen hat Bonhoeffer getragen. Unmittelbar nach der Andacht wurde Bonhoeffer abgeholt. Bevor er nach Flossenbürg zur Hinrichtung abtransportiert wurde, hat er einem englischen Mitgefangenen noch gesagt: »Dies ist das Ende, für mich der Beginn des Lebens.«

Die wenigen Zeugnisse über die letzten Stunden Bonhoeffers in Flossenbürg deuten darauf hin, dass ihn dieser Osterglaube auch in diesem Schrecken getragen hat. Die Kraft, mit der er andere getröstet hat, z. B. durch das berühmte Gedicht »Von guten Mächten wunderbar geborgen«, diese Kraft Christi hat ihn im Angesicht des Todes gehalten.

Dietrich Bonhoeffer ist ein Glaubenszeuge, der uns im Sterben tröstet und vergewissert. Und der uns zu einem Leben im Geist Christi ermutigt, so wie die heutige Losung und der heutige Lehrtext: »Gott sprach zu Abraham: Ich will dich segnen und du sollst ein Segen sein.« (Vgl. 1. Mose 12,2) Und: »Ihr seid das Salz der Erde.« (Matthäus 5,13)

Gedenkgottesdienst zum siebzigsten Todestag von Dietrich Bonhoeffer in der Stadtkirche in Sinsheim am 12.4.2015, Sonntag Quasimodogeniti.

Der Stille eine Stimme – dem Dunkel ein Gesicht!

Predigt zum vierzigjährigen Bestehen der Telefonseelsorge Freiburg – 1. Könige 19, 4–16

Elia aber ging hin in die Wüste eine Tagesreise weit und kam und setzte sich unter einen Wacholder und wünschte sich zu sterben und sprach: Es ist genug, so nimm nun, HERR, meine Seele; ich bin nicht besser als meine Väter.

Und erlegte sich hin und schlief unter dem Wacholder. Und siehe ein Engel rührte ihn an und sprach zu ihm: Steh auf und iss! Und er sah sich um, und siehe, zu seinen Häupten lag ein geröstetes Brot und ein Krug mit Wasser. Und als er gegessen und getrunken hatte, legte er sich wieder schlafen. Und der Engel des HERRN kam zum zweiten Mal wieder und rührte ihn an und sprach: Steh auf und iss! Denn du hast einen weiten Weg vor dir. Und er stand auf und aß und trank und ging durch die Kraft der Speise vierzig Tage und vierzig Nächte bis zum Berg Gottes, dem Horeb.

Und er kam dort in eine Höhle und blieb dort über Nacht. Und siehe das Wort des HERRN kam zu ihm: Was machst du hier, Elia? Er sprach: Ich habe geeifert für den HERRN, den Gott Zebaoth; denn Israel hat deinen Bund verlassen und deine Altäre zerbrochen und deine Propheten mit dem Schwert getötet und ich bin allein übrig geblieben, und sie trachten danach, dass sie mir mein Leben nehmen.

Der Herr sprach: Geh heraus und tritt hin auf den Berg vor den HERRN! Und siehe, der HERR wird vorübergehen. Und ein großer, starker Wind, der die Berge zerriss und die Felsen zerbrach, kam vor dem HERRN; der HERR aber war nicht im Winde. Nach dem Wind aber kam ein Erdbeben; aber der HERR war nicht im Erdbeben. Und nach dem Erdbeben kam ein Feuer; aber der HERR war nicht im Feuer. Und nach dem Feuer kam ein stilles, sanftes Sausen. Als das Elia hörte, verhüllte er sein Antlitz mit seinem Mantel und ging hinaus und trat in den Eingang der Höhle.

Und siehe, da kam eine Stimme zu ihm und sprach: Was hast du hier zu tun, Elia? Er sprach: Ich habe für den HERRN, den Gott Zebaoth, geeifert; denn Israel hat deinen Bund verlassen, deine Altäre zerbrochen, deine

Propheten mit dem Schwert getötet. Und ich bin allein übrig geblieben, und sie trachten danach, dass sie mir das Leben nehmen. Aber der HERR sprach zu ihm: Geh wieder deines Weges durch die Wüste nach Damaskus und geh hinein und salbe Hasaël zum König über Aram und Jehu, den Sohn Nimschis, zum König über Israel und Elisa, den Sohn Schafats, von Abel-Mehola zum Propheten an deiner statt.[22]

Liebe Festgemeinde,
»was suchst du hier?« Ich suche eine Stimme in der Stille – ich suche ein Gesicht im Dunkeln! So könnten Menschen auf die Frage an Elia antworten, die bei der Telefonseelsorge anrufen. Elia flieht. Elia wird getröstet, gestärkt und begegnet Gott. Am Ende übernimmt Elia Verantwortung für andere. Unsere Geschichte zeigt uns einen Elia an beiden Enden des Telefons: Verzweifelt sucht er nach Hilfe – getröstet übernimmt er Verantwortung.

I

Am Anfang klingt Elia wie eine von den Stimmen, die seit vierzig Jahren bei Ihnen anrufen. »Da fürchtete er sich, machte sich auf und lief um sein Leben.« (1. Könige 19,3). Er flieht durch die Welt. »Ich schaffe es einfach nicht mehr. Ich bin allein übriggeblieben; ich habe sonst niemanden. Sie verfolgen mich. Die Angst frisst mich auf. Ich kann so nicht weiterleben. Es ist genug. Lass mich, ich bin müde und erschöpft! Ich kann nicht mehr. Es war alles falsch, was ich gemacht habe. *So nimm nun, Gott, meine Seele; ich bin nicht besser als meine Vorfahren.*«

Elia betet. Ist jemand am anderen Ende? Eine Person, ein Wesen, Gott? Beten heißt: Ich hoffe auf ein Gegenüber. Ist da noch eine andere als meine verzweifelte Welt? Gibt es ein Du, ein Ohr, eine Stimme in der Stille, ein Gesicht im Dunkeln? Hörst du mir zu, Gott? Hast du noch etwas vor mit mir?

---

22 1. Könige 19,4–16; Luther 1984.

II

Elia schläft unter dem Wacholderbusch. Und bekommt eine Antwort: »*Steh auf und iss!*« (1. Könige 19,5) Da ist Wasser und geröstetes Brot. Da ist noch keine Lösung, aber Elementares, um zu überleben. Worte, Wasser und Brot. Auf was hoffen diejenigen, die bei Ihnen anrufen? »Sie sollen einfach da sein.«

Das stärkt Elia. Eine Unterbrechung in der Verzweiflung. Ein Innehalten. Einer, eine hat zugehört, ein Ohr, eine Stimme, irgendwo da am anderen Ende ein Gesicht. »Kann ich mit Ihnen sprechen, ich kann nicht einschlafen, ich habe sonst niemanden.« Elia ist gestärkt; er kann noch einmal einschlafen: »Danke, dass Sie mir zugehört haben.«

Ein kleiner Schritt, eine Hilfe in den Tag oder durch die Nacht. So wie die, die Sie hier in Freiburg seit vierzig Jahren geben. Danke, liebe Telefonseelsorgerinnen und Telefonseelsorger, danke, dass Sie zuhören, dass Sie da sind, eine Stimme in der Stille, ein Gesicht im Dunkeln.

III

»*Und der Engel Gottes kam zum zweiten Mal und rührte Elia an und sprach: Steh auf und iss! Denn du hast noch genug Weg vor dir.*« (Vgl. 1. Könige 19,7) Wenige Worte, Brot und Wasser, und nun noch ein Impuls. Da sieht jemand Elia auf einem Weg, den er noch nicht sieht, den er noch nicht kennt.

Ein Spiel mit dem Wort »genug«. Verzweiflung und Ausblick werden mit demselben Wort gekennzeichnet: Es ist genug, ich kann nicht mehr, ich bin am Ende! – Und auf der anderen Seite: Du hast noch genug Weg vor dir! Nicht unendlich, keine sonnige breite Straße, aber ein Stück Weg; heilsam begrenzt, für den nächsten Schritt, mal schauen. Diese Schritte liegen vor dir, sie werden dir zugemutet und zugetraut. Und Elia isst und trinkt und macht sich auf diesen Weg.

IV

Seitenwechsel. Elia sitzt am anderen Ende der Leitung: »Was suchst du hier?«

Ich will zuhören. Ich bin da. Verborgen, aber verlässlich da. Telefonseelsorge bietet einen geschützten Raum für Menschen in Not: für ihre Angst und ihre Verletzungen, für ihre Einsamkeit und ihre Gefangenschaft; für die, die an den Rand geraten in einer Gesellschaft, die nach Erfolg fragt und in der sich die Menschen gegenseitig und vor allem selbst nach Nützlichkeit sortieren.

Elia geht es um diese Menschen, die rausfallen, die sich selbst aussortieren oder aussortiert werden. Er hat sich für sie eingesetzt und sich zu ihnen gestellt in ihrer Not. »*Ich habe geeifert für Gott.*« (Vgl. 1. Könige 19,10) Für die Witwe, die nicht mehr über die Runden kommt; jetzt, wo ihr Sohn gestorben ist, schon gar nicht mehr. Für Nabot, den Mann, der alles verloren hat, weil der mächtige König Ahab ihn reingelegt hat. »Es war niemand, der sich so verkauft hätte, Unrecht zu tun vor dem HERRN, wie Ahab.« (1. Könige 21,25) Elia hat geeifert für Gott und Gottes Gerechtigkeit; was hat es genutzt?

Elia braucht auch am anderen Ende der Leitung Stärkung. Wer zuhört, der Stille eine Stimme, dem Dunkel ein Gesicht gibt, braucht Beistand und Unterstützung. Er braucht Austausch. Ich bin immer wieder beeindruckt, wie sorgfältig die Telefonseelsorge daran arbeitet. Wie ernst genommen wird, dass auch denen, die in der Krise da sind, die hören, begleiten und helfen, gesagt ist: »*Steh auf und iss! Du hast noch genug Weg vor dir.*«

Elia ist an beiden Enden der Leitung. Das ist anstrengend, aber Seelsorge und Telefonseelsorge sind nur so zu haben, mit dieser Entdeckung: Die am anderen Ende sind mir fremd und doch nah. Wir sind verbunden in dieser doppelten Erfahrung des Genug: Es ist genug, kaum auszuhalten. Und doch auch: Es ist genug Kraft da für den nächsten Schritt, den nächsten kleineren Wegabschnitt. Das verbindet uns, das teilen wir, das ermöglicht uns, Sorgen zu teilen.

V

Elia kennt beide Enden der Leitung. Er kommt nach vierzig Tagen am Horeb, am Berg Gottes an. Jetzt, in der Höhle am Gottesberg bricht es noch einmal aus ihm heraus: Alle haben mich verlassen, meine Feinde verfolgen mich, ich bin schutzlos ausgeliefert. Ich bin ganz allein auf dem richtigen Weg. Es ist genug.

Jetzt antwortet Gott auf seine Klage. Aber Gott argumentiert nicht, sondern zeigt sich und handelt. »*Und vor Gott her kam ein großer und gewaltiger Sturmwind, der Berge zerriss und Felsen zerbrach; in dem Sturmwind aber war Gott nicht. Und nach dem Sturmwind kam ein Erdbeben, in dem Erdbeben aber war Gott nicht. Und nach dem Erdbeben kam ein Feuer; in dem Feuer aber war Gott nicht. Nach dem Feuer aber kam das Flüstern eines sanften Windhauchs.*« (Vgl. 1. Könige 19,11–12)

In diesem schwachen Windhauch zeigt sich Gott. In einer Stimme *verschwebenden Schweigens*, wie Martin Buber übersetzt. Die Stille bekommt eine Stimme. Sie ist eine Stille, die sich hören lässt, ein beredtes Schweigen. Das Dunkel bekommt ein Gesicht. Gott zeigt sich nicht im Allmächtig-Umwerfenden, sondern im sanften Windhauch; er zeigt sich zunächst nicht mal im Wort, sondern im Dasein für, in der Zuwendung, in einem zarten Erbarmen. »*Meine Kraft ist in der Schwäche und den Schwachen mächtig.*« (Vgl. 2. Korinther 12,9)

VI

»*Was suchst du hier?*« Was sucht Elia, was suchen wir an beiden Enden der Leitung?

Dass Gott uns stärkt in den Krisen unseres Lebens! Dass Gott sich erbarmt und Mut macht zum Leben! Beim Mahl am Abend des Passahfestes bleibt in jüdischen Familien ein Platz am Tisch für Elia frei. Er wird erwartet. Als Vorbote des Messias.

Auch in manchen christlichen Häusern gab es die Sitte, einen Platz am Tisch frei zu halten: für Jesus, den Messias. Eine offene Stelle, eine Stille, in der sich ein Raum öffnet für Gott – und sich neue Wege abzeichnen. »*Geh wieder deines Weges!*« Gottes Weg mit dir ist nicht zu Ende.

Die Telefonseelsorge hält einen Platz frei an dem großen Tisch, an den wir von Christus eingeladen sind: von Osten und Westen, von Süden und Norden, Frauen und Männer, Starke und besonders die Schwachen, Alte und Junge, mit unseren Stärken und mit unseren Einschränkungen. Um miteinander zu essen und zu trinken, zu reden, zu feiern, um uns stärken zu lassen für das, was an Weg vor uns liegt.

Ich danke Ihnen, dass Sie diesen Platz seit vierzig Jahren für Menschen offenhalten und der Stille eine Stimme und dem Dunkel ein Gesicht geben; ich wünsche Ihnen Gottes Segen – für die Wege, die Gott vor Ihnen sieht.

Ökumenischer Gottesdienst in der St. Martinskirche in Freiburg am 23.4.2016. Das Jubiläum der Telefonseelsorge stand unter dem Motto »Der Stille eine Stimme – dem Dunkel ein Gesicht«.

Niemand wird euch aus meiner Hand reißen!

Predigt zur Woche für das Leben – Johannes 10,11.27–28

Sie liegt ruhig in ihrem Bett. 88 Jahre ist sie alt. Sie muss gefüttert und gewickelt werden. Sie spricht nicht. Nicht einmal die Hand kann sie drücken. »Aber manchmal, wenn ich mit ihr spreche«, berichtet ihre Tochter, »habe ich das Gefühl, sie hört meine Stimme und dann lächelt sie.«

In Würde sterben! Das ist das Thema der diesjährigen Woche für das Leben. Es geht um die Sorgen, die viele ältere Menschen sich machen. Sie haben Angst, über lange Zeit schlimme Schmerzen aushalten zu müssen. Sie befürchten, dass sie am Ende des Lebens ihre Selbstständigkeit verlieren. Sie wollen niemandem zur Last fallen.

Aber es geht nicht nur um ältere Menschen, es geht auch um den Tod mitten im Leben, so wie vor wenigen Wochen bei der Flugzeugkatastrophe in den französischen Alpen. Und es geht um die Menschen, die zurückbleiben und einen Menschen loslassen müssen, der ihnen vertraut war. In Würde sterben, das ist ein Thema für uns alle und ein Kriterium für die Menschlichkeit einer Gesellschaft.

I

Was trägt uns im Leben und im Sterben und darüber hinaus? Eine Antwort gibt das Johannesevangelium im 10. Kapitel, 11.27–28:

> Christus spricht: Ich bin der gute Hirte. Meine Schafe hören meine Stimme, und ich kenne sie und sie folgen mir; und ich gebe ihnen das ewige Leben, und sie werden nimmermehr umkommen, und niemand wird sie aus meiner Hand reißen.[23]

Diese Worte gehören zum Hirtensonntag, den wir in der evangelischen Kirche am vergangenen Sonntag gefeiert haben und den Sie,

---

23 Johannes 10,11.27–28; Luther 2017.

liebe katholische Geschwister, am kommenden Sonntag feiern werden. Trost und Gewissheit vermitteln diese Worte. Unser Leben liegt in Gottes Hand. Für viele verbindet sich diese Erfahrung mit den Gebeten ihrer Kindheit: »Müde bin ich geh zur Ruh, schließe beide Augen zu, Vater, lass die Augen dein, über meinem Bette sein.« Auch die Worte des 23. Psalms haben sich vielen eingeprägt:

> »Der HERR ist mein Hirte, mir wird nichts mangeln. Er weidet mich auf einer grünen Aue und führet mich zum frischen Wasser. Er erquicket meine Seele. Er führet mich auf rechter Straße um seines Namens willen. Und ob ich schon wanderte im finstern Tal, fürchte ich kein Unglück; denn du bist bei mir, dein Stecken und Stab trösten mich. Du bereitest vor mir einen Tisch im Angesicht meiner Feinde. Du salbest mein Haupt mit Öl und schenkest mir voll ein. Gutes und Barmherzigkeit werden mir folgen mein Leben lang, und ich werde bleiben im Hause des HERRN immerdar.«

II

Im Jugend- und Erwachsenenalter scheinen wir weniger auf diesen Trost und die Vergewisserung angewiesen zu sein. Wir nehmen unser Leben in die Hand, haben es im Beruf, in der Familie und in der Gesellschaft im Griff. Bei den meisten verändert sich der Blickwinkel erst wieder, wenn der Tod in der Verwandtschaft nahekommt oder im Alter. Die Kräfte lassen nach; die Unsicherheit wächst. Die Bewegungen werden langsamer. Es fällt schwerer, auch alltägliche Dinge zu erledigen. Vieles dauert länger. Und manchmal will der gesuchte Name einfach nicht einfallen. Was schaffe ich noch? Wie viel Hilfe brauche ich? Wie und wo kann ich in Würde alt werden?

Die 88 Jahre alte Frau, von der ich zu Beginn erzählt habe, hat einen Weg für sich gefunden. Bis zu ihrem 82. Geburtstag lebte sie selbstständig in ihrer Wohnung; sie hatte ihre Freundinnen in der Nähe. Eingekauft hat eine Nachbarin. Die Tochter, die mit ihrer Familie im selben Ort wohnt, hat sie regelmäßig besucht. Dann ist sie in ein Altersheim gezogen. Vor einem Jahr ist sie schwer erkrankt. Glücklicherweise hatte sie schon gemeinsam mit ihrer Tochter überlegt, wie sie sich die letzte Strecke ihres Weges vorstellt. In einer christlichen Patientenverfügung hat sie festgehalten, welche medizinischen Maßnahmen und Therapien sie sich im Fall einer solchen lebensbedrohlichen Erkrankung wünscht und was sie nicht mehr möchte.

Seit drei Monaten liegt sie im Hospiz. Dort hat sie einen Ort gefunden, an dem sie medizinisch so versorgt wird, dass ihre Schmerzen gelindert werden, und an dem sie gut gepflegt wird. Sie findet dort die menschliche Zuwendung und den Respekt, den sie braucht, um ihre Würde zu behalten. Eine Freundin, ihre Tochter und ein Enkel kommen regelmäßig zu Besuch. Sie sitzen neben ihr, sprechen mit ihr und halten ihre Hand. Sie reden mit den Mitarbeiterinnen im Hospiz, sie holen sich Rat; auch sie, die Angehörigen, brauchen Beistand. Es ist ein gemeinsamer Weg.

III

»Ich bin der gute Hirte. Meine Schafe hören meine Stimme und ich kenne sie und sie folgen mir; und ich gebe ihnen das ewige Leben, und sie werden nimmermehr umkommen, und niemand wird sie aus meiner Hand reißen.« (Johannes 10,11.27–28)

Der Enkel hat sich angewöhnt, der Großmutter den 23. Psalm vorzulesen, bevor er geht. »Ich weiß nicht, ob sie die Worte versteht; aber ich finde das selbst tröstlich«, sagt er. Die Großmutter hat immer gesagt, dass Jesus für sie wie ein guter Hirte ist. Manchmal ist eine der ehrenamtlichen Mitarbeiterinnen dabei, die gerade Dienst tut. Sie sitzt mit am Bett, hört mit zu, spricht die Worte leise mit.

»Meine Schafe hören meine Stimme«, sagt Jesus. Hirnforscher behaupten: So wie sich dem Kind schon vor der Geburt die Stimme der Mutter, aber auch anderer Familienmitglieder einprägt, so hören Sterbende vertraute Worte und vertraute Stimmen, auch wenn sie nicht mehr darauf reagieren können. Die Klänge rufen Erinnerungen und Gefühle der Geborgenheit wach.

Es gibt viele Zeichen, um einen Menschen zu trösten und ihm zu sagen: »Gott steht dir bei!« Einfache, alltägliche Zeichen: dem anderen die Hand halten und mit ihm schweigen und beten. Die Feier des Abendmahls: Wegzehrung für einen schweren Weg und gleichzeitig Vorgeschmack des himmlischen Mahls, das uns verheißen ist. Die Salbung, für Sie, liebe katholische Geschwister, ein Sakrament. Wir haben auch in der evangelischen Kirche in den letzten Jahren in der Seelsorge ihre Bedeutung wieder entdeckt. Das Zeichen des Kreuzes mit wohlriechendem Öl auf die Innenflächen der Hände und der Stirn auftragen: Du bist gesegnet!

Ein Mensch hat einen Weg gefunden, seine letzte Wegstrecke getrost und würdevoll zu gehen. Am Ende des Lebens hört und erfährt er, was Jesus mit seinem Wort gemeint hat: *»Ich bin der gute Hirte!«* Ich bin bei dir, ich gehe mit dir, ich gehe dir voran – durch den Tod ins Leben.

IV

Nicht immer gehen Menschen die letzten Wege so getrost, wie die Frau, von der ich erzählt habe. Manche sind verzweifelt und fragen: »Worauf kann ich mich noch freuen? Ich falle doch allen nur noch zur Last.« Sie sind einsam und finden keinen Halt. Sie kennen sich selbst nicht mehr und haben das Gefühl, dass die anderen sie nicht verstehen können.

Und manchmal stimmt das ja auch. Dann entdecken Angehörige und Freunde Eigenschaften an einem Menschen, die sie bis dahin nicht kannten: Wo kommen die Wut und die Aggressionen her, der Trotz oder die schreckliche Angst? Sie sind verunsichert. Wie kann sich in dieser Situation wieder ein tragfähiges gemeinsames Lebensbild einstellen: von sich selbst, vom anderen, vom gemeinsamen Leben? Ein Bild, das Fremdheit und Schwächen ebenso zulässt wie Stärken, ein Bild, das um die Einmaligkeit und Kostbarkeit dieses individuellen Menschen weiß und ihn doch nicht idealisieren muss. Ein Bild, das darum weiß, dass alles, was wir voneinander sehen, vorläufig ist, gebrochen, erkennbar nur wie durch einen dunklen Spiegel.

V

Jesus, der gute Hirte, sagt über seine Schafe: *»Ich kenne sie.«* (Johannes 10,27) Da, wo wir über die Not erschrecken, da, wo wir uns und anderen fremd werden, da bleibt Gottes Sohn uns nahe. Durch alle Verzweiflung hindurch, durch alles, was mein Wesen so verändert, dass ich selbst mich nicht mehr leiden kann, erkennt Jesus in uns, was wir manchmal an anderen oder an uns nicht mehr zu erkennen vermögen: unsere Liebenswürdigkeit, dass wir seine Geschwister sind, Söhne und Töchter Gottes.

So wie ein Kind sich trösten lässt in den Armen seiner Mutter oder seines Vaters, wenn alles schiefgegangen ist und niemand sonst es versteht, so nimmt Jesus uns auf, die Sterbenden und die Trauernden, und tröstet und ermutigt beide. Alles, was uns aneinander fremd und unverständlich bleibt; bei Jesus ist es gut aufgehoben. Auch wenn wir aus allen Beziehungen herauszufallen drohen, sagt Jesus uns: *»Ihr werdet nimmermehr umkommen, und niemand wird euch aus meiner Hand reißen.«* (Vgl. Johannes 10,28)

VI

Die Würde des Menschen am Ende des Lebens wahren heißt: das Sterben als Teil des Lebens ernst zu nehmen und zu gestalten. Es gibt viele Möglichkeiten, einander auf dem letzten Weg beizustehen, sei es in der Familie, in der Pflege, in der Klinik oder im Hospizdienst. Denn es ist nicht zuletzt die Angst, den letzten Weg allein gehen zu müssen, die die Würde des Menschen am Ende des Lebens bedroht und in die Verzweiflung führt.

»Sie kam zu uns und bat uns, ihr zu helfen, schnell zu sterben«, erzählte der Leiter einer Palliativstation. »Nach zwei Tagen, in denen wir sie intensiv versorgt haben und sie respektvoll und zugewandt begleitet haben, hat sie über ihren Wunsch nach Hilfe zur Selbsttötung nicht mehr gesprochen. Sie hat noch einmal mit einer Mitarbeiterin viel geredet und noch eine für sie wohl wichtige Verabredung getroffen. Wir hatten das Gefühl, sie ist dann den letzten Abschnitt ihres Lebensweges bewusst und getrost gegangen.«

VII

Mich beeindruckt, wie viele Menschen sich im ambulanten oder stationären Hospizdienst engagieren und damit einen wichtigen Dienst an der Würde des Menschen leisten. Sie sehen die sterbenden Menschen und ihre Not mit den Augen des Hirten Jesu und erkennen im Leidenden den von Gott geliebten Menschen, im Verzweifelten den auf Beistand hoffenden Bruder. Sie haben Zeit für die Sterbenden, ihnen zuzuhören oder mit ihnen zu schweigen. Zurückhaltend respektieren sie ihre Freiheit und ihre Würde. Sie schaffen einen Raum der Zuflucht in widerstrebenden Gefühlen: für Dankbarkeit und Trauer über Ungelebtes und Ungesagtes, für Geborgenheit und Einsamkeit, auch für die Wut über Gescheitertes oder Vergebliches.

So wird die Zusage des Hirten Jesu unter uns konkret. Trotz aller Gebrochenheit und Unsicherheit am Ende des Lebens: Niemand wird euch aus meiner Hand reißen! Sterbende erleben, dass sie sich anderen zumuten können, auch mit der eigenen Schwäche. Dass sie sich in einer sicheren, ihnen wohl gesonnenen Umgebung anderen anvertrauen können und dass dies nicht ausgenutzt wird. Für mich strahlt das Sterben in Würde in unser gemeinsames Leben aus: dass wir ein Miteinander brauchen, in dem wir einander stützen, in dem wir einander aber auch zur Last fallen dürfen.

VIII

Die Gemeinschaft auf der letzten Strecke des Lebens ist eine begrenzte. Sie steht unter dem Vorzeichen des Abschieds. Am Ende müssen wir einander loslassen. Wie oft schon haben Menschen erzählt, dass der Verstorbene gerade dann eingeschlafen ist, als sie einmal kurz aus dem Zimmer hinausgegangen waren. Kam der Tod in diesem Moment, weil jetzt niemand mehr da war, der den Sterbenden am Leben halten konnte – oder war es umgekehrt so, dass der Sterbende erst in dieser Situation das Gefühl hatte, jetzt kann ich gehen, jetzt bin ich frei?

Einander loslassen und freigeben, das gehört auf beiden Seiten zum Sterben dazu. Jesus sagt uns: »*Ich bin der gute Hirte.*« »*Fürchtet euch nicht!*« Wir hören seine Stimme und verlieren die Angst. Wir stellen uns dem Tod und treten für das Leben und die Würde anderer Menschen ein. Wir folgen Jesus auf dem Weg, den er gegangen ist, durch den Tod in ein unvergängliches, ewiges Leben. Wir vertrauen auf sein Wort: »*Ihr werdet nimmermehr umkommen, und niemand wird euch aus meiner Hand reißen.*« (Vgl. Johannes 10,28)

Ökumenischer Gottesdienst zur Woche für das Leben im Freiburger Münster am 24.4.2015.

Das Beten und der Sonntagsschutz

Predigt zum 1. Mai am Sonntag Rogate –
1. Timotheus 2,1–6a

> So ermahne ich nun, dass man vor allen Dingen tue Bitte, Gebet, Fürbitte
> und Danksagung für alle Menschen, für die Könige und für alle Obrigkeit,
> damit wir ein ruhiges und stilles Leben führen können in aller Frömmig-
> keit und Ehrbarkeit. Dies ist gut und wohlgefällig vor Gott, unserm
> Heiland, welcher will, dass allen Menschen geholfen werde und sie zur
> Erkenntnis der Wahrheit kommen. Denn es ist *ein* Gott und *ein* Mittler
> zwischen Gott und den Menschen, nämlich der Mensch Christus Jesus,
> der sich selbst gegeben hat für alle zur Erlösung, dass dies zu seiner Zeit
> gepredigt werde.[24]

I

Liebe Gemeinde,
Gebete sind wie Leitern, Leitern ins Leben. Sie verbinden oben und
unten. Sie führen uns über die Ebene hinaus, in der wir normalerweise unterwegs sind. Wer betet, steigt hinauf und gewinnt eine neue
Perspektive. Wer betet, spürt, wie Gottes Güte, wie Engel zu ihm oder
zu ihr hinabsteigen: Da stellen sich Trost und Ruhe ein; da wächst
die Kraft und die Welt bekommt einen neuen Glanz.

Gebete sind wie Leitern, manchmal allerdings eher wie die Strick-
leitern hier in der Kirche. Da ist es nicht leicht, hinaufzuklettern. Das
wackelt und dreht sich weg, das gibt nach und schneidet auch mal
in die Hand. Gut, dass die Feuerwehr heute beim Retten, Löschen
und Bergen so stabile Metallleitern hat.

Aber vielleicht passt gerade dieses Wackelige zum Gebet besser
als eine feste Standleiter oder gar eine breite Treppe. Weil es oft gar
nicht so einfach ist, die richtigen Worte zu finden, weil wir rum-
stottern und in unseren Gebeten um Worte ringen. Und wenn wir
rufen: »Schaff Frieden, Gott!«, erleben wir, dass die Schrecken kein

---

24 1. Timotheus 2,1–6a; Luther 1984.

Ende finden – wieder wurde ein Krankenhaus in Aleppo bombardiert und zerstört, hilflose Menschen getötet.

Es ist eine dünne, schwankende Strickleiter, die der Bitte für den Frieden mehr zutraut als den Waffen! Wir haben das andere Ende der Strickleiter nicht in der Hand; wir hoffen, dass es gut verankert ist und die Verbindung stark ist; dass sie uns ins Reich Gottes führt, dass sie uns im Leben trägt und auch im Sterben.

Aber die Strickleiter passt auch, weil ich beim Klettern merke: Es geht besser, wenn ich nicht allein bin. Wenn unten ein anderer festhält, dann wackelt es viel weniger, dann dreht sich die Leiter nicht so leicht weg. Wenn eine neben mir sitzt und mich mitnimmt in ihren Rhythmus. Manchmal bin ich bei Tisch noch so in der Arbeit, dass ich gar nicht innehalten und Gott für das Essen danken und um seine Hilfe für die bitten kann, die hungern. Und dann faltet jemand neben mir die Hände oder stimmt einen Tischkanon an; ich kann teilhaben, mich in das Gottvertrauen des anderen fallen lassen. Ich merke, ein anderer, eine andere betet für mich, und spüre: die Engel steigen wirklich die Leiter herauf und herab. Sie sehen mich, sie hören mein Gebet, das ich selbst noch gar nicht in Worte fassen kann. Gott sei Dank, ich bete nicht allein!

II

An dieser Stelle beginnt unser Predigttext zu sprechen: »*So ermahne ich nun, dass man vor allen Dingen tue Bitte, Gebet, Fürbitte und Danksagung für alle Menschen.*« (1. Timotheus 2,1) Betet für alle Menschen!

Für alle Menschen beten, das ist die Aufgabe der Gemeinde. Drei Mal stellt der Predigttext dieses »für alle« heraus und setzt damit seinen besonderen Akzent: »Betet für alle Menschen, dass allen Menschen geholfen werde, weil Jesus Christus sich für alle zur Erlösung gegeben hat!« Die christliche Kirche betet für alle: für die, die dazugehören, und für die anderen. Auf der Leiter sind alle nationalen, konfessionellen oder sozialen Egoismen überwunden. Wir beten für die Menschen, die nicht beten können oder nicht mehr wollen; für die, die anders beten, in einer anderen Sprache, in einer anderen Religion. Wir beten für sie, nicht weil wir sie vereinnahmen wollen, sondern weil wir sie und die ganze Welt Gott anvertrauen. Betet für alle!

Die Gemeinde in Ephesus, der das geschrieben wird, lebt in einer pluralistischen Welt. So wie wir. Allerdings ist sie eine kleine Minderheit in dieser Welt. Aber sie glaubt und betet universal und global: zu Gott, Quelle allen Lebens, zu Christus, der die ganze Welt rettet, an die Kraft des Geistes, die alle Menschen am großen Tisch der Versöhnung zusammenführen wird. Die kleine, manchmal bedrohte Gemeinde glaubt und betet darum, dass allen Menschen geholfen werde.

Das ist der evangelische Blick auf die Welt. Nicht neue Schranken aufrichten, um Menschen, die Hilfe brauchen, abzuwehren, sondern helfen! Nicht spalten, in die, die dazugehören, und die, die nicht dazugehören; sondern zusammenführen!

Gott will, dass *allen* Menschen geholfen werde. Christus ist gekommen, als Erlöser für alle. Seit Weihnachten und Ostern geht eine neue Bewegung durch die Welt. Sie reißt Schranken ein; sie lädt die zu Tisch, die außen vor sind, Kranke, Menschen mit Behinderungen, Fremde, Menschen, die schuldig geworden sind. Sie verbindet uns miteinander und macht uns füreinander verantwortlich. Nicht Abgrenzung ist gefragt, sondern dass wir zusammenkommen und gemeinsam Leitern bauen, so wie sie das hier in diesem Kunstprojekt gemacht haben: Männer und Frauen, Alte und Junge, Menschen aus Syrien, Afghanistan, Deutschland, Eritrea, Muslimas und Muslime und Christinnen und Christen.

Gott, du hast uns alle geschaffen, du willst, dass wir in Frieden miteinander leben. Steh uns bei, wenn wir dem Weg deines Sohnes folgen.

III

Betet für alle Menschen! Noch etwas ist besonders an diesem Predigttext: für alle beten – das heißt auch für die Obrigkeit, für das Parlament, die Landesregierung, den Oberbürgermeister, für alle, die besondere Verantwortung für die Sicherheit und ein menschenwürdiges Leben für alle übernommen haben.

Das war damals nicht so leicht wie heute. Der römische Kaiser war eher feindlich; es gab Verfolgungen, so wie heute auch in vielen

Ländern dieser Erde. Denn die Christenmenschen störten die öffentliche Ordnung. Sie halfen den Armen, sie beteten keine Kaiserbilder an, sie galten deshalb als politisch unzuverlässig; sie fragten eben im Zweifel eher »Was würde Jesus dazu sagen?« als »Was verlangt die Ordnung?«. Sie beteten sogar für die, die sie verfolgten, und segneten, die sie verfluchten.

Betet für alle, also auch und gerade »*für die Könige und für alle Obrigkeit, damit wir ein ruhiges und stilles Leben führen können in aller Frömmigkeit und Ehrbarkeit*« (1. Timotheus 2,2). Ruhig und still heißt nicht, wir schauen weg, Hauptsache wir haben unsere Ruhe. Beten heißt genau hinschauen, ernst nehmen, wie die Wirklichkeit ist, auch das anschauen, was lieber verborgen sein soll, auch denen zuhören und sie ernst nehmen, die keine Stimme haben. Beten heißt die Welt ins Gebet nehmen.

Damit wir ruhig und still, fromm und ehrbar leben; das klingt beschaulich, resignativ und nach Rückzug. Aber in jedem dieser Worte steckt die eine Hoffnung: dass Gottes Gerechtigkeit und Güte unter den Menschen sichtbar wird – in unserer Gemeinde, aber auch in unserer Stadt, und überall, auch in Syrien, auch in Nigeria. Darum geht es, dazu treibt der evangelische Geist uns weit hinaus über unsere Umgebung! Hinein in das Mitleiden, in das Engagement und die Solidarität; dem Beten entspricht das Tun des Gerechten.

Gib der Obrigkeit einen wachen Verstand und ein warmes Herz, dass sie klug und unparteiisch allen Menschen ein Leben in Frieden ermöglicht, dass sie gerecht ist und auch barmherzig.

IV

Betet für alle! Am Tag der Arbeit beten wir für mehr Gerechtigkeit in unserer Gesellschaft und weltweit. Die Schere geht auseinander; die Reichen werden reicher, die Armen ärmer – und die dazwischen haben Angst, dass sie abrutschen.

Wer betet, hält inne. Wer betet, bleibt nicht nur auf seiner Ebene, sondern sucht die Verbindung zu Gott. Das macht frei und schenkt neue Einsichten. Von der Strickleiter aus werden andere Dinge wichtig: Die Angst wird kleiner, wie ich für mich sorgen, mich durchsetzen, mein Einkommen erhöhen kann. Es gibt ein Genug. Das

Glück wächst, wenn die Abstände nicht zu groß sind. Der Segen vermehrt sich, wenn wir ihn teilen. Das Leben wird reicher, wenn wir auf die anderen achten.

Beten macht Arbeit. Ich brauche Zeit dafür, ich muss raus aus dem Getrieben-Sein, innehalten, rein in die Ruhe und die Besinnung. Ich brauche Kraft dafür, mich neu auszurichten. Nur wer innehalten und beten kann, kann kreativ und nachhaltig arbeiten und brennt nicht aus. Das muss man lernen, dazu braucht man Zeit, dazu brauchen wir den Sonntag.

Ja, verkaufsoffene Sonntage wie der am letzten Sonntag sind für viele ein Vergnügen und gute Unterhaltung und für manche ein gutes Geschäft. Aber unsere Welt lebt nicht vom Brot allein, sondern gerade vom Innehalten und Beten. Wir brauchen den Sonntag, um die Leiter hinaufzuklettern und zu erleben, wie Gott zu uns herabsteigt. Weil uns das zusammenhält; weil es uns die Gelegenheit gibt, an die anderen zu denken und für sie zu beten. Weil es mindestens diesen einen Sonntag braucht, um uns immer wieder neu auszurichten auf die Kraft vom Himmel, auf Jesus Christus. Er hat die Tür zum Himmel für uns und für die anderen aufgestoßen; er ist vor die Stadt gegangen zu denen, die uns fremd sind, und hat sie und uns gemeinsam an seinen Tisch geladen.

Komm in unsere Welt, Gott, erneuere uns. Und mach uns stark im Glauben, in der Liebe füreinander und im Gebet.

Gottesdienst in der Stadtkirche Karlsruhe am 1.5.2016.

Erkenntnis durch Gottesfurcht

Predigt zur Konstituierung des Landtags
Baden-Württemberg 2016 – 2. Timotheus 1,7

I

Liebe Abgeordnete, liebe Festgemeinde,
»Gottesfurcht ist der Anfang der Erkenntnis.« (Vgl. Sprüche 1,7) Das
ist ein grundlegender Satz zum Thema »politische Verantwortung«:
Gottesfurcht hilft unterscheiden – zwischen dem, was wir, was Sie
tun können und verantworten müssen, und dem, was außerhalb
unserer, Ihrer Möglichkeiten liegt.

Die Demokratie braucht diese Erkenntnis: Ich bin Mensch und
nicht Gott. Diese Unterscheidung ist grundlegend für ein verant-
wortliches, menschliches Miteinander. Sie findet sich nicht nur in der
biblischen Weisheitsliteratur, sondern in allen Religionen, sie wird
von den meisten politischen Überzeugungen geteilt, sie bildet die
Grundlage einer Politik im Horizont der Menschenrechte. Ich bin
Mensch und nicht Gott. Diese Unterscheidung bildet eine grundlegende Schranke, die daran hindert, alles besser zu wissen, und die
vor allem daran hindert, die eigene Überzeugung am Ende noch mit
Gewalt durchzusetzen.

Zugleich führt uns diese weisheitliche Unterscheidung zusammen.
Der oder die andere ist ein Mensch wie ich: Sie ist eine Person, die
genauso viel wert ist, er ist ein Gegenüber, das ich genauso zu respektieren habe, wie ich das umgedreht auch erwarten kann. Und
wir sind beide begrenzt, fehlbar, bedürftig; die Wahrheit liegt uns
voraus. Das fordert heraus zum offenen Austausch der Argumente.
Das kann aber auch Mut machen, sich zumindest im Stillen mal die
Rückfrage zu stellen: Was ist an der Position meines Gegenübers
dran? Die Stärke der Demokratie zeigt sich auch in ihrer Kraft zum
Kompromiss. Und darin, dass man nach dem Streit abends wieder
zusammensitzen kann bei einem schönen Gläschen badischen oder
württembergischen Rotwein – und das Gemeinsame nicht über dem
Trennenden aus den Augen verliert.

II

Die Weisheit ist nah an der Politik; ihre Grundlagen leuchten ein, manchmal wirken sie universal. Andere biblische Texte, die Propheten, die Gleichnisse Jesu, die Bergpredigt fordern mehr heraus. Da bekommt auch die Gottesfurcht noch einmal ein besonderes Gesicht.

Die Gottesfurcht gründet ja nicht in der Furcht vor Macht oder Gewalt. Die biblische Gottesfurcht wurzelt im Gottvertrauen, im Glauben: Gott befreit; Gott geht mit; Gott bleibt da, auch im Leiden, auch wenn es zu Ende geht; Gott schafft Gerechtigkeit und Frieden; wir gehen auf Gottes Reich zu.

Diese Gottesfurcht ist stärker als jede Furcht vor Menschen. Davon erzählt die Bibel schon bei der Befreiung aus Ägypten, als die Hebammen sich dem Befehl des Pharao widersetzen und die Neugeborenen nicht umbringen: »Die Hebammen fürchteten Gott und taten nicht, wie der König von Ägypten ihnen gesagt hatte, sondern ließen die Kinder leben.« (2. Mose 1,17) Wer Gott so vertraut, traut sich, mutig und klar zu handeln; wer Gott so fürchtet, bleibt gelassen gegenüber allen, die ihm Furcht einflößen wollen.

Gott will keine geduckten, ängstlichen Bürgerinnen und Bürger. Gott will selbstbewusste Menschen, wie die Hebammen, die im Vertrauen auf Gott frei sind füreinander und Verantwortung übernehmen für ein friedliches und gerechtes Leben. Dieses Lebensgefühl von Freiheit und Verantwortung zeichnet unseren Glauben aus. »*Gott hat uns nicht gegeben den Geist der Furcht, sondern der Kraft und der Liebe und der Besonnenheit*«, heißt es im 2. Timotheusbrief 1,7.

Wir stehen dabei in einer Tradition: Mir fallen Hermann Maas und Hannelore Hansch ein, die sich in Baden im Widerstand gegen den Nationalsozialismus und in der Hilfe für verfolgte jüdische Mitbürgerinnen und Mitbürger engagiert haben. Aber es sind nicht nur die Berühmten, in deren Fußstapfen wir im Gottvertrauen unterwegs sind, sondern gerade auch die Namenlosen, die Hebammen, unsere Familien, die der Brief zwei Verse zuvor hervorhebt: »In dir Timotheus wohnt der ungefärbte, mutige, selbstbewusste, freie Glaube, der zuvor schon gewohnt hat in deiner Großmutter Lois und in deiner Mutter Eunike.« (Vgl. 2. Timotheus 1,5)

III

»Gott hat uns nicht den Geist der Furcht gegeben, sondern der Kraft, der Liebe und der Besonnenheit.« (2. Timotheus 1,7)

Die *Kraft* öffnet Handlungsspielräume. Kraft hat mit Kreativität zu tun. Es gibt fast immer mehr als die zwei Möglichkeiten, die manche an die Wand malen, die aus der Zuspitzung politisches Kapital schlagen wollen. Wer sich die Jesusgeschichten anschaut, entdeckt einen, der Kraft genug hatte, ungewöhnliche Wege zu gehen und Lösungen zu finden, die auch die, die ihm folgten, überraschten und herausforderten: »Was, zu so einem gehst du und isst mit ihm?« Oder wie es ein ranghoher Stasioffizier in dem Roman »Nikolaikirche« von Erich Loest sagt: »Wir waren auf alles vorbereitet, nur nicht auf Kerzen und Gebete.«[25]

Der Geist der *Liebe* richtet mich an den anderen aus. Ich kann von mir selbst absehen und mich in mein Gegenüber hineinversetzen. Während Angst und Furcht mich einengen und mich dazu bringen, die anderen nur kritisch zu beäugen und sie auf Distanz halten, ermöglicht die Liebe neue Begegnungen und Erfahrungen. Ich muss meine Identität nicht durch Abgrenzung gewinnen, ich muss nicht wegschauen, sondern kann anhalten, den Verletzten ansprechen und für Hilfe sorgen.

Schließlich: die *Besonnenheit*. Sie hat mit Bescheidenheit, aber auch mit Nüchternheit und mit Zurückhaltung zu tun. In Wahlzeiten sind das Eigenschaften, die es politisch Verantwortlichen eher schwer machen, aber sie sind wichtig. Denn wen die Furcht ergreift oder wer Angst hat, der will sofort handeln. Besonnenheit ist ein bisschen langsamer; sie hält inne; sie ermöglicht ein kluges Nachdenken und Abwägen. Sie kennen die Geschichte von der Ehebrecherin. Da wollen welche Jesus herausfordern: »Wie beurteilst du diese Ehebrecherin?« Aber er antwortet nicht auf ihr Drängen, sondern bückt sich und schreibt auf die Erde. Erst nach einer Weile, steht er wieder auf und sagt: »Wer unter euch ohne Sünde ist, der werfe den ersten Stein.« (Johannes 8,7)

---

25 Erich Loest (1995): Nikolaikirche. Linden.

IV

Eines scheint mir noch wichtig. Es heißt: »*Gott hat uns nicht gegeben den Geist der Furcht, sondern der Kraft und der Liebe und der Besonnenheit.*« (2. Timotheus 1,7) Gott gibt, wir empfangen; Gott handelt, wir werden mit Kraft, Liebe und Besonnenheit begeistert. Der Glaube, die Gottesfurcht, die aus dem Gottvertrauen erwächst, verändert die Welt und macht uns frei und mutig, Verantwortung zu übernehmen.

Ich wünsche Ihnen für die neue Legislaturperiode Kraft, Liebe, Besonnenheit und in all dem Gottes Segen.

Ökumenischer Gottesdienst aus Anlass der konstituierenden Sitzung des baden-württembergischen Landtags in Stuttgart am 11.5.2016.

Einstimmen in das neue Lied der Gerechtigkeit!

Predigt zum internationalen Gottesdienst
auf dem Kirchentag – Psalm 98

Dear sisters and brothers in Christ,
ich bin sehr froh und dankbar, heute mit Ihnen diesen Gottesdienst feiern zu können. Es ist wunderbar, dass wir hier in Stuttgart zusammen sind, aus unterschiedlichen Kirchen und Gemeinden, aus unterschiedlichen Ländern und Kulturen, um gemeinsam zu fragen, was es heute heißt, an den dreieinigen Gott zu glauben und als Christ und Christin verantwortlich in der einen Welt zu leben.

I
Das neue Lied braucht viele Stimmen!

Wir kommen aus unterschiedlichen Ländern und Kulturen, wir sprechen unterschiedliche Sprachen, wir feiern Gottesdienste in unterschiedlicher Tradition, aber wir loben gemeinsam einen Gott, so wie vorhin mit Worten aus dem 98. Psalm: »*O sing to the Lord a new song!*« (Psalm 98,1)

Der Psalm erzählt davon, dass alle Völker und Nationen Gottes Heil erkennen. »*All the ends of the earth have seen the victory of our God.*« (Psalm 98,3) Deshalb ist es einerseits ein universales, ein globales Lied, in das wir einstimmen. Aber es findet andererseits erst dadurch zu seinem vollen Klang, dass alle mitsingen und ihren je eigenen Ton einbringen. Es war und ist das Lied des Volkes Israel, dem Gott treu verbunden bleibt; durch Jesus Christus ist es unser Lied geworden, das Lied unserer Kirchen in Ghana und Korea, in Brasilien, Australien und Deutschland, das Lied aller Kirchen, die durch Christi Geist verbunden sind.

Die große Entdeckung der Ökumene ist: Das neue Lied, das auf Gottes wunderbare Taten antwortet, gewinnt erst seinen vollen Klang, wenn es vielstimmig und mehrsprachig gesungen wird. »Wir brauchen einander; uns fehlt etwas, wenn ihr nicht da seid!« Das neue Lied findet nicht zu seinem vollen Klang, wenn alle auf die gleiche Weise singen, sozusagen eintönig. Vielmehr braucht es viele unterschiedliche Stimmen, die ihren je eigenen, besonderen Klang einbringen, hohe und tiefe, Männerstimmen, Frauenstimmen, Kinderstimmen, Töne, die einander ergänzen, aber auch herausfordern und einander reizen, Neues zu entdecken. Das neue Lied singt vom Sieg und vom Heil des dreieinigen Gottes, aber jeder und jede von uns erfährt diese Erneuerung in seiner Kultur und erlebt sie in ihrer Situation. So groß und allen gemeinsam Gottes Taten sind, so begrenzt und besonders ist unsere jeweilige Erfahrung davon. Im weiten Horizont Gottes bringt jede unserer Kirchen in die große ökumenische Symphonie einen kleinen, aber unbedingt wichtigen Teil ein. Wir brauchen einander.

II
Hilfe zur Umkehr

Ich will das an einem Beispiel hier aus Stuttgart verdeutlichen: Vor siebzig Jahren endete der Zweite Weltkrieg. Er hat nicht nur über Europa unermessliches Leid gebracht, sondern auch über viele Menschen in Afrika, Amerika und Asien. 1945 wurde Deutschland von außen von der Diktatur des Nationalsozialismus befreit. Wie sollte es weitergehen?

Auch in den Kirchen und in den Kirchenleitungen hatten viele Hitler zugejubelt und den Krieg unterstützt. Sie hatten der Vernichtung ihrer jüdischen Mitbürgerinnen und Mitbürgern nicht widersprochen und sich nicht ernsthaft gegen die Ermordung behinderter Mitmenschen gewehrt. Sie traten nicht ein für diejenigen, die als »Untermenschen« diskriminiert und umgebracht wurden. Nur wenige hatten sich wie Dietrich Bonhoeffer klar positioniert und der falschen Lehre und dem Unrecht des nationalsozialistischen Staates deutlich widerstanden.

In dieser Situation trafen sich deutsche Kirchenführer hier in Stuttgart, um sich zu beraten. Aber nicht die Beratung untereinander brachte eine neue Perspektive, sondern dass eine ökumenische Delegation gekommen war. Dass Christinnen und Christen, dass Kirchen aus Ländern, die gerade noch als unsere Feinde galten, uns weiterhin als Glieder am Leib Christi sahen, dass sie den evangelischen Kirchen in Deutschland Umkehr zutrauten und dass sie ihnen dazu die Hand zur Versöhnung reichten, das eröffnete eine neue Perspektive. Ihr kamt und halft uns heraus, zu einem Neuanfang! Dafür sind wir dankbar. Es war die Ökumene, die uns ermutigt hat, das Stuttgarter Schuldbekenntnis zu formulieren, nach dem Barmer Bekenntnis von 1934 ein erster, vorsichtiger Schritt weg von einem deutsch-nationalen evangelischen Christentum hin zu einer neuen ökumenisch und auch politisch verantwortlichen kirchlichen Existenz in der Nachfolge Jesu Christi. Für mich ist die Ökumene von Stuttgart eine Schlüsselszene, die mich gelehrt hat: Wir brauchen die Ökumene! Ohne die anderen verlieren wir die Chance zur Umkehr, den weiten Horizont und die Richtung, denn in den anderen begegnet uns Christus.

III
Ein neues Lied stimmen wir an!

In welches neue Lied stimmen wir heute ein? Wir brauchen ein neues Lied! Wir haben es in den vergangenen Tagen in vielen Begegnungen gehört; die Zeugnisse in diesem Gottesdienst haben es deutlich gemacht: Es drängt! Konflikte spitzen sich zu; Religionen werden missbraucht, um Menschen aufeinander zu hetzen. Eine Ökonomie der Waffen und der Gewalt quält die Menschen an vielen Orten. Menschen fliehen – und finden keine Zuflucht. Wir brauchen eine Wirtschaft, die den Menschen dient und die Mitwelt nicht zerstört; eine neue Klimakonvention. Sie alle können aus ihren Kirchen und Ländern erzählen, was wichtig und nötig ist.

Auch wir als Kirchen sind gefragt, uns zu verändern. Finden die Menschen, die aus dem Sudan, aus Syrien zu uns geflohen sind, bei uns Unterstützung? Der Metropolit der Rum-Orthodoxen Kirche hat mich im Herbst besucht; wir wollen gastfreundlich sein, unsere Kirchen und Räume für andere öffnen, ohne ihnen unsere Art, als Kirche zu leben, überzustülpen. Dazu müssen wir auf allen Ebenen miteinander reden.

In manchen Gemeinden gelingt das Miteinander gut. Sie feiern regelmäßig mit den Kirchen, die in ihren Räumen zu Gast sind, gemeinsam Gottesdienste. Das bereichert beide; sie entdecken einander, oft aber auch den Wert ihre eigenen Traditionen neu. Ich freue mich, wie viele Gemeinden mit ihren Flüchtlingen wachsen. Wie viele zugleich mit dem Engagement für die Menschen, die bei uns Zuflucht suchen, auch ihren Glauben neu entdecken. Ich bin dankbar, dass ein junger Mann aus dem Südsudan bald sein Theologiestudium abgeschlossen hat und in unserer Kirche als Pfarrer arbeiten wird. Das wird uns verändern und uns sprachfähiger und vor allem kultursensibler machen gegenüber den vielen afrikanischen Christinnen und Christen, die bei uns leben!

An anderen Orten führen solche Begegnungen in Spannungen. Auch das kennen wir aus der Bibel; Jesus ist auf Widerstand gestoßen, weil er seine Identität nicht durch Abgrenzung gewonnen hat, sondern die Begegnung mit den Fremden gesucht hat und in den anderen seine Geschwister erkannt hat. Wenn wir ihm auf diesem Weg folgen wollen, müssen wir uns stören lassen und uns mit Fremden und Ungewohntem auseinandersetzen: mit anderen Formen zu beten, zu feiern und zu teilen, aber auch uns stören zu lassen in unserem Verständnis von privat und öffentlich und dem, was uns gehört. So wie unsere kulturellen Werte etwa in Fragen der Sexualität, aber auch zum Verhältnis von Mann und Frau, vielleicht auch beim Thema »Inklusion« andere Kirchen und Traditionen herausfordern. Bei Paulus und seinen Gemeinden war es ja auch nicht anders. Sie haben voneinander gehört, sich voneinander herausfordern lassen, voneinander gelernt: Ach, so macht ihr das mit der Kollekte! So geht ihr mit der Sklaverei oder mit Fragen der Sexualität um.

»Singet dem HERRN ein neues Lied, denn Gott tut Wunder.« (Psalm 98,1) Unser neues gemeinsames Lied der Ökumene erzählt von einer Welt, in der Menschen in Würde und Frieden, in Gerechtigkeit und Freiheit zusammenleben. Es ist ein Lied der Begegnung, das in allen Spannungen und Widerständen stärkt und ermutigt, versöhnt und verbindet und dadurch in die Welt ausstrahlt.

IV
Einstimmen in das neue Lied der Gerechtigkeit

Das neue Lied knüpft an Altes an. Wir bringen unsere Freude und unsere Schrecken mit, wenn wir gemeinsam weitergehen. Das Alte ist nicht abgeschlossen. Das zeigt die Kraft der Vergangenheit! Sie lässt uns nicht los, so wie wir die Geschichten unserer Eltern und Vorfahren mit uns tragen. In ihnen steckt beides: Last und Ressource für die Zukunft. Es ist interessant, dass manches, was uns schwer zu tragen ist, in anderen Kontexten auch zur Kraftquelle für neue Wege werden kann. Wir Deutschen tragen bis heute an der Schuld des Nationalsozialismus; doch die Erfahrungen, die wir mit dem Gedenken machen und erleiden, helfen heute anderen Kirchen im Umgang mit ihrer Vergangenheit.

Das neue Lied besingt aber nicht nur vergangene Wunder. In seiner deutschen Übersetzung hat Luther nicht ganz korrekt übersetzt. Dann hätte er nämlich wie im Englischen sagen müssen: »He has done marvellous things.« Aber er übersetzt: »He is doing marvellous things.« Hier und heute tut Gott Wunder. Gott hat nicht aufgehört damit, sondern wirkt hier und heute unter uns. Mir fällt die Flüchtlingsfamilie ein, die es tatsächlich geschafft hat, die Eltern und beide Kinder aus Syrien. Sie können es immer noch nicht glauben, aber sie sind in Sicherheit. Sie haben Arbeit gefunden, eine Wohnung. Und: »Unsere Tochter lacht wieder.« Sie war verstummt, aber jetzt lacht und redet sie wieder. Menschen atmen auf, Versöhnung gelingt, Frieden breitet sich aus.

Das neue Lied erinnert an Gottes große Taten in der Vergangenheit, es lobt Gottes Handeln hier und jetzt. Vor allem aber besingt der Psalm 98, dass Gottes Zukunft auf uns zukommt, dass sein Reich unsere Welt verändern wird. »*For he comes to judge the earth. He will judge the world with righteousness, and the people with equity.*« (Psalm 98,9)

Der Psalm betont, dass Gott das allein tun wird. Es braucht dazu keine christliche Miliz, keine Unterstützung durch Drohnen und Waffen. Kein innerweltliches Bündnis setzt Gottes Recht durch. Gott selbst ist es, der seine Gerechtigkeit über alle Welt ausbreitet, der sein Recht aufrichtet.

Wodurch zeichnet sich diese Gerechtigkeit aus? Drei Aspekte will ich hervorheben:

Sie sucht die Gemeinschaft, sie will zusammenführen, versöhnen. Sie lädt alle an den Tisch, sodass am Ende alle kommen werden von Osten und Westen, von Süden und Norden und gemeinsam zu Tisch sitzen werden im Reich Gottes! Sie richtet das Recht auf, nicht indem sie Menschen aburteilt, sondern indem sie sie aufrichtet.

Gerechtigkeit fängt mit *equity*, mit gleicher Teilhabe an, wie sie sich ganz grundlegend im gemeinsamen Essen zeigt! Vielleicht ist das ein erster kleiner konkreter Schritt, den wir für unser neues Miteinander in der Begegnung von unterschiedlichen Gemeinden und Kirchen miteinander lernen können: Dass wir öfter nach dem Gottesdienst miteinander essen; der Austausch und die Begegnung ergeben sich dann hoffentlich wie von selbst.

Das Meer braust, die Fluten klatschen in die Hände und die Berge stimmen in die Freudenlieder ein. Gott schafft nicht nur uns Menschen Gerechtigkeit, sondern lässt die ganze geschaffene Welt aufatmen und einstimmen in den Jubel. Diese Verheißung ist heute im Angesicht des Klimawandels besonders wichtig und großartig. Denn die Sorgen wachsen, ob der Erwärmung unseres Planeten noch Einhalt geboten werden kann; manche resignieren und zweifeln, ob es sich überhaupt noch lohnt, etwas dafür zu tun. Doch Gottes Gerechtigkeit zieht ein und befreit auch die Schöpfung!

Also: *Singt Gott ein neues Lied, denn Gott tut Wunder! Stimmt ein in das Lob der Gerechtigkeit Gottes. Das Meer brause und die Ströme klatschen in die Hände und die Berge singen ein Freudenlied. Denn Gott kommt, die Erde zu richten, sie neu in ihrer Würde als Geschöpf Gottes aufzurichten.* (Vgl. Psalm 98)

Internationaler Gottesdienst beim Deutschen Evangelischen Kirchentag in Stuttgart am 6.6.2015.

Genug!
Sieben evangelische Impulse für eine gerechte und enkeltaugliche Ökonomie

Impuls zu »nachhaltig gut leben – Wirtschaftsentwicklung unter begrenzten Ressourcen«

Meine sehr verehrten Damen und Herren,
sieben Impulse – dreizehn Minuten: Rede-Ökonomie angesichts begrenzter Zeitressourcen?

1. Wir haben unsere natürlichen Ressourcen für 2019 Ende April verbraucht. Wenn alle so leben würden wie wir in Deutschland, bräuchten wir 3,2 Planeten. Unsere Wirtschaft entwickelt sich auf Pump: Sie macht Schulden bei den fernen Nächsten im globalen Süden, bei der Mitwelt und bei kommenden Generationen.

Seit den Neunzigerjahren des letzten Jahrhunderts hat sich dieser Entwicklungspfad beschleunigt. Er hat sich weithin von der nationalen und politischen Steuerung gelöst und sich fast alle Bereiche des Lebens erschlossen, auch die Bildung, die Freizeit, die Liebe. Selbst die Zeit wird knapp. Alles wird als effizienter, profitabler Prozess organisiert: Es gibt immer zu wenig; wir brauchen mehr: Geld, Besitz, Beweglichkeit, Kontakte! Wir wollen alles schneller; wir sind einander und uns selbst nie genug!

Eine andere Wirtschaftsentwicklung ist möglich, wenn wir
- diese externen Verbräuche als Kosten transparent machen und in die Steuerung einbeziehen.
- bestehende Ungleichgewichte durch öffentliche Interventionen verringern.
- neben Maßnahmen zur Steigerung von Effizienz und Konsistenz eine neue »Ökonomie des Genug« entwickeln.

Wir werden unsere Nachhaltigkeitsziele nicht allein durch technische Maßnahmen erreichen; das verhindern die steigenden Zahlen von Konsumenten und sogenannte Rebound-Effekte. Wir brauchen eine Suffizienz-Strategie.

2. Eine »Ökonomie des Genug« bedeutet eine grundlegende Veränderung unserer Wirtschaft, unserer Politik und unseres Lebens. Sie geht davon aus, dass alle »genug« für ein gutes Leben haben, wenn wir die Güter dieser Erde gerecht verteilen und jeder und jede sich dafür engagiert. Sie hält fest, dass wir ein »Genug« in unserem persönlichen Lebensstil und öffentlichem Verbrauch brauchen, wenn wir nachhaltig gut leben wollen und die Biodiversität und die Lebensrechte zukünftiger Generationen nicht gefährden wollen. Sie hören, »Genug« hat im Positiven wie im Negativen zwei korrespondierende Aspekte: das Vertrauen, dass es für mich reicht, bzw. die Angst, ob es reicht, auf der einen, die Zufriedenheit bzw. den Wunsch nach immer mehr auf der anderen Seite. Wenn Sie sich dieses Viereck vergegenwärtigen, sehen Sie, dass eine »Ökonomie des Genug« auch eine Friedensdimension hat.

In einer »Ökonomie des Genug« leben die Menschen selbstbewusst und fröhlich mit den eigenen Grenzen in den Grenzen ihrer Mitwelt. Das Genug ist der individuelle Schnittpunkt, an dem ein gutes Leben glückt: im Einklang mit der Schöpfung, den nahen und fernen anderen und denen, die nach uns kommen.

3. Nachhaltig gut leben. Wir wissen bereits, was wir tun müssten: weniger fossile Energie verbrauchen, weniger fliegen, weniger Auto fahren und langsamer, mehr ÖPNV, eine andere Landwirtschaft … Aber wir sind zögerlich. Eine »Ökonomie des Genug« entwickelt eine kraftvolle Dynamik, wenn sie Menschen in ein gutes Leben (kein Komparativ!) führt. Dann ändern sie ihre Haltungen und Einstellungen. Das gelingt, wenn sie
– diesen Weg freiwillig gehen,
– sich dabei als selbstwirksam und kompetent erleben,
– Zeitautonomie und Begegnungsmöglichkeiten gewinnen
– und stolz auf diesen Weg sind.

Ich lade Sie ein, das Interview mit Marie Nasemann in der Süddeutschen Zeitung vom vergangenen Samstag (1.6.2019) zu lesen.[26] Eine junge Frau, Model, Bloggerin, Schauspielerin, orientiert sich beruflich neu, nachdem sie eine Dokumentation über den Brand in der Textilfabrik Rana Plaza in Bangladesch 2013 gesehen hat. Ihr Blog: fairknallt.de zeigt: Es gibt Alternativen. Es gibt ein »Genug«. Ich könnte Ihnen weitere Namen junger Leute nennen, die sich zurzeit freiwillig, neugierig und selbstbewusst im Bereich »Digitalisierung und Nachhaltigkeit« oder auch »Landwirtschaft und Nachhaltigkeit« auf den Weg machen. Nicht blauäugig, sie wissen genau, wo Digitalisierung Ressourcen verschlingt und wo sie uns helfen kann, Wege in ein gutes Leben zu gehen. Für mich stehen diese Aufbrüche für Freiheit und Verantwortung, zwei Begriffe, die zum Kern des Protestantismus gehören. Sie zeigen: Wir können sehr schnell in eine öko-fair-soziale Wirtschaftsentwicklung umsteigen.

Mich ärgert, dass manche Politiker diesem Weg Etiketten aufkleben, die ihn diffamieren: Verzicht, Einschränkung und Zwang. Sie machen damit den Menschen Angst, sich auf einen neuen Weg zu machen; sie merken nicht, dass sie die Zukunft unseres Gemeinwesens verbauen.

4. Eine »Ökonomie des Genug« reagiert auf die Komplexität wirtschaftlichen Handelns im Bereich der Nachhaltigkeit und braucht Mut zum entschiedenen Handeln. Wir kommen bei der Mobilität nicht voran, obwohl wir Motoren produzieren können, die wesentlich weniger CO_2 ausstoßen als früher: Aber es gibt mehr Autos, sie werden schwerer, die Motoren stärker, die Fernseher größer – Rebound-Effekte. Dagegen hilft nur der Mut, die Richtung zu halten und klare zielorientierte Schritte zu gehen; z. B. Carsharing und Nahverkehr massiv fördern, die Pendlerpauschale neu gestalten …

Die »Schwarze Null« zeigt, dass Politik in wichtigen Fragen handlungsfähig ist, wenn sie sich auf den Weg macht. So wichtig ist

---

26 »Es ist unmöglich, immer alles richtig zu machen«, Interview von Johanna Ádorjan mit Marie Nasemann, Süddeutsche Zeitung, 31.5.2019, https://www.sueddeutsche.de/leben/marie-nasemann-gntm-nachhaltigkeit-mode-1.4465928?reduced=true (Letzter Zugriff am 27.10.2021).

auch die »Ökonomie des Genug«. Wir leben zwar bei den Staatsschulden nicht mehr auf Pump, aber durchaus bei den Investitionen, die ja auch die kommenden Generationen nachholen müssen und eben bei den natürlichen Ressourcen und bei den Menschen im globalen Süden.

5. Die größte Dynamik entwickelt eine »Ökonomie des Genug« in Gemeinwesen und in Betrieben, die sich am Gemeinwohl orientieren, von unten. Wo Menschen in ihrem Verantwortungsbereich Fragen stellen: Was für Auswirkungen haben unsere wirtschaftlichen Aktivitäten auf die Lebensqualität hier und dort im globalen Süden, heute und morgen? Wird die Menschenwürde geachtet? Wird soziale Gerechtigkeit gefördert? Wird ökologische Nachhaltigkeit sichergestellt? Wie transparent, solidarisch und demokratisch werden unternehmerische Ziele erreicht? Sie kennen solche Firmen, die höchst erfolgreich sind; wir erleben gerade, wie Firmen in die Krise gehen, die diese Fragen nicht gestellt haben.

Das ist ein Plädoyer für eine Wirtschaft von unten; eine Wirtschaft, die sich selbst entwickelt. Aber es ist auch eine Aufforderung an die Politik, die Weichen so zu stellen, dass auch im globalen Süden eine integrierte Entwicklung möglich wird und faire Verhältnisse am Markt herrschen: Erst wenn die zentralen Regeln für alle gelten, herrschen gleiche Chancen. Beim Thema »Wirtschaft, Menschenrechte und Umweltstandards« brauchen wir endlich klare gesetzliche Regelungen zu den Sorgfaltspflichten von Unternehmen, damit nicht die öko-fair-sozialen Unternehmen so viel schlechtere Ausgangsbedingungen haben, weil sie darauf achten, dass die Regeln der Internationalen Arbeitsorganisation (ILO) auch bei ihren Zulieferern gelten, weil sie nicht von Konfliktmineralien (Abbau Seltener Erden durch Warlords) profitieren wollen usw.

6. Eine »Ökonomie des Genug« kommt von unten in Schwung. Sie beginnt beim einzelnen Menschen und nimmt ihn in seiner beruflichen Verantwortung vor seinem Mitmenschen und vor Gott ernst. Sie betrifft alle Bereiche des Lebens; sie lebt davon, dass Menschen wirtschaftliches Handeln als für sich und ihre Lebenswelt nah und fern sinnvoll erfahren. Das gelingt leichter in der Landwirtschaft, im

Handel, in der Produktion oder im Bildungs-, Gesundheits- oder Freizeitsektor, schwerer im Finanzsektor.

Wichtig sind demokratisch entwickelte politische Vorgaben im Blick auf die Ziele und den Rahmen, aber auch Bildungsprozesse und die Förderung innovativer regionaler und kommunaler Initiativen. Kirche und öffentliche Hand sind gefragt, selbst als Vorbild voranzugehen. Das gilt z. B. bei der öko-fair-sozialen Beschaffung: Werden bei der Angebotseinholung und Vergabe die Kernarbeitsnormen der ILO berücksichtigt? Werden unabhängige Nachweise eingeholt? Vielleicht könnten wir uns da gegenseitig ein wenig herausfordern oder auch kooperieren! Wir erleben in der Finanzberatung, wenn wir als Kirchen möglichst wenig Geld im Rüstungssektor anlegen wollen, dass große Banken uns signalisieren: »Das erwarten wir von euch! Alles andere ist auch nicht nachhaltig. Keine der großen Herausforderungen heute lässt sich mit Waffen lösen!«

7. Warum plädiert ein Landesbischof für eine »Ökonomie des Genug«? Weil die Bibel mit einem großen »Genug« beginnt: »Und siehe, es war sehr gut!« Dieses »Genug« feiern wir jeden Sonntag, in jedem Gottesdienst. Wir halten inne, wir lassen uns unterbrechen und erleben: Wir leben aus Gottes Gnade! Wir empfangen unser Leben, und vertrauen es am Ende wieder Gott an!

Sie kennen auch die Mannageschichte. Israel flieht aus der Sklaverei in Ägypten. Das Essen wird knapp. Da lässt Gott Manna regnen und weist jede Familie an, jeden Tag so viel Nahrung zu sammeln, wie an diesem Tag zum Essen gebraucht wird. Es ist genug für alle da. Sammelt eine Familie mehr als nötig, fängt das Gesammelte an zu gammeln.

Am sechsten Tag gibt es die doppelte Menge Manna. Sechs Tage Arbeit reichen für die Beschaffung der Nahrungsmittel, um sieben Tage leben zu können. Der erwirtschaftete Gewinn soll nicht akkumuliert werden, sondern wird für regelmäßige freie gemeinsame Zeit verwendet. Denn nur wer regelmäßig und gemeinsam innehält, kann verantwortlich und gut leben.

Auch das Neue Testament ist voll von Geschichten, in denen zwei Fische und fünf Brote genug sind. Immer wieder geht es um dieses Genug: Alle sieben Jahre soll der Boden brachliegen, da hat er genug produziert. Alle fünfzig Jahre gibt es einen Schuldenerlass, damit sich Macht und Reichtum nicht immer schneller in wenigen Händen sammeln und die Kinder nicht in den geerbten Schulden stecken bleiben, und in allem, was damit an Chancenungerechtigkeit verbunden ist.

Eine »Ökonomie des Genug« hält regelmäßig inne und unterbricht, um sich nicht vom »immer mehr, besser, perfekter« oder von Habgier treiben zu lassen, sondern in allen ökonomischen Zwängen das im Blick zu behalten, was uns als Menschen ausmacht: »beten, studieren, essen, trinken, singen, lieben« (Erich Fromm)[27], spielen, hören, schauen.

Der Sonntag ist das prägnante Symbol für diese ökonomische Logik: Sie hören mein Plädoyer für die Sonntagsheiligung!

Vortrag im Rahmen einer Veranstaltungsreihe von Landesministerien und Kirchen in Baden-Württemberg in der Staatsgalerie Stuttgart am 6.6.2019.

---

27 Erich Fromm (1976): Haben oder Sein. Stuttgart, S. 57.

Suchet der Stadt Bestes und betet für sie!

Predigt zum Stadtgeburtstag – Jeremia 29,4–7

> So spricht der HERR Zebaoth, der Gott Israels, zu den Weggeführten, die ich von Israel nach Babel habe wegführen lassen: Baut Häuser und wohnt darin; pflanzt Gärten und esst ihre Früchte; nehmt euch Frauen und zeugt Söhne und Töchter, nehmt für eure Söhne Frauen und gebt euren Töchtern Männer, dass sie Söhne und Töchter gebären. Suchet der Stadt Bestes, dahin ich euch habe wegführen lassen und betet für sie zum HERRN, denn wenn's ihr wohl geht, so geht's auch euch wohl.[28]

I

Liebe Festgemeinde, liebe Karlsruherinnen und Karlsruher!
Auf der biblischen Landkarte liegt Karlsruhe zwischen Jerusalem und Babylon. Auf der einen Seite malt uns die Bibel das himmlische Jerusalem vor Augen, als Idealbild für menschliches Zusammenleben. Das himmlische ist nicht das heutige Jerusalem, das durch viele Konflikte tief zerrissen ist. Vielmehr geht es der Bibel um die Stadt der Zukunft, die Gott uns verheißt: In ihr leben Alt und Jung, Reich und Arm, Frau und Mann in Frieden miteinander. Menschen aus unterschiedlichen Nationen, Kulturen und Religionen begegnen sich in ihrer Unterschiedlichkeit und freuen sich aneinander.

Auf der anderen Seite steht Babel, Babylon, der Moloch, die unwirtliche Stadt, die Stadt der Ellenbogen, des »Jeder-gegen-Jeden«. Die Stadt, in der alle zuerst an sich denken und für sich kämpfen. Die Stadt, in der die Menschen ihre Grenzen überschreiten und wenig Respekt haben, weder vor den anderen noch vor Gott. Realistisch kann die Bibel all die sozialen Konflikte, das Misstrauen, die Anonymität beschreiben, die Städte gefährden.

---

28 Jeremia 29,4–7; Luther 1984.

Am Geburtstag sehen wir Karlsruhe näher beim himmlischen Jerusalem als bei Babylon; wir sind froh und dankbar in einer offenen und bunten Stadt zu leben, in der viele Menschen Verantwortung füreinander übernehmen. Die erste Entdeckung an unserem Text aber ist: Gottes Aufforderung »*Suchet der Stadt Bestes und betet für sie*« gilt Babylon, der unwirtlichen und bedrohten Stadt (Jeremia 29,7). Gott lässt Babylon nicht fallen, Gott sieht auch Babylon als verbesserliche Stadt und ruft uns in die Verantwortung. Das macht Mut zum Realismus. Das öffnet die Augen auch für die dunklen Seiten und Orte unserer Städte. Gott will ihr Bestes!

II

Von einer versöhnten, lebens- und liebenswerten Stadt hat wohl auch unser Stadtgründer geträumt. Bestimmt kannte er unseren Predigttext und seine Aufforderung: »*Suchet der Stadt Bestes und betet für sie. Baut Häuser und wohnt darin.*« (Jeremia 29,7.5) Gestaltet einen Lebensraum, in dem Menschen gut wohnen und arbeiten und davon leben können. In dem Familien und Generationen gedeihen. In dem Menschen aufeinander achten.

So entsteht im Wald eine Stadt, bewusst gestaltet als ein Geflecht von Beziehungen. Die Straßen verbinden und richten aus. Die Häuser gewähren Schutz und Geborgenheit, die Plätze laden dazu ein, sich zu begegnen und auszutauschen, um miteinander zu feiern, so wie gestern Abend vor dem Schloss. Schulen entstehen, in denen Menschen lernen, Institute, Akademien, in denen sie sich bilden, eine Universität für Forschung und Lehre. Eine Stadt braucht Orte, um innezuhalten: Kirchen, Synagogen, Moscheen. Räume, um still zu werden, um sich neu zu orientieren, um Kraft zu schöpfen. Nötig ist ein Ort, an dem Menschen miteinander trauern und ihre Toten würdig begraben können. Immer wieder wandelt sich die Stadt, gedeiht und erleidet Rückschläge. Ein Rathaus entsteht, damit die Bürgerinnen und Bürger miteinander entscheiden können, wie sie zusammen leben wollen. Zwischen Babylon und Jerusalem ist die Stadt eine große Gestaltungsaufgabe; so wollen wir miteinander leben: »*Suchet der Stadt Bestes und betet für sie.*« (Jeremia 29,7)

III

Von Anfang an war in Karlsruhe der Umgang mit Verschiedenheit ein wichtiges Thema. Der Markgraf holte Menschen in seine neue Stadt auch von weiter her, damit sie wachsen und sich der Wohlstand in Baden vermehren konnte. Wenn es seitdem in Karlsruhe gelang, Fremden eine Heimat zu geben, die religiöse und kulturelle Vielfalt als Bereicherung zu sehen und aufzunehmen, blühte die Stadt. Als Hassparolen durch die Stadt dröhnten, wurde sie braun und verlor ihre Bestimmung aus den Augen.

Zwischen Babylon und Jerusalem müssen sich unsere Städte, muss sich Karlsruhe immer wieder neu ausrichten, die Linie halten, die Zukunft eines offenen, vielfältigen und respektvollen Miteinanders nicht aus den Augen verlieren. Es ist wunderbar, wie engagiert, selbstbewusst und verantwortungsbewusst die Karlsruher Bürgerinnen und Bürger das heute gerade gegenüber den Menschen tun, die bei uns Zuflucht suchen. Wir sind dankbar dafür und wollen als Kirchen dazu beitragen

Was ist das Beste, das wir für die Stadt suchen? Die biblische Tradition macht die Schwachen zum Kriterium dafür, wie gut ein Gemeinwesen funktioniert und ob es vom Segen Gottes erfüllt ist. Das Beste der Stadt misst sich daran, ob und welchen Platz die Armen in ihr haben, ob gut für die Kranken und für die Sterbenden gesorgt ist, ob die Fremden und Flüchtlinge zu ihrem Recht kommen und gastfreundlich aufgenommen werden.

IV

»*Suchet der Stadt Bestes und betet für sie.*« (Jeremia 29,7) Die Stadt, in der wir leben wollen, lebt nicht nur aus sich selbst und nicht nur aus unserer Anstrengung und Verantwortung. Wir wissen um die Grenzen menschlichen Denkens und Handelns: wir sind Menschen – nicht Gott. Deshalb gehören die Suche nach dem Besten und das Gebet für die Stadt zusammen. Hier haben wir Christinnen und Christen, die Kirchen, aber auch alle anderen Religionsgemeinschaften eine besondere Verantwortung und Aufgabe.

Wo sieben Tage die Woche rund um die Uhr gearbeitet wird,

wo alles nur auf Leistung und Erfolg ausgerichtet ist, wo unsere Grenzen aus dem Blick geraten, verliert das Zusammenleben sein menschliches Gesicht. »*Suchet der Stadt Bestes und betet für sie.*« (Jeremia 29,7) Die zweite Satzhälfte erinnert uns daran, dass Grenzen heilsam sind. Dass wir Sonn- und Feiertage brauchen; dass wir nicht perfekt sein müssen, sondern dass es zu unserer Menschlichkeit gehört, schwach zu sein, Fehler zu machen, loszulassen – am Ende in Frieden zu sterben. Deshalb ist es für das Beste der Stadt wichtig, regelmäßig innezuhalten und sich zu besinnen, im Gottesdienst, im Gebet, in der Stille. Uns zu vergewissern und es anderen zuzusagen, dass wir nicht alles in der Hand haben und nicht alles in der Hand haben müssen, sondern aus der Gnade und dem Segen Gottes leben.

Gott ruft uns als Einzelne, Gemeinden und Kirchen in die Verantwortung für unsere Stadt: »*Suchet der Stadt Bestes und betet für sie.*« (Jeremia 29,7) Gott lässt uns nicht allein mit dieser Aufgabe, sondern sagt uns Beistand und Segen zu: »*Ich weiß wohl, was ich für Gedanken über euch habe, spricht Gott: Gedanken des Friedens und nicht des Leides, dass ich euch gebe Zukunft und Hoffnung.*« (Vgl. Jeremia 29,11)

Ökumenischer Gottesdienst zum 300. Stadtgeburtstag in der Stadtkirche Karlsruhe am 21.6.2015.

Frieden braucht Versöhnung!

Predigt zum Ende des Ersten Weltkriegs
vor hundert Jahren – 2. Korinther 5,17–20

Der Mandelzweig blüht: Zwei Menschen fallen sich in die Arme.
Feinde versöhnen sich. So wird Frieden, liebe Gemeinde, so wird
die Welt neu. *»Ist jemand in Christus, so ist er eine neue Kreatur;
das Alte ist vergangen, siehe, Neues ist geworden.«* (2. Korinther 5,18)

I

Froh sind wir heute, hier, an der deutsch-französischen Grenze. Froh
darüber, wie selbstverständlich es geworden ist – das Hinüber und
Herüber –, hundert Jahre nach dem Schrecken des Ersten Weltkriegs:
im Elsass wohnen und in Kehl arbeiten, in Straßburg einkaufen, über
die Grenze heiraten. Sogar einen deutsch-französischen Cuvée haben
wir im letzten Jahr abgefüllt; stolz präsentieren ihn die Winzer auf
beiden Seiten des Rheins – was für ein Symbol!

Schon 1917 war die Sehnsucht nach Frieden groß: Friedenskirche
nannten die Menschen in Kehl deshalb ihre Kirche und schrieben
es mit großen Buchstaben an die Wand: »Selig sind, die Frieden stiften!« (Matthäus 5,9)

Aber der Weg zum Frieden war noch lang. Schnell wuchs der
Hass nach 1918 wieder. Die Glut der angeblichen Erbfeindschaft
ließ sich schnell wieder entfachen. Darauf kochte und brodelte ein
gefährliches politisches Süppchen. Es roch nach Abgrenzung und
schmeckte nach Vergeltung. Bald hieß es wieder: »Entweder du
gehörst zu uns oder du bist unser Feind!« Die alte Feindschaft war
noch mächtig, der Schoß noch fruchtbar – und schon kroch zwanzig Jahre später der nächste Krieg hervor: Wieder wurden die Brücken zerstört. Wieder starben Soldaten und noch mehr Zivilisten
auf beiden Seiten.

II

1945 war klar: Wer Frieden will, braucht Versöhnung! Versöhnung kommt nicht von selbst. Versöhnung gelingt nur, wenn einer den ersten Schritt tut, wenn *ich* den ersten Schritt tue. Das ist schwer – aber es ist möglich, weil Christus uns vorangeht und uns hinter sich herzieht auf diesem Weg der Versöhnung.

Wir hören Verse aus dem 2. Korintherbrief im 5. Kapitel, 17–20:

> Ist jemand in Christus, so ist er eine neue Kreatur; das Alte ist vergangen, siehe, Neues ist geworden. Aber das alles geht von Gott aus, der uns mit sich selber versöhnt hat durch Christus und uns das Amt gegeben, das die Versöhnung predigt. Denn Gott war in Christus und versöhnte die Welt mit sich selber und rechnete ihnen ihre Sünden nicht zu und hat unter uns aufgerichtet das Wort von der Versöhnung. So sind wir nun Botschafter an Christi statt, denn Gott ermahnt durch uns; so bitten wir nun an Christi statt: Lasst euch versöhnen mit Gott![29]

III

Zwei Menschen fallen sich in die Arme. Sie waren Feinde. Aber nun ist das Alte vergangen; siehe, Neues ist geworden. Durch Christus verändert sich die Welt. Angst und Misstrauen weichen. Wie Christus geht da eine Person mutig den ersten Schritt und öffnet ihre Arme. Und plötzlich entdeckt auch die andere im Feind den Bruder, die Schwester – und sie umarmen sich.

Colonel Léon Faye ist so einer! Mutig und zuerst öffnet er seine Arme – ohne Sicherheiten zu haben. 1943 wird er als Mitglied der Resistance hier in der Nähe verhaftet und von einem Militärgericht in Freiburg zum Tod verurteilt. Er wird in ein Konzentrationslager nach Ostdeutschland verschleppt und dort am 30. Januar 1945 gemeinsam mit 817 anderen Gefangenen umgebracht. Hinter einem Heizungsrohr in seiner Zelle fand sich ein Brief an seine Freunde:

---

29 2. Korinther 5,17–20; Luther 2017.

»Am 28. Juni wurde ich zum Tode verurteilt. Wenn ihr diesen Brief lest, werde ich nicht mehr am Leben sein. […] Liebe Freunde, vergesst, dass ich gestorben bin, und steht auf, bahnt den Weg in eine neue Zeit – hoffentlich in eine glücklichere Zeit. Wenn ihr den Weg der Rache wählt, werdet ihr es eines Tages bereuen. Wenn ihr aus meinem Leben, aus meiner Geschichte lernen wollt, dann bewahrt eure Kraft für etwas Besseres als Rache.«

Versöhnung statt Rache. Versöhnung wird möglich, wenn wir mit Christus in die verfeindeten Lager hineingehen. Da geraten wir zwischen die Fronten – wie Marcel Sturm[30]. Er trat ein für die Versöhnung, gegen die nationalistischen Töne auf beiden Seiten. Nur so weichen die Grenzen auf.

Christus lockt uns hinüber und herüber. Er erlaubt den Seitenwechsel, ja er fördert und fordert ihn. Die Konflikte sind damit nicht aus der Welt, aber sie erscheinen unter dem Kreuz in einem neuen Licht. Da lassen sich Brücken bauen und Grenzen überwinden. Da entdecken Menschen im Feind den Bruder und die Schwester. Da lassen sie sich nicht mehr gefangen nehmen von der Wut, die den anderen nur noch als Feind sieht, der keinen Namen, kein Gesicht und keine Familie hat, sondern öffnen ihre Arme – auch für den Feind!

IV

Frieden braucht Versöhnung. Versöhnung kommt nicht von selbst.

Wie bekommen Menschen Mut, ihre Arme zu öffnen? Welche Schritte führen uns heraus aus den Teufelskreisen des »Wir hier, ihr da« und des »Wie du mir, so ich dir«?

Die badische Landeskirche sucht Wege. Deutlicher als bisher will sie als *Kirche des gerechten Friedens* erkennbar werden. So ist ein Rüstungsatlas Baden-Württemberg entstanden, der zeigt, wo in unserer Region welche Waffen produziert und verkauft werden – und wo sie benutzt werden und Leid und Unheil bringen.

---

30 Marcel Sturm (*1.6.1905 in Mühlhausen, Elsass, †18.06.1950 in Baden-Baden) war französischer Militärpfarrer; er spielte nach 1945 für die deutsch-französische Aussöhnung eine wichtige Rolle.

Wir suchen das Gespräch mit Menschen, die in diesen Firmen arbeiten und diese Firmen leiten. Wir ermutigen sie dazu, ihre Produktion umzustellen und vor allem keine Waffen mehr zu exportieren. Wir wissen aus den Begegnungen mit unseren Partnerkirchen in Syrien, in Nigeria, in Kamerun: Je mehr Waffen ihnen zur Verfügung stehen, desto mehr setzen verfeindete Gruppen auf eigene Stärke und Gewalt. Je mehr Waffen ihnen zur Verfügung stehen, desto weniger suchen sie in Verhandlungen nach einer gemeinsamen Lösung. Wer Waffen produziert und verkauft, fördert den Krieg und erschwert die Versöhnung. Wer Frieden will, muss abrüsten und die Arme öffnen.

Deshalb engagieren wir uns für zivile Konfliktlösungen weltweit. Wir bieten Jugendlichen einen Freiwilligen Ökumenischen Friedensdienst an. Die deutsch-französische Versöhnung gelang, weil es viele Partnerschaften vor Ort gab und gibt und vor allem viele Begegnungen zwischen Jugendlichen. In unserem Freiwilligendienst erleben Jugendliche in ihrer Arbeit in Italien, in Nicaragua, in Israel und Palästina, wie Frieden durch Begegnung wächst. Durch ihre Arbeit werden sie mutiger: Sie trauen sich mehr zu, können sich in andere hineinversetzen, auch wenn sie ihnen ganz fremd sind. Sie wagen Schritte über die Brücke auf die anderen zu. Sie öffnen ihre Arme und erleben, wie Versöhnung und Frieden wachsen. Sie leben das Amt der Versöhnung, das Christus uns aufgetragen hat – und werden zu Botschafterinnen und Botschaftern des Friedens.

V

Zwei Menschen gehen aufeinander zu und umarmen sich. Die Feindschaft hat ein Ende. Das Alte ist vergangen; siehe, Neues ist geworden.

»Selig sind, die Frieden stiften!« (Matthäus 5,9) Christus nimmt uns mit auf seinen Weg. Er öffnet uns einen weiten Horizont; wir sehen die Folgen von Krieg und Gewalt, die Profiteure und die Opfer. Wir erleben, wie Christus Brücken baut: durch Menschen wie Marcel Sturm und Colonel Léon Faye, durch die jungen Frauen und Männer im Friedensdienst, aber auch durch viele von Ihnen in Initiativen und in unseren Gemeinden. Wir vertrauen uns ihm an und lassen uns mitreißen: *Lasst euch versöhnen mit Gott – so werdet ihr Frieden finden für eure Seelen und Frieden schaffen unter den Menschen!*

Deutsch-französischer Gottesdienst zum Ende des Ersten Weltkriegs vor hundert Jahren in der Friedenskirche in Kehl am 15.7.2018. Der Gottesdienst wurde vom ZDF übertragen.

Loslassen und die Fülle entdecken

Predigt zur Aussendung in den Freiwilligen Ökumenischen Friedensdienst – Matthäus 9,35–10,10

> Und Jesus ging ringsum in alle Städte und Dörfer, lehrte in ihren Synagogen und predigte das Evangelium von dem Reich und heilte alle Krankheiten und alle Gebrechen. Und als er das Volk sah, jammerte es ihn; denn sie waren geängstet und zerstreut wie die Schafe, die keinen Hirten haben. Da sprach er zu seinen Jüngern: Die Ernte ist groß, aber wenige sind der Arbeiter. Darum bittet den Herrn der Ernte, dass er Arbeiter in seine Ernte sende.
>
> Und er rief seine zwölf Jünger zu sich und gab ihnen Macht über die unreinen Geister, dass sie die austrieben und heilten alle Krankheiten und alle Gebrechen. Die Namen aber der zwölf Apostel sind diese: zuerst Simon, genannt Petrus, und Andreas, sein Bruder; Jakobus, der Sohn des Zebedäus, und Johannes, sein Bruder; Philippus und Bartholomäus; Thomas und Matthäus, der Zöllner; Jakobus, der Sohn des Alphäus, und Thaddäus; Simon Kananäus und Judas Iskariot, der ihn verriet.
>
> Diese Zwölf sandte Jesus aus, gebot ihnen und sprach: Geht nicht den Weg zu den Heiden und zieht nicht in eine Stadt der Samariter, sondern geht hin zu den verlorenen Schafen aus dem Hause Israel. Geht aber und predigt und sprecht: Das Himmelreich ist nahe herbeigekommen. Macht Kranke gesund, weckt Tote auf, macht Aussätzige rein, treibt Dämonen aus. Umsonst habt ihr's empfangen, umsonst gebt es auch. Ihr sollt weder Gold noch Silber noch Kupfer in euren Gürteln haben, auch keine Tasche für den Weg, auch nicht zwei Hemden, keine Schuhe, auch keinen Stecken. Denn ein Arbeiter ist seiner Speise wert.[31]

Was nehmen Sie mit, liebe FÖFler, wenn Sie in ein paar Tagen aufbrechen? Was wollen Sie, liebe Teamer, Eltern und Verwandte, Geschwister, Freundinnen und Freunde Ihren jungen Leuten mitgeben?

---

31 Matthäus 9,35–10,10; Luther 2017.

Für mich heißt die Überschrift über die Aussendungsgeschichte, die wir gerade gehört haben: Loslassen und die Fülle entdecken!

I

»*Die Ernte ist groß!*« (Matthäus 9,37) Es ist so viel da, wenn wir uns in diesen Tagen umschauen: Sträucher mit Johannisbeeren und Stachelbeeren, Salatköpfe und Kohlrabi, Lupinen und Margeriten, Bäume im vollen Laub. Die Marktstände sind prall gefüllt! Was für eine Ernte!

Und auch bei euch selbst: Ihr bringt so viel mit – von zu Hause, aus der Familie, aus der Schule, aus den ersten Semestern. Ihr seid reich beschenkt, das spürt man euch ab: Ihr habt viel Selbstvertrauen und könnt offen und neugierig, ohne große Angst, auch auf die Unsicherheiten zugehen, die da auf euch zukommen. Und wie ihr miteinander umgeht, das ist auch so ein Schatz: Ihr müsst nicht immer noch ein Haar in der Suppe finden; nicht immer besser als die anderen sein; ihr seht Fremdheit und Unterschiede als Herausforderung, aber auch als Bereicherung. So macht ihr euch auf: voller Gaben und Kraft. Die Ernte ist groß!

»*Die Ernte ist groß!*« (Matthäus 9,37) Das ist aber auch eine Verheißung. Denn Jesus schickt seine Freundinnen und Freunde in Gebiete, die sie noch nicht kennen. Da wird es anders sein. Sie müssen manches loslassen, zurücklassen, so wie ihr das auch tut: Freundschaften, die Familie, Ansehen, das man schon erreicht hat, Liebgewordenes. Jesus sagt euch: »Ihr werdet es erleben. Die Ernte ist groß!« Ihr werdet da viel finden, das euch bereichert, das ihr teilen könnt, um miteinander gut zu leben, um spannende Erfahrungen zu machen und zu erleben: Ihr könnt Gottes neue Welt ausbreiten, Ihr habt die Möglichkeiten, die Kraft, die Macht dazu. Ihr könnt die Fülle ernten, die Gott schenkt, und damit die Welt verändern!

II

Was sollen die Arbeiter tun? Die Ernte austeilen, weitergeben, was Gott schenkt. Das ist Essen und Trinken, wie es die Geschichten von der Speisung der Fünftausend erzählen. Wo wir erleben, dass am

Ende mehr als genug da ist, auch wenn zwei Fische und fünf Brote als viel zu wenig erschienen.

Das ist aber vor allem Barmherzigkeit, Frieden und Gerechtigkeit, die Gott gibt. Jesus zieht durch das Land und teilt aus dieser Fülle aus, die Gott uns schenkt. Es jammert ihn, wenn er das Elend sieht. Er hilft den Menschen auf: Heilt, teilt, tröstet, sättigt, macht Mut, bildet. Es ist genug für alle da, die Ernte ist groß! Also ruft er: »Kommt her zu mir, alle, die ihr mühselig und beladen seid, ich will euch erquicken.« (Matthäus 11,28)

Ja, das widerspricht unserer normalen Logik in Wirtschaft und Politik. Da heißt es immer: Die Ernte ist knapp; es ist immer zu wenig da! Deshalb muss jeder und jede zuerst an sich denken: mein Land zuerst, mein Unternehmen, mein Wirtschaftswachstum, meine Finanzen.

Gott wirtschaftet anders: »Die Ernte ist groß! Lasst los und ihr werdet erleben, wie reich und schön und gut das Leben ist!« Das ist der Grundton des christlichen Lebens. Mit dieser Zusage im Ohr senden wir euch aus. Mit dieser Botschaft im Herzen brecht ihr auf: nach Rumänien und Paraguay, nach Mexiko und Israel und Palästina, nach Italien, Argentinien und Costa Rica. Ihr werdet entdecken, was es dort alles zu ernten gibt. Was Gott Menschen anvertraut, euch und anderen, hier und da. Manches werdet ihr nicht auf den ersten Blick als Gabe erkennen, manches wird euch auch noch auf den zweiten Blick irritieren, aber vielleicht wird es euch später einmal wichtig werden.

III

Jesus sendet seine Jünger gemeinsam aus. Es ist schön, dass die meisten von euch zusammen in eine Region kommen. Das Miteinander stärkt und hilft mit dem umzugehen, was vielleicht schwer wird. Aber zugleich hat Jesus jeden Einzelnen im Blick: Jeder hat einen Namen. Mit jedem Namen verbindet sich eine Geschichte und wichtige Beziehungen: Eltern, Brüder und Schwestern, Berufe, auch Erfahrungen mit Scheitern und Grenzen. Petrus wird als Erster genannt; am Ende sagt er voll Angst: »Ich kenne diesen Jesus nicht!« (Vgl. Matthäus 26,72) Judas ist dabei; er wird Jesus verraten – und doch wird auch er in die Arbeit gesendet. Matthäus, der Zöllner, hat mit der Besatzungsmacht kollaboriert und sich auf Kosten seiner Mitmenschen bereichert.

In die Ernte werden keine Übermenschen ohne Fehler und Schwächen gesandt. Nicht nur die Glatten, Schönen, Schlauen, Selbstoptimierten, die auch moralisch immer »tipptopp« sind. Gott traut jedem Menschen zu, in der Ernte mitzuarbeiten. Das einzubringen, was er oder sie eben einbringen kann. Die Arbeiter sind laut und stark und mutig, aber manchmal auch kleinlaut und feige und müde. Sie wollen etwas erreichen, aber manchmal verzweifeln sie auch an einer Situation und vermochten es nicht, was sie tun wollten. Wir wissen, dass sie sich manchmal uneins waren und um die besten Plätze und Anerkennung gestritten haben. Aber sie verlieren ihren Auftrag nicht aus den Augen: zu ernten und auszuteilen, was Gott unserer Welt schenkt. Damit Menschen neuen Mut bekommen; damit auch diejenigen, die nicht für sich selbst sorgen können, ein menschenwürdiges Leben führen können und ihre Hoffnung bewahren; damit ein friedliches Zusammenleben auch in Konflikten gelingt.

So bauen die Ausgesendeten, ihr und auch wir, die hier in unseren Alltag gesandt sind, so bauen wir zusammen eine Kirche, in der wir einander brauchen: Starke und Schwache, Fromme und Zweifelnde, Vorsichtige und Schnelle, Flotte; eine inklusive Gemeinschaft!

IV

Was bewirkt die Arbeit in der Ernte? Sie überwindet Grenzen! Die Aussätzigen, die außen vor sind, gehören wieder dazu. Der Tod verliert seine Macht. Die bösen Geister haben keinen Einfluss mehr.

Deshalb geht ihr als Erntehelferinnen und Erntehelfer gerade zu denen, die am Rande stehen, mit denen damals, aber oft auch heute, »normale« Menschen wenig Kontakt haben. Das ist eine Hilfe und Chance für die Menschen, für die ihr da seid. Es ist aber auch eine große Chance für euch, Grenzen neu auszuloten: Grenzen der Bildung, der Kleidung, der Einstellung, der Herkunft. In unerwarteten Begegnungen werdet ihr euch selbst neu entdecken, aber auch andere neu sehen. Viele Grenzen werden nicht verschwinden, aber vielleicht, hoffentlich werden sie durchlässiger und menschenfreundlicher und öffnen sich Richtung Himmelreich, wie Jesus es uns verheißen hat.

Das Sortieren in Richtig oder Falsch, Gut oder Böse, »Du gehörst zu uns« und »du nicht«, verliert seine Eindeutigkeit. Das macht das Leben nicht unbedingt einfacher, aber es ist gerade heute besonders wichtig, wo wir erleben, dass solches Sortieren bewusst eingesetzt wird, um Menschen gegeneinander aufzuhetzen, um die eigene Macht zu stärken.

V

Am Ende steht das große »Umsonst«! »*Umsonst habt ihr's empfangen, umsonst gebt es auch!*« (Matthäus 10,8) Wo Leben gedeiht, empfangen wir umsonst: Von unseren Eltern, von unseren Freundinnen und Freunden, in der Liebe. Am Anfang des Lebens und dann hoffentlich auch am Ende wird nicht gerechnet! Auf dieses »Umsonst« sind wir angewiesen, wenn wir nicht für uns selbst sorgen können, aber im Grunde jeden Tag. Unser »Umsonst« gründet in dem großen »Umsonst«, mit dem Gott für uns sorgt. Das wir in den Momenten erleben, in denen wir glücklich sind, weil wir einfach geliebt, geschätzt, getragen sind.

Da ist die Logik des Tauschens überwunden. Da ist der Druck verschwunden, der sich aufbaut, wo gegeben wird, um zu empfangen. »Ihr habt Gottes Güte umsonst empfangen; nun gebt ihr es auch umsonst und achtet nicht auf Gold, Silber und Kupfer, auf Schuhe und Hemden in der Reisetasche, sondern gebt, weil Gott genug gibt.« (Vgl. Matthäus 10,9–10)

Also brecht auf und lasst los! Der Verzicht, den Jesus seinen Freundinnen und Freunden zumutet, führt in die Freiheit und stärkt den Lebensmut. Ihr werdet neue Erfahrungen machen, die euch durchs Leben tragen werden. Die Ernte ist nicht knapp, sie wächst, wenn sie großzügig ausgeteilt wird. In Gottes gerechter neuer Welt ist genug da, für euch und für die anderen.

Aussendungsgottesdienst für den Freiwilligen Ökumenischen Friedensdienst (FÖF) in der Martinskirche in Berghausen am 21.7.2019.

Gottes Ja ist kräftiger als unser Nein!

Predigt zum Rittertag des Johanniterordens –
Matthäus 15,21–28

Liebe Festgemeinde,
Wichtiges ereignet sich oft in Grenzgebieten. Auf der Suche nach
dem richtigen Weg helfen Grenzgänge die Perspektiven auf die Welt
zu klären und das Gottvertrauen zu stärken. An den Grenzen und in
den Grenzgebieten bewährt sich die Freiheit der Christenmenschen,
ihre Bindung an Gott und ihre Weltverantwortung. Das erleben wir
auch in diesen Tagen, in denen viele Menschen fliehen und Grenzen überwinden, um frei zu werden von Verfolgung, um sicher zu
leben und Zukunft und Hoffnung zu gewinnen.

Sie haben als Ordensgemeinschaft viele Erfahrungen mit dem
Leben in Grenzgebieten und an den Grenzen. Ganz früh im Heiligen
Land, in Malta. Aber vielleicht verlaufen die wichtigen Grenzen nicht
geografisch, sondern sie fordern uns geistig und geistlich heraus. So
wie in der Krankenpflege. Und grundsätzlich: Wie passen die Selig-
preisungen Jesu in unsere Zeit? Was bedeuten ritterliche Tugenden
heute, was heißt Nächstenliebe?

I

Der Predigttext führt uns in ein Grenzgebiet. Jesus ist im heutigen Libanon unterwegs. Wie damals leben dort auch heute viele
unterschiedliche Menschen zusammen: orthodoxe und römisch-
katholische Christinnen und Christen, verschiedene protestanti-
sche Konfessionen, Drusinnen und Drusen, Musliminnen und Muslime unterschiedlicher Konfession, Alawitinnen und Alawiten, auch
Jüdinnen und Juden. Der Libanon war und ist Grenzgebiet; heute
leben hier vier Millionen Einwohner und fast zwei Millionen Menschen, die aus Syrien geflohen sind.

Jesus im Grenzgebiet. Ich lese aus dem Matthäusevangelium im
15. Kapitel, die Verse 21–28:

Und Jesus ging weg von dort [Galiläa] und zog sich zurück in die Gegend von Tyrus und Sidon. Und siehe, eine kanaanäische Frau kam aus diesem Gebiet und schrie: Ach Herr, du Sohn Davids, erbarme dich meiner! Meine Tochter wird von einem bösen Geist übel geplagt. Und er antwortete ihr kein Wort. Da traten seine Jünger zu ihm, baten ihn und sprachen: Lass sie doch gehen, denn sie schreit uns nach. [Es kann auch übersetzt werden: Stell sie zufrieden.] Er antwortete aber und sprach: Ich bin nur gesandt zu den verlorenen Schafen des Hauses Israel.

Sie aber kam und fiel vor ihm nieder und sprach: Herr, hilf mir! Aber er antwortete und sprach: Es ist nicht recht, dass man den Kindern ihr Brot nehme und werfe es vor die Hunde. Sie sprach: Ja, Herr; aber doch fressen die Hunde von den Brosamen, die vom Tisch ihrer Herren fallen. Da antwortete Jesus und sprach zu ihr: Frau, dein Glaube ist groß. Dir geschehe, wie du willst! Und ihre Tochter wurde gesund zu derselben Stunde.[32]

II

Im Grenzgebiet begegnet Jesus einer Grenzgängerin. Wo gehört sie hin? Sie ist eine Fremde, sie ist nicht jüdisch. Und doch spricht sie Jesus genau auf ihre Zugehörigkeit und Verbundenheit mit ihm an: Sie nennt ihn »Kyrios«. Kyrios, erbarme dich meiner! Kyrios, hilf mir!

In unseren Bibeln übersetzen wir Kyrios normalerweise mit »Herr«. Dann ziehen wir den Hut und gewinnen Distanz. Ein Herr tritt mir vor Augen mit Autorität und Gewicht.

Im Kyriosruf steckt aber mehr. In der Bezeichnung »Kyrios« klingt die Ökonomie des ganzen Hauses an. Da ist der Vorstand des Hauses zugleich derjenige oder diejenige, auf den oder die sich die anderen verlassen können, der oder die sie schützt, versorgt, verantwortlich für sie ist. Wer damals »Kyrios« sagt, spricht seinen »Herrn« auf seine Verantwortung an. Wer zu seinem Kyrios schreit, knüpft an eine Beziehung an, die beide Seiten bindet; nimmt eine Verbindung auf, die eng ist und innig. Wir sind eine wechselseitig verpflichte Gemeinschaft, wir gehören zusammen: »Ich verlasse mich auf dich! Ich bin dein!«

---

32 Matthäus 15,21–28; Luther 1984.

III

Das ist ja eine der Erfahrungen der letzten Monate. Da kommen Menschen und vertrauen darauf, dass wir sie als Menschen behandeln. Dass wir ihnen so begegnen, wie sich Geschöpfe begegnen, die in aller Unterschiedlichkeit einander verbunden sind; die trotz eines aktuellen Gefälles – »Wir sind hier schon lange zu Hause, wir sind wohlhabend« –, die trotz all dem zueinander gehören. Sie vertrauen darauf, dass wir ihre Not sehen und das tun, was der barmherzige Samariter getan hat. Zupacken, helfen, tun, was möglich ist.

Und noch einmal geht es in der Geschichte um eine enge Zugehörigkeit: Die kanaanäische Frau schreit um Hilfe, nicht für sich, sondern für ihre Tochter, die erkrankt ist, schwer erkrankt, unheilbar erkrankt. Die Mutter schreit für die Tochter, die so vom bösen Geist geplagt wird, dass sie selbst nichts mehr tun kann. Wieder geht es um Zugehörigkeit: Die Mutter steht ein für die Tochter, weil der böse Geist sie beide, die Familie zu zerstören droht. Die Mutter ruft: »Erbarme dich meiner, hilf mir«, weil sie und ihre Tochter im gleichen Leid gefangen sind.

In Karlsruhe lebt in einer Unterkunft eine junge syrische Frau mit ihren beiden Töchtern und ihrem Mann. Sie ist selbst in Sicherheit, aber sie vergeht fast vor Angst um ihre beiden 16 und 17 Jahre alten Schwestern, die allein zurückgeblieben sind in Damaskus. Wie wird das gehen? Kyrios, erbarme dich meiner!

IV

Jesus reagiert zunächst gar nicht. Er bleibt stumm. Mich irritiert das jedes Mal wieder, wenn ich diese Geschichte lese. Warum reagiert Jesus nicht? Warum hält er es nicht einmal für nötig zu antworten?

Weil das Geschrei der Frau sie belästigt, drängen die, die mit Jesus unterwegs sind, ihn zu reagieren: »Schick sie weg oder stell sie zufrieden, aber tu etwas, damit das Geschrei ein Ende hat.« Erst auf dieses Drängen äußert Jesus sich: »*Ich bin nur gesandt zu den verlorenen Schafen des Hauses Israel.*« (Matthäus 15,24)

Heißt das, auch Jesus sichert seine Identität durch Abgrenzung? Keine Hilfe für Fremde? Plötzlich erinnert er an Meldungen der letzten Wochen. Ein bisschen überfordert, zögerlich und unsicher und fast ein bisschen entschuldigend: »Ich habe schon genug damit zu tun, mich um die Leiden und die Not in Israel und Galiläa zu kümmern, ich kann mich nicht um alle Not der Welt kümmern. Mein Auftrag ist begrenzt!«

V

Doch die Frau lässt nicht lockern. Hier im Grenzland muss sich klären, worauf wir hoffen und vertrauen dürfen. Jetzt muss sich zeigen, dass Gott mehr für uns tut, als wir erwarten.

»Sie aber kam und fiel vor ihm nieder und sprach: Kyrios, du, zu dem ich gehöre, hilf mir!« (Vgl. Matthäus 15,25) Da zieht Jesus die Grenze noch schärfer. *»Es ist nicht recht, dass man den Kindern ihr Brot nehme und werfe es vor die Hunde.«* (Matthäus 15,26)

Jesus ist klar und hart. Die Hunde – mit diesem Wort beschimpften die jüdischen Menschen in Galiläa die kanaanäischen Menschen, die Bewohner der Küstenstädte. Warum? Weil sie Geld hatten und Macht. Und wenn nötig kauften sie überall in Galiläa das Getreide und das Brot auf – und oft genug mussten die Armen im galiläischen Bergland dann hungern. Hart und klar stellt sich Jesus auf die Seite seiner Armen.

Luther hat zu dieser Stelle gesagt: »Christus stellt sich hier so, wie es unser Herz fühlt. Es meint, es sei lauter Nein da.« Nein, das können wir nicht schaffen. Nein, ich bin zunächst mal meinem Volk verpflichtet. Nein, wir müssen uns beschränken, klare Grenzen benennen: So viele können wir aufnehmen, mehr nicht!

VI

Doch die Frau gibt immer noch nicht auf. »Sie sprach: Ja, Kyrios, du, zu dem ich gehöre, das stimmt; aber doch fressen die Hunde von den Brosamen, die vom Tisch ihrer Herren, ihrer kyrioi, zu denen sie gehören, fallen.« (Vgl. Matthäus 15,27)

Ein Wortspiel, eine Veränderung des Bildes – und auf einmal öffnet sich ein neuer, ein weiter Horizont. Wir schauen hinein ins Reich der Himmel. Kommen wir vielleicht doch heraus aus den ewigen Verteilungskämpfen? Finden wir eine Alternative dazu, dass es immer nur für die einen oder für die anderen reichen kann?

Noch einmal Luther zu unserer Stelle: »Das Herz meint, es sei lauter Nein da, und ist doch nicht wahr.« Denn unter und über dem Nein liegt ein tiefes, heimliches, kräftiges Ja. Das gilt es zu fassen, so wie es »dies Weiblein tut«.

»Frau, dein Glaube ist groß. Dir geschehe, wie du willst! Und ihre Tochter wurde gesund zu derselben Stunde.« (Matthäus 15,28)

Das eine große Ja Gottes reißt den Himmel auf und zeigt uns: Die Liebe wächst und wird mehr, wenn wir sie teilen. Das hat Jesus kurz vorher bei der Speisung der Fünftausend mit fünf Broten und zwei Fischen gezeigt: dass Gott uns so reichlich austeilt, dass wir alle gemeinsam aus der Fülle leben können, – und noch genug bleibt, um es weiterzugeben an die, die zu Hause geblieben sind!

Das ist die Entdeckung im Grenzland. Im Vertrauen auf Gottes Gnade kommen wir heraus aus den Verteilungskämpfen und entdecken: Was Gott uns schenkt, reicht auch für die Geringsten unter unseren Geschwistern. Das tiefe, heimliche Ja Gottes ist kräftiger als alle unsere Neins.

VII

Wir feiern gleich Abendmahl miteinander und lassen uns durch Gott stärken. Auf vielen Abendmahlsbildern, im Kloster Einsiedeln oder in der Kirche San Francesco in Assisi ist ein Hund neben oder unter dem Abendmahlstisch zu sehen. Achten Sie mal darauf. Er frisst die Brosamen, manchmal hat er sogar einen eigenen Napf. Und lassen Sie sich an die kanaanäische Frau erinnern, die mit Jesus im Grenzgebiet des Libanon um den Glauben gerungen und unser Gottvertrauen gestärkt hat. Am Tisch Christi gibt es Brot für alle, für Sie und mich und für alle, die bei uns Zuflucht suchen.

Gottesdienst am Rittertag des Johanniterordens in Blaubeuren am 27.9.2015.

Von der Kraft des gemeinsamen Glaubens

Predigt zum Semesterbeginn – Markus 2,1–12

Und nach einigen Tagen ging Jesus wieder nach Kapernaum; und es wurde bekannt, dass er im Hause war. Und es versammelten sich viele, sodass sie nicht Raum hatten, auch nicht draußen vor der Tür; und er [Jesus] sagte ihnen das Wort. Und es kamen einige zu ihm, die brachten einen Gelähmten, von vieren getragen. Und da sie ihn nicht zu ihm bringen konnten wegen der Menge, deckten sie das Dach auf, wo er war, machten ein Loch und ließen das Bett herunter, auf dem der Gelähmte lag. Als nun Jesus ihren Glauben sah, sprach er zu dem Gelähmten: Mein Sohn, deine Sünden sind dir vergeben.

Es saßen da aber einige Schriftgelehrte und dachten in ihrem Herzen: Wie redet der so? Er lästert Gott! Wer kann Sünden vergeben als Gott allein? Und Jesus erkannte sogleich in seinem Geist, dass sie so bei sich selbst dachten, und sprach zu ihnen: Was denkt ihr solches in euren Herzen? Was ist leichter, zu dem Gelähmten zu sagen: Dir sind deine Sünden vergeben, oder zu sagen: Steh auf, nimm dein Bett und geh umher? Damit ihr aber wisst, dass der Menschensohn Vollmacht hat, Sünden zu vergeben auf Erden – sprach er zu dem Gelähmten: Ich sage dir, steh auf, nimm dein Bett und geh heim! Und er stand auf, nahm sein Bett und ging alsbald hinaus vor aller Augen, sodass sie sich alle entsetzten und Gott priesen und sprachen: Wir haben so etwas noch nie gesehen.[33]

Liebe Universitätsgemeinde,
»Und es versammelten sich viele, sodass sie nicht Raum hatten, auch nicht draußen vor der Tür.« (Markus 2,2) Das klingt nach einer vollen Vorlesung, wo alles dicht gedrängt sitzt und manchmal auch steht. Wo es von Kommilitonen und Kommilitonen heißt: »Die musst du hören.« Wer sicher rein will und einen guten Platz haben möchte,

---

33 Markus 2,1–12; Luther 1984.

kommt früh und fährt auch mal die Ellenbogen aus. Schließlich geht es um etwas: um gute Bildung und damit hoffentlich auch um gute Aussichten für später.

I

Die Hauskirche von Simon und Andreas in Kapernaum ist voll, weil die Menschen Jesus hören wollen. Sie trauen ihm einiges zu: gute, hilfreiche Worte, Orientierung, Heilung. Sie stehen gedrängt, dicht an dicht. Für die, die zu spät kommen, für die, die keine kräftigen Ellenbogen haben, ist kein Durchkommen mehr. Nicht einmal draußen vor der Tür ist noch Platz.

Die Plätze sind knapp; auch das ist eine Botschaft. Das lernt sich und prägt sich ein: »Wir waren immer zu viele.« »Du musst um deinen Platz kämpfen: früh aufstehen, dich geschickt einfädeln, auch mal die Ellenbogen ausfahren.«

Wie passen diese Zugangsbeschränkungen, wie passt diese Situation vor der Tür zu dem, was im Haus geschieht und was Jesus redet? »Das Reich Gottes ist nahe herbeigekommen! Tut Buße und glaubt an das Evangelium!« (Markus 1,15) *Eine neue Welt ist möglich!*

Für wen gilt das? Wer gehört dazu? Wer darf rein und wer muss draußen bleiben?

II

Da kommen fünf Männer und machen die Probe aufs Exempel. Der eine ist gelähmt. Eigentlich gehört er gar nicht hierher, denn er hat da, wo es wichtig wird, nichts zu suchen. Wo Gottesdienst gefeiert oder politisch entschieden wird, wo es um Produktivität und Kreativität, um Erfolg und Zukunft geht, da ist für einen Gelähmten kein Platz. »Was willst du hier?«

Aber der Gelähmte hat Kraft und gute Kontakte. Vielleicht wie in dem Film »Ziemlich beste Freunde«, wo der Gelähmte reich ist und sich Unterstützung kaufen kann. Jedenfalls hat er vier Menschen dazu gebracht, mit ihm aufzubrechen, ihn zu tragen und für ihn einzutreten: »*Und es kamen einige zu ihm, die brachten einen Gelähmten, von vieren getragen.*« (Markus 2,3)

Von den vieren wissen wir noch weniger. War nur einer mit ihm befreundet und hat die anderen um Hilfe gebeten? Fühlten sich die vier dem Gelähmten aus irgendwelchen Gründen verpflichtet? Auf jeden Fall müssen sie kräftig gewesen sein und vor allem einig und mutig. Denn einer allein hätte den Gelähmten wohl nicht aufs Dach gebracht. Als klar war, es gibt keinen Weg durch die Türe, haben sie sich damit nicht abgefunden: Sie stiegen mit der Trage auf das Flachdach, sie hackten und kratzten, sie brachen ein Loch in das Dach. Wahrscheinlich rieselte nicht nur Staub auf Jesus und seine Zuhörerinnen und Zuhörer, sondern es fielen auch Lehm- und Holzbrocken herunter. Die unten waren bestimmt nicht begeistert, eher empört, auf jeden Fall erstaunt; sie schauten nach oben, in den offenen Himmel, zu den vier Freunden mit dem Gelähmten. Die vier oben waren ein gutes Team, denn es war bestimmt nicht leicht, die Trage durch das Dach nach unten zu lassen, ohne dass sie kippte. Aber es gelang!

III

Die Schwelle ist überwunden, die draußen vor waren, sind drin, der Gelähmte liegt vor Jesus. »*Als nun Jesus ihren Glauben sah, sprach er zu dem Gelähmten: Mein Sohn, deine Sünden sind dir vergeben.*« (Markus 2,5) Was hat Jesus da gesehen, als er ihren Glauben sah?

Der Glaube findet sich nicht mit Grenzen ab. Auf die Idee muss man erst einmal kommen, das Dach aufzubrechen! Sich nicht auf die Tür fixieren, auf die anderen, die den Weg versperren, sondern das Ganze anschauen, das System, die Möglichkeiten entdecken. Dazu muss man anderen manchmal mutig aufs Dach steigen. Die Menschen im Haus haben sich bestimmt geärgert über den Schmutz, der herabfällt. Es war doch alles gut und bequem, bevor das Dach aufgebrochen wurde. Da war klar, wer drinnen und wer draußen, wer stark und wer schwach ist. Und dass sich manche Probleme nicht lösen lassen, das ist halt so!

Aber der Glaube sieht schon die neue Welt Gottes und macht Mut, aufzubrechen, bricht das Dach auf, eröffnet neue Perspektiven. Das Semester beginnt. Bildung ist mehr als Anhäufung und Reproduktion von Wissen. Es geht um forschendes Lernen, um

Kreativität bei der Lösung von Problemen. Der Glaube ist eine Kraft, die dazu ermutigt, auch ungewohnte und ungewöhnliche Wege zu gehen. Er starrt nicht wie gebannt auf die Lähmung, sondern sieht den Gelähmten schon wieder laufen.

Über Jesus ist ein Loch im Dach, ein Aufbruch zum Himmel. *»Deine Sünden sind dir vergeben«* (Markus 2,5) – eigene und fremde Festschreibungen, eingefahrene Strukturen und Systeme verlieren ihre Macht. Nichts hält uns fest: ein neuer Start, ein neues Semester. Die Türen ins Freie sind weit geöffnet.

IV

Der Glaube braucht die anderen. Viele Heilungsgeschichten sind mit dem Satz verbunden: *Dein* Glaube hat dir geholfen. Hier sieht Jesus *ihren gemeinsamen* Glauben: Es ist der Glaube des Gelähmten und der der vier Freunde, der den Raum der Freiheit und der Zukunft aufbricht. Es ist der gemeinsame Glaube, der Bewegung in die Geschichte bringt und die Lähmungen überwindet. Diese Glaubensgemeinschaft bildet den Kern der Kirche und macht sie stark: Ich gehöre in den Glauben der anderen hinein und trage diese in meinem Gottvertrauen mit. Mein Glaube ist meine ganz persönliche Herzenssache, aber deswegen noch lange keine Privatsache. Niemand glaubt für sich allein. Vielmehr lebt mein Glaube davon, dass die anderen mich in meinem Glauben tragen; in den Situationen des Zweifels, der Einsamkeit, des Ungenügens; in dem Erschrecken über unsere Ohnmacht angesichts von Terror, von Atomwaffen, von Bürgerkriegen und Klimawandel. Wir sind wechselseitig in unserer Hoffnung aufeinander angewiesen wie der Gelähmte auf den Glauben und den Beistand seiner Träger. Damit die Lähmung verschwindet, brauche ich die anderen, das Gespräch, den Austausch, ihren Glauben, der mich mitnimmt, ihre Hoffnung, die mich hineinzieht in die neue Welt Gottes, ihre Liebe, die mich in Bewegung bringt und handlungsfähig macht. Wir leben aus dem Glauben der anderen.

Der Glaube entfaltet seine Kraft in der Gemeinschaft. So wie es eine große Stärke der Universität ist, das Ganze im Blick zu haben; wie sie die einzelnen Disziplinen dabei stört, mit sich selbst zufrieden zu sein, sondern sie ermutigt, ja zwingt, sich aneinander zu reiben, aber auch gemeinsam zu tragen und die großen Probleme durchs geöffnete Dach in eine neue Perspektive zu rücken. Ich bin sehr froh, dass wir mit der Evangelischen Theologie da mittendrin sind.

V

Als der Kranke vor Jesus auf seiner Trage liegt und als die vier Träger von oben durchs Dach herunterschauen, sagt Jesus: »*Deine Sünden sind dir vergeben.*« (Markus 2,5) Einige dachten damals in ihrem Herzen: »*Wie redet der so? Er lästert Gott! Wer kann Sünden vergeben als Gott allein?*« (Markus 2,7) Andere haben sich wahrscheinlich wie wir heute gefragt: »Ja, das ist schön gesagt. Aber es gibt so viele gegenteilige Erfahrungen. Wie viele bleiben gelähmt? Wie viele müssen weiterleben in den Schrecken von Bürgerkrieg und Gewalt, von Hunger und Verachtung?«

Jesus spürt die Widerstände und Zweifel und fragt zurück: »*Was ist leichter, zu dem Gelähmten zu sagen: Dir sind deine Sünden vergeben, oder zu sagen: Steh auf, nimm dein Bett und geh umher?*« Was ist leichter? »*Damit ihr aber wisst, dass der Menschensohn Vollmacht hat, Sünden zu vergeben auf Erden – sprach er zu dem Gelähmten: Ich sage dir, steh auf, nimm dein Bett und geh heim!*« (Markus 2,7–9)

Das Reich Gottes ist nahe herbeigekommen. Es verändert uns und unsere Welt schon hier und jetzt – und zieht uns zugleich in Gottes neue Wirklichkeit, die uns noch voraus liegt, in der kein Leid, kein Geschrei und kein Schmerz mehr sein werden. Beides gehört zusammen, beides verweist aufeinander.

Mit dem Wort für das Aufbrechen des Daches wird im Griechischen auch das Ausheben eines Grabes bezeichnet. So verweisen das Haus mit dem aufgebrochenen Dach und der Gelähmte, der aufrecht und frei aus diesem Haus geht, auf beides: auf unsere kleinen und großen Erfahrungen von Rettung, von kreativem und mutigem »den Glauben ins Leben ziehen« – und auf die Zukunft Gottes, die auf uns zukommt und Leben in Fülle verspricht. »*Wir haben so etwas noch nie gesehen.*« (Markus 2,12)

Semestereröffnungsgottesdienst in der Peterskirche in Heidelberg am 22.10.2017.

Gottes Bewegung des Friedens aufnehmen!

Predigt zum Gedenken an die Eröffnung des
Konstanzer Konzils 1414 – Micha 4,1–5

In den letzten Tagen aber wird der Berg, darauf des HERRN Haus ist, fest
stehen, höher als alle Berge und über die Hügel erhaben. Und die Völker
werden herzulaufen, und viele Heiden werden hingehen und sagen:
Kommt, lasst uns hinauf zum Berge des HERRN gehen und zum Hause
des Gottes Jakobs, dass er uns lehre seine Wege und wir in seinen Pfaden
wandeln! Denn von Zion wird Weisung ausgehen und des HERRN Wort
von Jerusalem. Er wird unter großen Völkern richten und viele Heiden
zurechtweisen in fernen Landen. Sie werden ihre Schwerter zu Pflugscharen und ihre Spieße zu Sicheln machen. Es wird kein Volk wider das
andere das Schwert erheben, und sie werden hinfort nicht mehr lernen,
Krieg zu führen. Ein jeder wird unter seinem Weinstock und Feigenbaum
wohnen, und niemand wird sie schrecken. Denn der Mund des HERRN
Zebaoth hat's geredet.
Ein jedes Volk wandelt im Namen seines Gottes, und wir wandeln im
Namen des HERRN, unseres Gottes, immer und ewiglich![34]

Liebe Festgemeinde,

»Wie wird Friede? Wer ruft zum Frieden, dass die Welt es hört, zu hören
gezwungen ist? dass alle Völker darüber froh werden müssen? [...] Nur das
Eine große ökumenische Konzil der Heiligen Kirche Christi aus aller Welt kann
[Gottes Friedenszusage] so sagen, dass die Welt zähneknirschend das Wort
vom Frieden vernehmen muss und die Völker froh werden.« (Dietrich Bonhoeffer)[35]

---

34 Micha 4,1–5; Luther 1984.
35 Dietrich Bonhoeffer (1934): Kirche und Völkerwelt, Rede auf der Fanö-
    Konferenz, 28. August 1934, in: DBW 13, S. 301.

Angesichts der Situation im Nahen Osten und in der Ukraine, in Afghanistan und Nigeria, in Mexiko und im Sudan ist dieser Ruf nach einem ökumenischen Konzil auch nach achtzig Jahren aktuell.

Zwanzig Jahre nach dem Beginn des Ersten Weltkriegs und fünf Jahre vor Beginn des Zweiten hoffte Dietrich Bonhoeffer 1934 auf ein Konzil. »Nit allein der Kirchen, Sunder ouch des richs und gemeines nuczes sachen«, wollte auch König Sigismund auf dem Konzil in Konstanz voranbringen.

Verständigung suchen, Interessen ausgleichen, gemeinsame Zukunftsperspektiven entwickeln – das war und ist der Sinn und das Ziel von christlichen Konzilien und Synoden. Sie nehmen die Bewegung Gottes in die Welt und für die Menschen auf und suchen nach Wegen für Frieden, Gerechtigkeit und Leben für alle. Sie versuchen, einen Vorschein der neuen Wirklichkeit Gottes schon heute in die Welt zu bringen, die der Prophet Micha verkündet: »*Es wird kein Volk wider das andere das Schwert erheben, und sie werden hinfort nicht mehr lernen, Krieg zu führen. Ein jeder wird unter seinem Weinstock und Feigenbaum wohnen, und niemand wird sie schrecken.*« (Micha 4,3–4)

Vier Aspekte von konziliaren Prozessen klingen für mich in dem Prophetenwort an.

I

Er beginnt mit einer Zeitangabe: »In den letzten Tagen!« Konzilien ereignen sich in der Zeit, aber sie sind zugleich von einem weiteren Zeithorizont bestimmt. Endzeitstimmung hat viele Konzilien geprägt, die Angst vor dem Weltuntergang. Die Pest wurde zum Zeichen für das nahende Ende, Endzeitpropheten hatten Zulauf.

Für den Glauben bleibt wichtig: Die Geschichte hat ein Ende und ein Ziel. Es gibt eine Zukunft Gottes, die auf uns zukommt. Sie ist noch nicht da, aber sie beeinflusst schon heute unser Leben. Sie verändert uns und richtet uns neu aus. Sie gibt uns Zuversicht: »*Ein jeder wird unter seinem Weinstock und Feigenbaum wohnen, und niemand wird sie schrecken. Denn der Mund des HERRN Zebaoth hat's geredet.*« (Micha 4,4)

Wir vertrauen darauf, dass Gottes Zusage gilt! Auch in Syrien, im Irak und in der Ukraine. Auch in Israel und Palästina. Auch für die Flüchtlinge, die zu Tausenden in Europa Schutz suchen müssen: »*Ein jeder wird unter seinem Weinstock und Feigenbaum wohnen, und niemand wird sie schrecken. Denn der Mund des HERRN Zebaoth hat's geredet.*« (Micha 4,4)

Zugleich unterscheidet diese Zeitangabe das Heute, unsere Gegenwart von dieser Zeit, in der Gottes Herrlichkeit für alle sichtbar wird. Das schützt davor, sich Bewegungen anzuvertrauen, die versprechen, selbst das Reich Gottes herbeiführen zu können. Und es macht realistisch: In Konstanz ging es nicht nur um hehre Ziele. Die Landesausstellung zeigt klar, welche Interessen damals am Werk waren und dass es auch um Macht und Geld ging. Sigismund wollte von einem legitimen Papst zum Kaiser gekrönt werden; er plante einen Kreuzzug des geeinten christlichen Abendlandes gegen die Osmanen. Gemeinschaft wurde beschworen und im internationalen und interkulturellen Austausch erlebbar. Doch diese Gemeinschaft blieb begrenzt auf das christliche Abendland; sie blieb Identität, die durch Abgrenzung gewonnen wird.

II

Heute leben wir in einer anderen, einer pluralen, multikulturellen und multireligiösen Situation. Eine konziliare Konfliktlösung aber scheint mir so aktuell und so notwendig wie 1414 und 1934. Denn nur wenn wir Wege finden, Konflikte *sine vi sed verbo,* das heißt nicht durch Macht und Gewalt, sondern durch Worte und durch sprachliche Verständigung zu lösen, nur wenn wir der konziliaren Konzeption eine Chance geben, gewinnen wir als Menschheit eine lebenswerte Zukunft.

Nur dann nehmen wir als Christinnen und Christen Gottes Verheißung ernst, die der Prophet uns als eine friedliche Wallfahrt der Menschen hin zu Gott vor Augen malt. Die Völker kommen freiwillig herzugelaufen, nicht weil sie dazu gezwungen werden. Sie laufen herzu, weil das, was da passiert, attraktiv für sie ist; weil das, was sich bei Gott ereignet, Zukunft eröffnet. Das Recht setzt sich durch und nicht die Macht. Männer und Frauen, Kinder und Alte, Schwache und Starke leben miteinander. Sie teilen, sodass alle satt werden und ein Dach über dem Kopf haben.

III

Damit bin ich beim dritten Aspekt: Was macht eine konziliare Lösung heute attraktiv? Was können die Kirchen – in aller Vorläufigkeit – heute dazu beitragen, dass Wege für friedliche, verbindliche und verbindende Konfliktlösungen gefunden werden?

Wichtig ist, wie wir als Kirchen selbst mit Konflikten umgehen. Das verkündigt! Das strahlt aus! Schauen wir auf das Konstanzer Konzil, so war die Verbrennung von Jan Hus vielleicht damals rechtlich korrekt. Die Menschen aber, vor allem in Böhmen, die auf Hus schauten und hofften, weil er sich intensiv bemühte, in der Nachfolge Christi zu leben, weil er über Reformen und über den Laienkelch nachdachte, alle die, die auf mehr Beteiligung und Gewissensfreiheit in der Kirche hofften, erlebten schon damals seinen Tod als Gewalttat und Unrecht und als Widerspruch gegen die Verkündigung des liebenden und Frieden stiftenden Vaters Jesu Christi. Die Verbrennung schüchterte sie ein, vergrößerte aber auch ihre Distanz und verstärkte ihr Streben nach einer grundlegenden Reformation. Wie wir mit Konflikten umgehen, verkündigt!

Dazu gehört auch, dass deutlich wird: Wir reden und handeln nicht um unseres eigenen Vorteils willen, sondern aus der Botschaft Christi heraus. Nach meinem Eindruck findet Papst Franziskus auch deshalb so viel Zustimmung in der Öffentlichkeit, weil er genau das deutlich macht: Seine geistlichen Impulse gründen nicht in einem kirchlichen Eigeninteresse, sondern leben aus dem Geist Christi und tragen die Zusage Gottes in die Welt: Friede auf Erden!

Unser Glaube macht uns frei, zu teilen. Viele in unseren Gemeinden öffnen sich in diesen Tagen für Flüchtlinge, die zu uns kommen. Sie heißen die Menschen willkommen, die vor dem Krieg geflohen sind oder von ihrem Weinstock und Feigenbaum verjagt wurden. Sie spenden Kleider, helfen beim Eingewöhnen, spielen mit den Kindern, geben Sprachunterricht. Damit ist noch kein neuer Weinstock gewachsen, keine neue Heimat unter einem Feigenbaum gefunden; aber manchmal ist ein erstes Ausruhen unter einem Apfelbaum möglich, ein Innehalten, ein Verschnaufen, ein Weinen – und manchmal auch ein Lachen.

IV

Ein letzter Aspekt: Um glaubwürdig zum Frieden in der Welt beizutragen, müssen wir als Kirchen selbst ein konziliares Miteinander leben. Dazu gehört, dass wir um unsere Unterschiede wissen, z. B. im Abendmahlsverständnis oder im Verständnis des Amtes. Dass wir miteinander in diesen Fragen weder gleichgültig und desinteressiert noch abwertend umgehen, denn hinter unseren Unterschieden stecken ja Glaubensüberzeugungen und gelebte Frömmigkeit. Gelingt es uns, in allen Unterschieden die Einigkeit erkennbar werden zu lassen, den einen Geist Christi, das Band des Friedens, das uns verbindet?

Micha weitet unseren Blick noch auf das Miteinander der Religionen: »*Ein jedes Volk wandelt im Namen seines Gottes, und wir wandeln im Namen des HERRN, unseres Gottes, immer und ewiglich!*« (Micha 4,5) Dieses Bild malt kein indifferentes Nebeneinander; es sagt nicht: Es ist egal, was wir glauben und wie wir miteinander leben. Vielmehr ermutigt es zu einem Leben in einem Glauben, der die anderen im Blick behält, sie mit Gottes Augen sieht und deshalb immer danach fragt: Wie kann ich meinen Glauben leben, ohne die Überzeugung oder den Glauben anderer zu verletzen oder zu missachten?

Ist heute ein konziliares Miteinander möglich? Das den verfeindeten Menschen die Waffen aus der Hand nimmt, so wie Bonhoeffer es 1934 von einem großen christlichen Konzil erhofft hat? Das den Krieg verbietet? Das den Frieden Christi ausruft über die rasende Welt?

»*Er wird unter großen Völkern richten und viele Heiden zurechtweisen in fernen Landen. Sie werden ihre Schwerter zu Pflugscharen und ihre Spieße zu Sicheln machen. Es wird kein Volk wider das andere das Schwert erheben, und sie werden hinfort nicht mehr lernen, Krieg zu führen. Ein jeder wird unter seinem Weinstock und Feigenbaum wohnen, und niemand wird sie schrecken. Denn der Mund des HERRN Zebaoth hat's geredet.*« (Micha 4,3–4)

Ökumenischer Gottesdienst im Konstanzer Münster am 5.11.2014.

Lasst euch versöhnen mit Gott!

Predigt zum Gedenktag der Reichspogromnacht –
2. Korinther 5,17–6,2

> Wenn also jemand in Christus ist, dann ist das neue Schöpfung; das Alte
> ist vergangen, siehe Neues ist geworden. Alles aber kommt von Gott,
> der uns durch Christus mit sich versöhnt und uns den Dienst der Ver-
> söhnung aufgetragen hat. Denn ich bin gewiss: Gott war in Christus und
> versöhnte die Welt mit sich, indem er den Menschen ihre Verfehlungen
> nicht anrechnete und unter uns das Wort der Versöhnung aufgerichtet
> hat. So treten wir nun als Gesandte Christi auf, denn durch uns lässt
> Gott seine Einladung ergehen. Wir bitten an Christi Statt: Lasst euch ver-
> söhnen mit Gott! Den, der von keiner Sünde wusste, hat er für uns zur
> Sünde gemacht, damit wir in ihm zur Gerechtigkeit Gottes würden.
> Als Mitarbeiter aber ermahnen wir euch auch: Empfangt die Gnade Got-
> tes nicht vergeblich! Denn es heisst: *Zu willkommener Zeit habe ich dich
> erhört, und am Tag der Rettung habe ich dir geholfen.* [Jesaja 49,8] Jetzt ist
> sie da, die ersehnte Zeit, jetzt ist er da, der Tag der Rettung.[36]

Liebe Gemeinde,
es ist Neues geworden! Achtzig Jahre nach den Novemberpogromen
und der Zerstörung der Synagogen, nach der Schändung von Tora-
rollen und der Misshandlung jüdischer Menschen, nach Spießruten-
laufen durch schreiende und geifernde Männer und Frauen, nach
dem Morden in Ausschwitz und anderen Vernichtungslagern: Es gibt
wieder jüdisches Leben in Deutschland! Gott hat sein Volk bewahrt.
Neue Gemeinden und Synagogen sind entstanden, Gott sei Dank!
Die jüdische Gemeinde in Stuttgart hat ihre neue Torarolle im Sep-
tember in Gebrauch genommen; die jüdische Gemeinde in Lörrach
wird sie am Sonntag einweihen, nachdem gestern im Landtag auch
Christinnen und Christen und Musliminnen und Muslime an den
letzten Buchstaben mitschreiben durften.

---

36 2. Korinther 5,17–6,2; Zürcher Bibel 2007.

»Neues ist geworden!« – und wir, Nachkommen der Täter und Mitläufer der johlenden Meute und der Weggucker, wir, evangelische und katholische Christinnen und Christen, dürfen mitfeiern.

I

Es ist Neues geworden, aber das Alte will nicht vergehen! Der Antisemitismus kriecht wieder aus den Löchern und durch die Straßen. Synagogen stehen unter Polizeischutz; jüdische Friedhöfe werden geschändet. Wer in der Öffentlichkeit eine Kippa trägt, muss in bestimmten Quartieren Sorge haben, angepöbelt zu werden. Auf manchen Schulhöfen tönt »Du Jude!« wieder als Schimpfwort und Jugendliche erzählen lieber nicht, dass sie Jüdinnen oder Juden sind: Sind wir schon wieder auf der schiefen Bahn? Menschen werden als Nestbeschmutzer beschimpft, weil sie Stolpersteine verlegen und das Gedächtnis der Opfer bewahren: ihre Namen, ihre Geschichten, ihre Gesichter. Wann ist der Tag der Rettung, an dem der Hass vergeht?

II

Unsere Eltern, Großeltern und Urgroßeltern haben saure Trauben gegessen – und unsere Zähne sind stumpf (vgl. Jeremia 31,29). Manchmal fühlt sich das Gedenken so an: eine Last. Ein Aufreißen von Wunden. Ein Erschrecken, was Menschen einander antun können. Nein, das ist zu unpräzise: was Christinnen und Christen, was Menschen in Deutschland ihren jüdischen Mitbürgerinnen und Mitbürgern angetan haben. Wie war das möglich? Wo war da die Ehrfurcht vor dem Leben? Wo blieb die Nächstenliebe? Warum hat sich das christliche Gewissen nicht gemeldet? Warum haben die Kirchen keinen Anlass gesehen, zu handeln und Verantwortung zu übernehmen?

Und noch einmal: Warum vergehen der Antisemitismus und der Hass nicht? Auch nicht achtzig Jahre nach den Pogromen im November 1938 und der darauffolgenden Verfolgung und Ermordung jüdischer Mitbürgerinnen und Mitbürger?

III

Ich bin versucht, auf die anderen zu zeigen: auf die, die sortieren und meinen, dass sie entscheiden können, wer lebenswert ist und wer nicht, wer zu ihnen gehört und wer nicht. Auf die, die ihre Größe auf die Missachtung und Abwertung anderer bauen, auf Respektlosigkeit und Menschenfeindlichkeit. Auf die, die einfache Antworten und klare Verhältnisse suchen und die es nicht ertragen können, dass Gott dieses Volk erwählt hat, mit ihm einen Bund der Treue geschlossen hat, ohne ihn vor uns zu rechtfertigen.

Paulus erinnert mich, dass ich mit meinem langen Zeigefinger selbst sortiere, genau da, wo Gott uns und alle Menschen zusammenführt: in unseren Verfehlungen. Hat nicht der Antijudaismus im Neuen Testament und gerade auch unsere Lesart des »Alt« gegen »Neu« bei Paulus den Antisemitismus wesentlich befördert. Ich bin froh, dass die evangelischen Kirchen sich 2017 deutlich von den antisemitischen Ausfällen Martin Luthers distanziert haben, die eine verheerende Wirkung im Nationalsozialismus hatten.

Aber die Schuld kommt uns noch näher: Wir sind in den evangelischen Kirchen in Deutschland stolz auf Barmen[37], weil es die Kirche gegen den Herrschaftsanspruch der Nationalsozialisten verteidigte; doch auf die Seite unserer jüdischen Geschwister haben wir uns nicht gestellt. Wir haben 1945 hier in Stuttgart unsere Schuld bekannt; doch die Shoa und unsere Mitverantwortung für die Vernichtung jüdischen Lebens in Deutschland haben wir nicht erkannt und benannt.

Eben haben wir den Abschnitt aus Kurt Witzenbachers Buch »Kaddisch für Ruth«[38] gehört, indem er schildert, wie jüdische Menschen in der Pogromnacht 1938 im Spießrutenlauf durch eine grölende und schlagende Volksmenge zum Polizeipräsidium getrieben wurden. Ich habe mich gefragt: Was hätte ich getan? Hätte ich

---

37 Die Barmer Theologische Erklärung von 1934.
38 Kurt Witzenbacher (1996): Kaddisch für Ruth. Erinnerung an meine jüdische Freundin. Stuttgart.

protestiert? Oder wäre ich weggegangen? Oder hätte ich den Mut gehabt, mich dem Zug der Leidenden anzuschließen?

IV

Wann ist »*der Tag der Rettung*« (vgl. 2. Korinther 6,2)? Wie finden wir heraus aus dieser Gefangenschaft?

»Alles aber kommt von Gott, der uns durch Christus mit sich versöhnt und uns den Dienst der Versöhnung aufgetragen hat.« (2. Korinther 5,19) Durch den Juden Jesus bekommen wir Anteil an der Liebe Gottes zu seinem erwählten Volk. Weil er für uns eintritt, unsere Position einnimmt. Nichts anderes meint ja das griechische Wort »versöhnen«: sich in die anderen hineinversetzen, die Position des anderen, der anderen einnehmen. Jesus wurde für uns zum Christus und hat uns dadurch hineingenommen in die Gemeinschaft mit Gott.

Was hätte Christus angesichts des Spießrutenlaufes gemacht? Ich glaube, er ist mit seinen Geschwistern gegangen. Er hat sich in ihre Lage hineinversetzt und ihre Position eingenommen. Er öffnet uns einen Raum des Lebens, der die Sperren zwischen denen, die durch die schmale Gasse getrieben werden, und denen, die grölend und geifernd die Gasse bilden, abbricht. Auf einmal wird es still; wir erkennen Christus – und gehen mit ihm und seinen Glaubensgeschwistern.

V

Durch Christus bekommen wir Zugang zu diesem Lebensraum, der wie eine neue Schöpfung ist. Wir finden heraus aus den Teufelskreisen der Gewalt und der Abgrenzung in ein Miteinander, in dem das Sortieren ein Ende hat. Ich muss niemanden abwerten, um etwas zu gelten. Ich bin vom Kämpfen befreit und kann aufrecht und frei und in Würde durch das Leben gehen und dazu beitragen, dass sich der Geist der Versöhnung in unserer Welt in konkreten Schritten ausbreitet. In diesem Geist der Versöhnung suchen wir Antworten auf Unrecht und Unfrieden. Wir fragen nach Wegen, den Schwachen beizustehen und die Gedemütigten aufzurichten. Wir stärken Vertrauen und suchen nach gewaltfreien Lösungen.

Heute, im Gedenken an die Schrecken, die unseren jüdischen Mitmenschen in der Nacht vom 9. auf den 10. November 1938 angetan wurden, verpflichtet uns dieser Geist der Versöhnung, deutlich und offen gegen Antisemitismus Stellung zu nehmen. Dazu brauchen wir das Gedenken, gerade vor Ort: die Geschichten der Opfer, die Nachbarinnen und Nachbarn waren, die wir nicht vergessen wollen; das Mahnmal-Projekt in allen badischen Gemeinden, in denen es vor den Transporten nach Gurs eine jüdische Gemeinde gab, hat dazu viel beigetragen, manchmal gerade auch dadurch, dass es Konflikte ausgelöst hat. Aber es geht auch um die Geschichten der Menschen, die im Kleinen in ihrem Alltag etwas gewagt haben, um anderen beizustehen. Und immer wieder so wie heute um das gemeinsame Gedenken.

Im Dienst der Versöhnung haben wir auch politisch einen klaren Auftrag: jeder Form des Antisemitismus und anderen Formen gruppenbezogener Menschenfeindlichkeit deutlich zu widersprechen, bei uns und weltweit; denen entgegenzutreten, die das Existenzrecht Israels bestreiten; einzutreten für eine Politik, die auf Versöhnung, Gerechtigkeit und Frieden zielt statt auf Abgrenzung und Trennung: zu Begegnung und Verständigung einzuladen, gerade da, wo sich Menschen fremd, ja feind sind.

Vor allem aber brauchen wir das Miteinander heute, die Freude, dass es wieder jüdisches Leben in unserem Land gibt, konkrete Begegnungen in Gemeinden und Schulen, in Pflegeeinrichtungen und Kindertagesstätten, das gemeinsame Essen und Feiern, das Miteinander in den jüdisch-christlichen Gesellschaften, die Woche der Brüderlichkeit, auch den Trialog und die Pflege der Gärten der Religionen. »*Das Alte ist vergangen, siehe, Neues ist geworden.*« (2. Korinther 5,17)

VI

Christus hat uns versöhnt, hat uns mit hineingenommen in den Lebensraum, der aus der Versöhnung Gottes lebt. Nun sind wir eingeladen, die Türen und Fenster offen zu halten, uns am Dienst der Versöhnung zu beteiligen und den Menschen in unseren Gemeinden und in unserem Land zuzurufen: »*Lasst euch versöhnen mit Gott!*«

(2. Korinther 5,20) Damit der Hass ein Ende findet und alle sehen: *»Jetzt ist sie da, die ersehnte Zeit, jetzt ist er da, der Tag der Rettung.«* (2. Korinther 6,2)

Gottesdienst der Arbeitsgemeinschaft Christlicher Kirchen (ACK) Baden-Württemberg zum Gedenken an die Reichspogromnacht in der Stadtkirche Stuttgart-Bad Cannstatt am 10.11.2018.

»Wer sein Leben findet, der wird's verlieren; und wer sein Leben verliert um meinetwillen, der wird's finden.«

Predigt zur Eröffnung der Tagung der Landessynode – Matthäus 10,34–39

> Ihr sollt nicht meinen, dass ich gekommen bin, Frieden zu bringen auf die Erde. Ich bin nicht gekommen, Frieden zu bringen, sondern das Schwert. Denn ich bin gekommen, den Menschen zu entzweien mit seinem Vater und die Tochter mit ihrer Mutter und die Schwiegertochter mit ihrer Schwiegermutter. Und des Menschen Feinde werden seine eigenen Hausgenossen sein.
> Wer Vater oder Mutter mehr liebt als mich, der ist meiner nicht wert; und wer Sohn oder Tochter mehr liebt als mich, der ist meiner nicht wert. Und wer nicht sein Kreuz auf sich nimmt und folgt mir nach, der ist meiner nicht wert. Wer sein Leben findet, der wird's verlieren; und wer sein Leben verliert um meinetwillen, der wird's finden.[39]

Liebe Synodalgemeinde!

»Das Himmelreich ist nahe herbeigekommen. Macht Kranke gesund, weckt Tote auf, macht Aussätzige rein, treibt Dämonen aus.« (Matthäus 10,7) Mit einem großen Auftrag schickt Jesus seine Freundinnen und Freunde auf den Weg: »Geht hin in alle Welt!« Da ist ein Drängen, das sich nicht zufriedengibt mit dem, wie es ist. Da ist eine Hoffnung, die sich nicht abfindet mit Unfrieden und Ungerechtigkeit, mit Klimaerwärmung und aussterbenden Arten, mit Einsamkeit, Krankheit und Tod.

Christi Liebe drängt uns; sie will uns in Bewegung setzen, damit wir gemeinsam den Glauben an die Liebe Gottes in die Welt tragen. Sie weiß aber auch: Beim Aufbrechen bricht etwas auf. Wer aufbricht, muss Abschied nehmen und sich von Liebgewordenem trennen. Alte Gewohnheiten werden herausgefordert, bisherige Bindun-

---

39 Matthäus 10,34–39; Luther 2017.

gen verlieren an Einfluss, vermeintliche Gewissheiten werden infrage gestellt – Freiheit ist Freiheit zu Neuem, aber auch Freiheit von Altem.

I

Jesus hält wichtige Reden im Matthäusevangelium. Die erste ist die Bergpredigt. Sie galt allen, die herbeigeströmt sind: denen, die von hier mit ihm aufbrechen wollen, aber auch denen, die einfach bei diesem Event dabei sein wollen, um den mal zu sehen, von dem gerade alle sprechen, um zu hören, was dieser Jesus zu sagen hat.

Die Aussendungsrede, aus der unser Predigttext stammt, richtet sich an die, die dieser Jesus mit seinen Reden vom Himmelreich und seinen heilenden, befreienden und aufrichtenden Taten ergriffen hat und nicht mehr loslässt. Sie wollen Jesus nachfolgen und vertrauen darauf, dass er an ihrer Seite bleibt: »Ich bin bei euch alle Tage!« Sie haben Namen und eine Geschichte, wie wir. Martin Luther hat sie die genannt, die mit Ernst Christinnen und Christen sein wollen.

Wir stehen als Synode in ihrer Tradition. Wir gehören zu denen, die seit den ersten Gemeinden in besonderer Weise Verantwortung für den Weg des Glaubens übernehmen. Was Jesus in dieser Aussendungsrede sagt, gilt uns.

II

Jesus redet mit seinen Freundinnen und Freunden. Er sieht ihren Mut zum Aufbruch; aber er sieht auch das große Entweder-oder, in das sie geraten werden, wenn sie ihm folgen: Gott mehr lieben als das Geld; Feindesliebe leben statt auf Ausgrenzung und Gewalt zu setzen; in den Schwachen und Fremden Christus erkennen; Kraft und Ruhe finden im Glauben.

Jesus sieht die Konflikte, in die hineingerät, wer ihm folgt. Sie werden seinen Freundinnen und Freunden ganz nahekommen, bis hinein in die Familien. So wie seine Familie gerufen hat: »Er ist von Sinnen!« Und die Familien derjenigen, die ihren Beruf aufgaben, um ihm zu folgen, haben ihnen bestimmt lauthals zugestimmt.

»Seid realistisch!«, ruft er deshalb seinen Freundinnen und Freunden und uns zu. Wer sich auf den Weg der Gerechtigkeit begibt, wirkt oft wie ein Schwert, das scharf trennt und in zwei Stücke teilt. Deshalb: »Stellt euch ein auf Spaltungen, Abbrüche und Abschiede, in die ihr geraten werdet, wenn ihr mir folgt!«

III

Die Kirche hat diesen herausfordernden Jesus des »Entweder-oder« (Dietrich Bonhoeffer) oft vergessen. Waren alle wie selbstverständlich christlich, war die Kirche mächtig und einflussreich, spielte solche Radikalität des Glaubens keine Rolle, wurde auch bewusst in den Hintergrund gedrängt. Waren unsere Glaubensgeschwister aber in einer ähnlichen Situation wie die ersten Christinnen und Christen, bekam diese Rede Jesu einen neuen Klang: In der ehemaligen DDR haben Fragen des Glaubens manche Familie entzweit. Christinnen und Christen in China oder im Iran hören heute den Satz »und des Menschen Feinde werden seine eigenen Hausgenossen sein« (Matthäus 10,36) als Beschreibung ihres Lebens in Untergrundkirchen.

Der dänische Pfarrer Kaj Munk, der von deutschen Soldaten erschossen wurde, weil er jüdische Menschen in Dänemark gerettet hat, hat die Schärfe, mit der Jesus in Konflikte führt und zur Entscheidung ruft, mit beißender Ironie deutlich gemacht: »Das ist mir eine nette Religion. Wenn nur der kleine Meier sich einrichten und in den Himmel kommen kann, was in aller Welt geht ihn die Welt sonst an?« Aber »die Wahrheit«, so predigt er weiter, »Die Wahrheit ist nicht ruhig und würdevoll und erhaben; sie beißt und reibt und schlägt drein. Die Wahrheit ist nichts für vorsichtige Menschen; diese brauchen nicht die Wahrheit, sondern ein Sofa.«[40]

Heute, in einer Zeit, in der der Glaube nicht mehr Zwang, Konvention oder Selbstverständlichkeit ist, in der wir Abschied nehmen von Bildern eines homogenen christlichen Abendlandes beginnen wir uns vom Sofa zu erheben und entdecken neu, was das heißt: *»Ich bin nicht gekommen Frieden zu bringen, sondern das Schwert.«* (Matthäus 10,34)

---

40 Kaj Munk, siehe Hans Walter Bähr (1961): Die Stimme des Menschen. Briefe und Aufzeichnungen aus der ganzen Welt. 1939–1945. München, S. 248 f.

IV

Zwei Aspekte möchte ich hervorheben:

Jesus lockt uns, drängt uns auf den Weg der Gerechtigkeit. Da gibt es keine Gleichgültigkeit gegenüber dem kleinen, verhassten Zachäus da oben im Baum; da gibt es kein Wegschauen, wenn einer überfallen am Straßenrand liegt oder im Mittelmeer zu ertrinken droht. *»Wer sein Leben findet, der wird's verlieren; und wer sein Leben verliert um meinetwillen, der wird's finden.«* (Matthäus 10,39)

Kein Leben soll bei Gott verloren gehen – aber gerade deshalb muss ich bereit sein, meine Interessen zurückzustellen, von mir abzusehen, mich und mein Leben ganz einzusetzen. Dann stehe ich nicht gleichgültig daneben, egal, was passiert, Hauptsache alles bleibt, wie es ist. Dann gestalte ich mit und übernehme in der Kraft des Geistes Christi Verantwortung für mich und für andere. Ich stehe mit allen Männern und Frauen, die sich aussenden lassen, dafür ein, dass die Risse, die Menschen ihr Leben schwer machen und Gemeinschaften auseinanderreißen, nicht übertüncht und zugekleistert werden, sondern dass genau hingeschaut wird; dass die Gewissen geschärft werden, damit sich etwas ändert. So wie zurzeit durch die zivile Seenotrettung im Mittelmeer: Das politische Europa duckt sich weg und nimmt seine (im internationalen Recht klar verankerte) Verantwortung für die Seenotrettung nicht wahr. So wie bei den Impfungen im Globalen Süden, die einfach nicht vorankommen, weil Gesundheit wie ein handelbares Gut behandelt wird – und nicht wie ein Menschenrecht. (So wie beim Antisemitismus, Klima …)

Kein Leben soll verloren gehen – das ist der Kern der Bergpredigt, aber eben auch eine anstößige Botschaft, die wie ein Schwert spaltet. Dieses Schwert ist nicht das Schwert des Krieges, sondern das Richtschwert, das Christus am Ende des Weges der Gerechtigkeit in seinen Händen hält. Wir kennen es aus vielen Darstellungen in alten Kirchen. Dieses Schwert drückt aus, dass es hier nicht um Belangloses geht, sondern um die Schärfung unserer Gewissen und um Tod oder (ewiges) Leben.

V

Ein Zweites: Wir tragen die Botschaft von der Liebe Christi mit Wort und Tat, aber auch mit unseren Strukturen und Haltungen in die Welt. Auch hier führt das Schwert Christi zu Spaltungen. Das war eine der zentralen Erkenntnisse der Reformation, gerade in der reformierten Tradition. Es geht nicht nur um unser Reden und Handeln, sondern auch, wie wir zu Entscheidungen kommen, dass Freiheit und Verantwortung synodal und im offenen Austausch gelebt werden.

Die reformatorische Kernbotschaft des »Solus Christus«, allein Christus, befreit uns in den Bindungen, in denen wir unseren kirchlichen Alltag gestalten, dazu, immer neu zu schauen, ob unsere Botschaft und unsere Strukturen sich an den Stimmungen im Land oder an nationalen, wirtschaftlichen oder kulturellen Interessen orientieren, oder an der Liebe Christi. Materielle Fragen sind wichtig; das wissen wir gerade hier in der Synode. Die gewachsenen Strukturen geben Sicherheit und binden Menschen an unsere Kirche. Aber wenn der Erhalt des Gemeindehauses zur Bekenntnisfrage wird oder die Kooperation mit einer anderen Gemeinde oder einer diakonischen Einrichtung zu einem Streitpunkt, der Gemeinschaften zerreißt, dann drohen wir unseren eigentlichen Auftrag aus den Augen zu verlieren. Dann gelingt es uns nicht mehr, mit Christi Liebe Schritt zu halten. Dann vergessen wir die wichtigste Frage: Wohin drängt uns die Liebe Christi?

VI

»Zur Freiheit hat uns Christus befreit« hat uns die Reformation gelehrt. Der Glaube führt uns ins Freie und traut uns zu, diesen weiten Raum zwischen Tradition und Erneuerung in der Kraft des Geistes Christi zu gestalten. Das geht nicht ohne Konflikte. Das hat Jesus erlitten und uns in seiner Aussendungsrede mitgegeben. Das hat Martin Luther vor 500 Jahren beim Wormser Reichstag erlitten.

»Wer sein Leben findet, der wird's verlieren; und wer sein Leben verliert um meinetwillen, der wird's finden.« (Matthäus 10,39) In diesem Geist sind wir gesandt und stehen mit unseren Füßen unter dem Kreuz auf weitem Raum. Wir suchen neue Wege des Miteinanders in

unseren Gemeinden und Einrichtungen: ein Miteinander, in dem wir nicht zuerst an uns denken, sondern daran, wie wir gemeinsam, verlässlich und profiliert die Liebe Christi in unsere Welt tragen können. Ein Miteinander, in dem die Spaltungen und Risse, die Menschen und Gemeinschaften auseinanderreißen wahr- und ernst genommen werden – und trotzdem nach Wegen der Versöhnung gesucht wird. Ein Miteinander, das den einzelnen Menschen Freiheit lässt und sie doch zugleich als Getaufte in einer Gemeinschaft zusammenführt, in der Gottes Regeln gelten: Nicht ob ihr Mann oder Frau oder divers seid, nicht ob ihr reich oder arm seid, nicht wo ihr geboren seid oder welche Sprache ihr sprecht, nicht eure Familienzugehörigkeit ist entscheidend, sondern dass ihr zu Christus gehört.

Wir stellen uns den Konflikten dieser Welt. Und richten zugleich unseren Blick auf Christus, der uns entgegenläuft, die Arme weit ausgebreitet wie der Vater des »verlorenen Sohnes« und uns alle zu einem gemeinsamen Fest einlädt: »Denn dieser mein Sohn war tot und ist wieder lebendig geworden; er war verloren und ist gefunden worden. Und sie fingen an, fröhlich zu sein.« (Lukas 15,24) Hoffentlich auch der ältere Bruder, der erschöpft und unwirsch vom vielen Arbeiten ohne den jüngeren Bruder war!

Gottesdienst zur Eröffnung der Herbsttagung der Badischen Landessynode im Kurhaus in Bad Herrenalb am 25.10.2021.

III

GEISTLICHE IMPULSE

So ist Gott!

Andacht zum Jahresbeginn 2016 – Jesaja 66,13

> Gott spricht: Ich will euch trösten, wie einen seine Mutter tröstet.[41]

I

Liebe Hausgemeinde!
Ich habe ja lieber Geschichten. Mir fällt es nicht leicht mit den Losungen. Wenn da nur ein Satz ist, herausgerissen aus allem; zugerufen von wem eigentlich? Einfach ein Satz. »Da, hör zu, nimm hin: Dieser Satz wird für dich in diesem Jahr wichtig sein! Er wird dir etwas sagen, was du dir nicht selbst sagen kannst. Er wird dich aufrichten. Er wird dir in schwierigen Entscheidungen einen Weg weisen. Er wird dich im Leben frei machen und – vielleicht sogar – im Sterben trösten.«

II

Mit der letzten Jahreslosung ging es mir manchmal wirklich so: »Nehmt einander an, wie Christus euch angenommen hat zu Gottes Lob.« (Römer 15,7) Der Vers hat viele ermutigt, die Türen aufzumachen und die Menschen aufzunehmen, die bei uns Zuflucht suchen. Viele haben aber bald auch erfahren, dass dieses Annehmen nicht leicht ist: Da gab es Streit unter den Flüchtlingen oder den Helfenden. Da wurde deutlich, wie fremd wir einander sind, nicht nur durch die Sprache oder die Religion, auch durch die Einstellungen zu Gleichberechtigung, zur persönlichen, individuellen Freiheit, zu Erziehungsfragen. Und manche konnten die Berichte über die Schrecken des Krieges in Syrien oder der Flucht über das Mittelmeer einfach nicht mehr ertragen.

Mehrmals habe ich erlebt, wie wir darüber zusammensaßen und die Jahreslosung gerade an diesen Grenzen ihre Kraft entfaltet hat. Da

---

41 Jesaja 66,13; Luther 2017.

fiel einem beim Reden dieser Vers ein, eine andere zog die Karte heraus, die sie seit Neujahr in ihrer Handtasche hatte. Und dann entdeckten wir gemeinsam, dass die Aufforderung an uns, »Nehmt einander an«, ja getragen ist von dem »wie Christus euch angenommen hat«. Unser Annehmen baut darauf, dass Christus uns annimmt. Christus gibt uns die Kraft zum neuen, verantwortlichen Leben – zum Lobe Gottes. Das hat die Jahreslosung des letzten Jahres mir und vielen eingeschärft, die an ihre Grenzen kamen und zweifelten, wie es weitergehen soll.

III

»Gott spricht: Ich will euch trösten, wie einen seine Mutter tröstet.« (Jesaja 66,13) Ich nehme die neue Jahreslosung gespannt mit in dieses Jahr. Sie ist auch nur ein Satz, aber in diesem einen Satz steckt ein Bild, das mich sofort anspricht, ohne viele Worte. So eben, wie eine Mutter tröstet: ohne viele Worte. Sie sucht nicht erst nach Ursachen. Sie fragt nicht erst, wer ist schuld. Sie nimmt in den Arm, zieht auf den Schoß, sie streicht übers Haar, sie gibt einen Kuss. So ist Gott! Ich hoffe, dass mich dieses Bild durchs Jahr begleitet. So ist Gott! Darauf kann ich mich verlassen.

IV

Ein Freund, mit dem ich darüber sprach, war nicht so glücklich, als ich ihm das erzählt habe. »Das passt zu eurer Ängstlichkeit in der Kirche. Da ist schon mal vorgesorgt, wenn ihr es dann doch nicht schafft. Dann springt der liebe Gott ein. Und ihr dürft immer klein bleiben, braucht nie erwachsen zu werden.«

Da ist etwas dran. Aber ich sehe das Kind auch vom Schoß wieder herunterklettern, sich aus den Armen befreien. Ich sehe die Mutter, die das Kind getröstet in die Freiheit entlässt: sich ausprobieren, Verantwortung übernehmen, mit anderen spielen und rangeln und mutig sein und losgehen, wie Hänschen klein. Wir wachsen im Glauben, wir werden erwachsen im Glauben. Die Mutter werde ich dadurch nicht los; ich verlasse mich auf sie und ihren Trost. Ich spüre ihr Streicheln über die Haare, auch später noch – im Büro oder wo es sonst Ärger gibt.

V

»Ich will euch trösten wie eine Mutter tröstet.« Dietrich Bonhoeffer hat in einem Gedicht über diesen Trost gesprochen. Ja,

> »Menschen gehen zu Gott in ihrer Not, flehen um Hilfe, bitten um Glück und Brot, um Errettung aus Krankheit, Schuld und Tod. So tun sie alle, alle, Christen und Heiden.«[42]

Aber mit Jesus verteilt sich der Trost neu, da verändert sich etwas. »Bleibt bei mir und wacht mit mir, wachet und betet« (vgl. Matthäus 26,38), bittet er uns. Er traut uns etwas zu. »Klettert vom Schoß herunter, ihr könnt auch trösten, auch mich.« Wir geraten auf die andere Seite. Jetzt sind es wir, die trösten, sogar Jesus.

> »Menschen gehen zu Gott in Seiner Not, finden ihn arm, geschmäht, ohne Obdach und Brot, sehen ihn verschlungen von Sünde, Schwachheit und Tod. Christen stehen bei Gott in Seinen Leiden.«[43]

So hat Bonhoeffer weiter gedichtet. Plötzlich tröste ich; im Glauben wird das zu meinem Satz, zu meiner Verantwortung: »Ich will euch trösten wie eine Mutter.«

VI

»Gott spricht: Ich will euch trösten, wie einen seine Mutter tröstet.« (Jesaja 66,13) So ist Gott! Verlässlich da – wie eine Mutter, die uns auch als Erwachsene noch in ihre Arme nimmt und manchmal sogar versucht, auf den Schoß zu ziehen. Und die sich zugleich freut, wenn wir flügge werden, unseren Weg finden, Verantwortung übernehmen, mutig und frei und selbstbewusst.

Morgenandacht im Evangelischen Oberkirchenrat am 12.1.2016.

---

42 »Christen und Heiden« von Dietrich Bonhoeffer (1944) aus: Widerstand und Ergebung. In: DBW Band 8, S. 515 f.
43 Ebd.

Barmherzigkeit ist eine Kraft Gottes zum Leben!

Andacht zum Jahresbeginn 2021 – Lukas 6,36

Liebe Hausgemeinde,
letzte Woche kamen nun auch die Heiligen Drei Könige mit Mundschutz und die Sternsinger durften gar nicht singen. Alles, damit die Infektionsketten durchbrochen werden.

Bei der Barmherzigkeit ist es anders. Jesus wünscht sich, dass sie sich wie ein Virus ausbreitet: »*Seid barmherzig, wie auch euer Vater barmherzig ist.*« (Lukas 6,36) Gottes Barmherzigkeit kommt in Christus auf die Erde und breitet sich von Christus aus unter den Menschen aus. Deshalb erzählt Jesus vom barmherzigen Vater, der seinen verlorenen Sohn einfach wieder aufnimmt, ohne zu richten und zu rechnen, ob ihm wirklich ein Fest zusteht; ohne erst einmal eine Entschuldigung und die Zusicherung zu erwarten, dass er sich in Zukunft anständig verhalten wird. So barmherzig ist Gott!

Deshalb erzählt Jesus vom barmherzigen Samariter, der von Gottes Barmherzigkeit angesteckt ist; der hinschaut und hilft, ohne vorher zu fragen, ob das nicht eine Falle ist; ob nicht jemand anderes zuständig ist; ob die Ausgaben, die er hat, auch ersetzt werden. Einer, der sich anstecken lässt und seitdem mit seiner Geschichte andere ansteckt. Wenn wir auf die Geschichte des Christentums schauen und die Zahl der Menschen, die diese Geschichte zur Nächstenliebe motiviert hat, war und ist sein Tun sehr ansteckend.

I

Was macht die Barmherzigkeit so ansteckend? Sie kommt von ganz innen, von da, wo das Menschsein beginnt: aus dem Mutterschoß. Sie sitzt tiefer als das Herz, das im Hebräischen eher fürs Denken und Wollen zuständig ist. Sie ist ein starkes Gefühl, das Menschen überwältigt; eine Kraft, die weder vernünftig ist noch durchdacht, aber unbeirrbar. Wie eine Mutter kann Gott auch als Vater nicht anders, als barmherzig zu sein. Aus dem Bauch heraus bleibt Gott nichts anderes, als jedem und jeder von uns zuzusagen: »Fürchte dich nicht. Ich habe dich bei deinem Namen gerufen. Du gehörst zu mir!« (Vgl. Jesaja 43,1)

»Barmherzig und gnädig ist Gott, geduldig und von großer Güte.« Diese Formel, die wir gerade im 103. Psalm (Vers 8) gebetet haben und die sich an vielen Stellen der Bibel findet, fasst das Herzstück oder besser den Mutterschoß des biblischen Gottesglaubens zusammen. Sie beginnt mit der Barmherzigkeit! Wir denken, wenn wir »Gott« sagen, zuerst an seine Macht, seine Überlegenheit, seine Fähigkeit, alles zu wissen und tun zu können, was ihm beliebt. Gott offenbart sich uns anders; Gott ist zuerst und vor allem barmherzig; das erkennen wir am deutlichsten in Jesus Christus.

II

Barmherzigkeit ist die Kraft, die Jesus Christus in die Welt bringt und die ihn antreibt. »Er ist gerecht, ein Helfer wert; Sanftmütigkeit ist sein Gefährt, sein Königskron ist Heiligkeit, sein Zepter [also das, was ihn und seine Herrschaft auszeichnet] ist Barmherzigkeit.« (EG 1,2) Sie kommt aus seinem Inneren und strömt in unsere Welt. Sie kalkuliert nicht. Sie fragt nicht nach dem eigenen Vorteil. Sie schaut hin, wo Barmherzigkeit gebraucht wird und lässt sich von der Not berühren. Sie tut, was nötig ist, damit Leben bewahrt und gefördert wird, ganz praktisch und konkret.

Das muss gar nicht viel sein: ein Anruf bei derjenigen, die allein ist im Lockdown; ein Brief und ein Stück Kuchen für die Nachbarin, die ihren kranken Mann nicht in der Klinik besuchen kann; ein klares Wort an den Bundestagsabgeordneten, dass die Flüchtlinge aus Griechenland jetzt endlich aufgenommen werden müssen.

III

Manchmal scheint es, als gäbe es auch so etwas wie Impfungen, die gegen die Kraft der Barmherzigkeit schützen sollen. Schon Kindern wird gelehrt: »Denk an dich! Fahr deine Ellenbogen aus und setz dich durch! Nur Leistung zählt!« Populisten, die die Welt in Gut und Böse teilen und behaupten, dass nur die, die wie sie selbst sind, wirklich Menschen sind und das Recht haben, hier zu leben. Es gibt wie zu Jesu Zeiten Mächtige, die sich Sorgen machen, dass zu viel Barmherzigkeit z. B. gegenüber den Textilarbeiterinnen in Bangladesch zu einer neuen Gerechtigkeit führt, die dann ihren Wohlstand und ihren Einfluss in Gefahr bringt. Oder es heißt einfach: »Wenn das alle wollen, das geht doch nicht …«

Doch, es geht! Gottes Barmherzigkeit überwindet Feindschaft und schafft Gerechtigkeit. Sie öffnet Türen, die versperrt schienen. Sie ist hoch kreativ und entdeckt in Bedrängnissen und aussichtslosen Alternativen Wege, die uns ins Leben und ins Glück führen.

Aus Gottes Mutterschoß fließt ein großes, ein unwiderstehliches Erbarmen in unsere Welt. Barmherzigkeit breitet sich aus. Sie reißt uns mit. Sie ist so stark, dass sie Tote auferwecken und Steine vom Grab wegwälzen kann. Von ihr lassen wir uns anstecken: »*Seid barmherzig, wie auch euer Vater barmherzig ist.*« (Lukas 6,36)

Gebet

Gott, du bist die Quelle des Lebens.
Lass uns dieses Jahr in deinem Geist der Barmherzigkeit beginnen.
Lass uns die Kraft spüren, mit der du uns durch die Zeiten trägst.
Hilf uns in jeder Person, der wir begegnen, einen Menschen zu sehen, den du liebst.
Lass uns barmherzig miteinander und allen Lebewesen sein, damit das Leben auf dieser Erde gedeiht.

Morgenandacht im Evangelischen Oberkirchenrat Karlsruhe per Zoom am 12.1.2021.

Richte uns auf, Gott!

Geistliches Wort zum Sonntag Judika

»Richte mich, Gott! Richte mich auf!« Mit diesem Ruf aus dem Psalm 43 treten wir am fünften Sonntag der Passionszeit vor Gott.

Es ist stiller in unseren Orten. Die Plätze, an denen wir uns normalerweise begegnen, sind verlassen. Wir können nicht einmal mehr zusammen Gottesdienst feiern oder uns am Grab in großer Gemeinschaft trösten und in den Arm nehmen. Es ist still, aber in manchen Häusern ist viel Unruhe: zu Hause arbeiten und die Kinder versorgen, bei den Hausaufgaben helfen und sich um die Eltern oder Großeltern sorgen. Mitten im Frühlingsglanz drückt uns die Schwere der Coronapandemie nieder. »Wohin wird uns die Krise führen? Wie lange wird sie dauern? Wie wird es danach weitergehen?« Unsere Seele ist unruhig; wir erfahren, wie hilflos wir sind: »Ich steh vor dir mit leeren Händen, Gott, fremd wie dein Name sind mir deine Wege.« (Vgl. EG 382,1)

In diesen Tagen denken wir an Jesus, wie er auf dem Weg nach Jerusalem ist. Auch wenn einige seiner Freundinnen und Freunde hoffen, dass es ein Triumphzug wird; unterwegs erleben sie, wie die Lasten eher schwerer werden. Immer deutlicher wird, dass Jesus diesen Weg für uns gehen muss, weil wir mit unserem Gottvertrauen, unserer Kraft und unserem Mut an Grenzen stoßen. Er öffnet uns am Kreuz einen Weg in das Leben, weil es ihm nicht darum geht, »dass er sich dienen lasse, sondern dass er diene und gebe sein Leben als Lösegeld für viele.« (Matthäus 20,28)

Viele von uns gehen ihren Weg zurzeit belastet und gebeugt; wir schauen nach unten auf Bildschirme und Hausaufgaben, auf das, was uns ängstigt. Aber dann hören wir diesen Ruf: »Kommt her zu mir, alle, die ihr mühselig und beladen seid; ich will euch neuen Lebensmut geben.« (Vgl. Matthäus 11,28) Wir hören Jesu Verheißung und heben vorsichtig unsere Köpfe. Da ist einer, der mit uns geht, auch durch dunkle Täler; da geht einer mit, auch in der Coronakrise.

Zuversicht und Vertrauen strömen in unsere Herzen und richten uns auf. Wer den Kopf hebt, entdeckt Menschen um sich: die alte Dame, die allein in ihrer Wohnung sitzt; der Nachbar, der schon lange ein Sauerstoffgerät braucht und nun sehr gefährdet ist; die junge Frau, die gerade eine Krebsoperation überstanden hat. Sie warten auf uns und unseren Mut, im Vertrauen auf Gott Verantwortung füreinander zu übernehmen – einkaufen, anrufen, schreiben, Gemeindebriefe verteilen. Kleinigkeiten, kleine Schritte, die aber ausstrahlen: Wir vertrauen auf Jesus Christus, der mit uns durch die Krise geht, der uns aufrichtet und Zukunft verheißt.

Auch wenn wir am Sonntag nicht in gewohnter Weise gemeinsam Gottesdienst feiern können: Gottes Zusage gilt! Ihr vertrauen wir. Sie richtet uns auf. Wir geben sie weiter: »Siehe, ich bin bei euch alle Tage bis an der Welt Ende.« (Matthäus 28,20)

Liedstrophe: EG 382,3

> »Sprich du das Wort, das tröstet und befreit
> und das mich führt in deinen großen Frieden.
> Schließ auf das Land, das keine Grenzen kennt,
> und lass mich unter deinen Kindern leben.
> Sei du mein täglich Brot, so wahr du lebst.
> Du bist mein Atem, wenn ich zu dir bete.«

Gebet

> *Richte mich auf, Gott, und fülle mein Herz mit Zuversicht.*
> Gott, ich danke dir für alle Menschen,
> die vor der Krankheit bewahrt worden sind.
> Für die vielen Menschen, die sich in den Praxen und Kliniken,
> im Rettungsdienst und Katastrophenschutz,
> in den Verwaltungen und in der Politik dafür einsetzen,
> dass diese Pandemie eingedämmt
> und den Betroffenen geholfen wird.
> Gib ihnen Kraft und Lebensmut
> und bewahre sie in ihrer Gesundheit.
> *Richte mich auf, Gott, und fülle mein Herz mit Zuversicht.*

Steh den Kranken und Sterbenden bei,
tröste die Trauernden,
nimm die Verstorbenen auf in deine Herrlichkeit.
Sei bei allen, die die Einsamen begleiten
und die Folgen der Isolation tragen helfen,
wir denken besonders an die Mitarbeitenden
in der Telefonseelsorge und in Beratungsstellen.
Hilf ihnen Worte zu finden,
die Ruhe schenken und Mut machen.
Richte mich auf, Gott, und fülle mein Herz mit Zuversicht.
Steh den Menschen bei in den besonders schwer betroffenen Ländern,
wir denken heute an die Menschen in Italien
und an unsere dortige Partnerkirche, die Waldenserkirche.
Sei bei denen, die der Pandemie fast schutzlos ausgeliefert sind:
wir denken heute besonders an die Menschen in den Flüchtlingslagern
dieser Erde
in Myanmar, in Kenia, in Syrien oder auf Lesbos.
Lass die Weltgemeinschaft die Not dieser Menschen nicht vergessen
und hilf uns, Wege zu finden, ihnen zu helfen.
Richte mich auf, Gott, und fülle mein Herz mit Zuversicht.
Sei bei uns, Gott, und bei unseren Lieben.
Gib uns Kraft, deine Liebe weiterzugeben.
Vater unser im Himmel …

Zum Sonntag Judika am 24.3.2020.

It's gonna get better!

Predigt zum Abschluss des Gospelkirchentages 2018 –
1. Korinther 16,13–14

Liebe Gospelgemeinde, it's gonna get better! Gute Nachrichten! Wir
haben sie uns gerade gegenseitig zu gesungen: »In my doubts, in my
failures; you won't walk out. Du wirst mich nicht verlassen, Gott. Du
schenkst mir Frieden in aufgewühlter See. Don't worry your soul –
it will get better! Sei nicht verzweifelt!«

Ich habe Ihnen für die Predigt biblische Verse mitgebracht, nur
wenige Worte; gut zum Auswendiglernen, by heart, damit sie da sind,
wenn wir sie brauchen. Sie heißen: »*Seid wachsam und steht fest im
Glauben! Seid mutig und stark! Alles, was ihr tut, lasst in der Liebe
geschehen!*« (Vgl. 1. Korinther 16,13–14)

Drei Schritte geht Gott mit uns: Im ersten geht es um den Glauben, im zweiten um unseren Auftrag und im dritten um die Liebe.
Und die Reihenfolge ist wichtig.

I

Der Ausgangspunkt ist die Zusage Gottes: »Du gehörst zu mir!«
Schon in der Taufe ruft Gott uns das zu: »Fürchtet euch nicht!
Ich habe euch befreit – wie damals Israel aus der Sklaverei, die-
ser Ursprungssituation, von der der Gospel immer wieder erzählt! –
Ich habe euch bei eurem Namen gerufen. Ihr gehört zu mir!« (Vgl.
Jesaja 43,1) Mit dieser Zusage fangen der christliche Glaube und das
christliche Leben an.

Das ist der erste Schritt auf dem Weg des Glaubens, den Jesus
Christus mit uns geht. Nicht wir fangen an, sondern wir lassen uns
mitnehmen. So wie bei diesem Gospelkirchentag, vorgestern in den
Kirchen, gestern auf den Plätzen unserer Stadt, heute hier in der Halle:
Gottes gute Nachricht bewegt uns; wir lassen uns mitreißen, hinein-
ziehen in den Schwung des Glaubens. Das ist der Ausgangspunkt.

Deshalb seid wachsam! Und lasst euch nicht ins Bockshorn jagen,
wenn Leute sagen: »Eine Welt ohne Krieg gibt es nicht!« Dagegen

steht fest im Glauben an Jesus Christus: »Selig sind, die Frieden stiften!« (Matthäus 5,9)

Seid wachsam, wenn euch die Leute dazu zwingen wollen, zu sortieren: wir gegen die, Gut gegen Böse, du gehörst dazu und du nicht. Dagegen steht fest im Glauben: Jesus hat dem Tod seine Macht genommen und uns verbunden in all unserer Verschiedenheit. Ob Mann oder Frau, ob Alt oder Jung, ob reich oder arm, ob fromm oder zweifelnd: Ihr seid eins in Christus!

Seid wachsam, wenn jemand sagt: »Du bist doch nur eine kleine Nummer; du kannst doch nichts machen!« Dagegen steht fest im Glauben und erzählt vom kleinen Senfkorn, das groß wird; sagt allen, dass Jesu Kraft in den Schwachen mächtig ist.

Steht fest im Glauben. Und schaut und hört genau hin; am Gospelkirchentag gibt es in Karlsruhe eine ganze Zeitung voll mit guten Nachrichten! Haben Sie sie gelesen?

Mit Gottes Zusage, mit der Liebe Christi, der durch sein Sterben die Macht des Todes bricht, damit fängt alles an. »Gott ist mein Licht und mein Heil; vor wem sollte ich mich fürchten? Gott ist meines Lebens Kraft; vor wem sollte mir grauen?« (Vgl. Psalm 27,1)

II

Im zweiten Schritt brechen wir mit Christus und dieser Zuversicht auf in die Welt und übernehmen Verantwortung. So wie es die Überschrift über diesen Gottesdienst sagt: »Seid mutig und seid stark!«

Gottes Schwung aufnehmen; mit Christus Schritt halten; sich von der Kraft des Heiligen Geistes aufrichten und stärken lassen. Gott will dieser Erde ein neues Gesicht geben und braucht uns dazu. Die Menschen in Kenia werden sauberes Wasser haben; danke für die tollen Kollekten! Die Waffen werden endlich schweigen in Syrien, und Deutschland wird aufhören Waffen an die Kriegsparteien im Jemen zu liefern.

Viellicht klingt Ihnen das zu groß; aber *it's gonna get better,* gilt im Großen und im Kleinen, zu Hause, in der Schule, in der Straßenbahn. Den Mut finden, dazwischen zu gehen, wenn zwei sich prügeln. Widersprechen, wenn Menschen abgewertet und diskriminiert werden. Etwas sagen, wenn die Kollegin im Büro gemobbt wird.

Meist sind es kleine Schritte; wichtig ist, dass wir sie gehen! Wenn jeder und jede von uns sie an seinem und ihrem Ort tut, wird sich das Gesicht der Welt verändern. Deshalb: »Seid mutig und stark!« Übernehmt Verantwortung! Und seid gewiss: Ihr seid unterwegs mit Christus!

III

Im dritten Schritt rückt alles in das Licht der Liebe Gottes: »Alles, was ihr tut, lasst in der Liebe geschehen!« Das gibt dem Ganzen noch einmal einen besonderen Klang. Wir leben aus und in der Liebe Gottes.

Vor 100 Jahren stand auf den Gürteln der deutschen Soldaten »Gott mit uns!«. Ja, Gott geht mit uns, aber nicht, damit wir erfolgreich kämpfen und töten und meinen, wir seien die Herrscher über Gut und Böse und über Leben und Tod. Nicht so, dass einfach alles so wird, wie wir das gern hätten und wir unsere Interessen mit Gottes Hilfe durchsetzen.

Eher so, wie wir vorhin im Gospel »My Lighthouse« gesungen haben. Gott ist da, auch wenn wir in die Irre gehen. Gott geht nicht weg, wenn wir schuldig werden. Gott macht uns Mut, umzukehren.

Wir freuen uns in der Kraft des Heiligen Geistes, wie wir sie hier gemeinsam heute erleben. Sie stärkt uns und macht uns Mut. Aber wir leben auch im Zeichen des Kreuzes: In der Stille, in der Dunkelheit, in unseren Fragen, im Leiden. Auch und gerade da ist Christus uns nah und trägt uns und bringt uns sicher ans Ufer: »You will carry me safe to shore!«

Wer alles in der Liebe Gottes geschehen lässt, setzt sich nicht über die anderen hinweg, sondern sucht Wege der Verständigung. Keine Gewalt. Wie soll sich Liebe mit Gewalt ausbreiten? Nicht immer Recht haben müssen, sondern bereit sein, sich auch einmal freiwillig zurückzunehmen, damit Versöhnung möglich wird, damit Friede wachsen kann.

»Seid wachsam und steht fest im Glauben! Seid mutig und stark! Alle eure Dinge lasst in der Liebe geschehen!« (Vgl. 1. Korinther 16,13–14)

Gottesdienst in der dm-arena, Messe Karlsruhe, am 23.9.2018.

Der dreifache Horizont der Diakonie

Geistlicher Impuls zu Micha 6,8

> Es ist dir gesagt, Mensch, was gut ist und was Gott bei dir sucht: nämlich Gottes Wort halten und Liebe üben und demütig sein vor deinem Gott.[44]

I

Das klingt ein bisschen anders, als Sie es vielleicht im Ohr haben. Der hebräische Text macht klar, womit alles anfängt: Es ist dir erzählt, Mensch, dass Gott es gut mit dir meint. Erinnere dich: Gott hat dich aus der Sklaverei befreit. Gott wendet sich dir zu: mit einem Zuspruch, wie ein Freund, der dir entgegenläuft, um dich zu begrüßen. Gott tritt dir entgegen, wenn du in die Irre gehst: so wie die gute Freundin, die sagt: »Tu das nicht, das ist schlecht für dich.«

Der erste Satz hat also zwei Teile und die haben eine Reihenfolge: Er beginnt mit Gottes Güte und fordert erst dann unsere Resonanz.

Gott sucht bei uns, was für uns gut ist. Nichts anderes, nicht mehr und auch nicht weniger! Hier wird eine heilsame Grenze gezogen gegen alle Versuche, das Gute zu steigern. Auch das finde ich einen wichtigen Satz für unsere Kirche und Diakonie. Gut und genug gehören zusammen. Wir müssen nicht immer mehr geben, nicht immer erfolgreicher und stärker werden, um vor Gott bestehen zu können. Gott will uns nicht ermüden und belasten, Gott sucht uns auf, Gott kommt uns entgegen, befreit und entlastet uns: Das Gute gedeiht in der Teilhabe an der Güte Gottes.

---

44 Micha 6,8; in Anlehnung an Luther 2017.

II

Was ist gut? Drei knappe Grundsätze nennt Micha:
- Gerechtigkeit tun,
- Liebe üben und
- behutsam mitgehen mit deinem Gott.

Im Hebräischen werden alle drei Elemente mit einem *Verb* ausgedrückt. Es geht um Bewegung, um Handeln, um praktisches Glauben. Das heißt:»Es gibt nichts Gutes, außer: Man tut es!« (Erich Kästner) Das liegt Ihnen in der Diakonie nahe. Und: Alle drei Elemente gehören zusammen; sie brauchen einander.

III

Der erste Punkt heißt: *Tue Gerechtigkeit!* Tu etwas, handle.

Gerechtigkeit umfasst vieles: dass ich zu meinem Recht komme; dass ich den Gesetzen folge und mir nichts zuschulden kommen lasse; dass Politik versucht, die Interessen von Verbänden auszugleichen.

Hier geht es um mehr: »Tue Gerechtigkeit« meint ein aktives Eintreten für das, was den Mitmenschen zusteht und sie stärkt. Nicht, dass ich vor Gott gut dastehe, ist das Ziel dieses Tuns der Gerechtigkeit; nicht Leistungsgerechtigkeit, bei der die Starken immer noch mehr bekommen und der Abstand zu den Schwachen gewahrt werden muss.

Gerechtigkeit tun heißt, dass meine Arbeit an der Gerechtigkeit anderen zu ihrem Recht verhilft, dass in unserem Gemeinwesen ein Leben in Würde, ohne Angst und Not möglich ist. Diakonie ist *advocacy*, die sich zielstrebig und geduldig für die Rechte der anderen einsetzt, insbesondere für die, die nicht für sich selbst sorgen können.

IV

Liebe üben! Wieder geht das Verb im Hebräischen voran.

Jeder Mensch lebt davon, dass andere Menschen bereit sind, ihn zu lieben und ihre Bedürfnisse zurückstellen, um für ihn da zu sein. Das gilt zwischen Eltern und Kindern, zwischen Liebenden, bei alten Menschen. Liebe gedeiht nur, wenn wir nicht rechnen.

Ich habe keinen Anspruch darauf, dass mir die Nachbarin am Abend noch zwei Eier borgt. Niemand kann von mir verlangen, dass ich die alte Dame, die hilflos durch die Straße läuft, frage, ob ich ihr helfen kann, dass ich mich um sie kümmere. Aber das ist der Kitt, der unsere Gemeinwesen zusammen und am Leben hält.

Es lässt sich nicht alles in Rechte und Gesetze fassen. Manches und mancher Mensch passt da nicht hinein. Liebe üben heißt, sich nicht nur auf das Recht verlassen, sondern die Zwischenräume zu entdecken, in denen sich neue Wege eröffnen; Begegnungen ermöglichen, die Menschen zum Miteinander ermutigen. Liebe üben nimmt auf, was Gott für den verlorenen Sohn und für die Frau tut, die gesteinigt werden soll. Liebe üben ermöglicht neues Leben und lässt die eigenen Aufgaben, Rechte und Pflichten und auch die wirtschaftlichen Bedingungen in den Hintergrund treten.

Das ist eine Herausforderung, wenn man ein Sozialunternehmen wirtschaftlich führen soll, aber das wird von Ihnen vor Ort erwartet: bei aller Orientierung an Zielen und Zahlen diejenigen nicht aus dem Blick zu verlieren, die Hilfe brauchen, aber denen keine zusteht. Liebe üben heißt, den Spielraum der Barmherzigkeit nutzen und systematisch ausbauen.

V

Schließlich: *Behutsam mitgehen mit deinem Gott!*

Es ist gut für den Menschen mit Gott zu gehen, mit diesem Gott, der aus der Sklaverei befreit, der durch die Wüste führt, der stärkt und tröstet, der parteiisch ist: Er stürzt die Mächtigen vom Thron und erhöht die Niedrigen. Wer mit Gott geht, ist nicht allein. Wer mit Gott geht, findet Orientierung und hört manchmal auch den Ruf: »Halt ein! Kehr um!«

Es ist gut, nicht allein und auch nicht nur im Gemeinwesen unterwegs zu sein. Die Güte Gottes, die mitgeht, schenkt Mut und Kraft, Gelassenheit und Vertrauen, in mich und andere.

Warum aber behutsam? Weil wir uns nicht übernehmen sollen! Wer kann schon mit Gott Schritt halten? Menschen, die vorgeben, es zu können, sind gefährlich. Wer behutsam mitgeht, beachtet die unterschiedliche Schrittlänge zwischen Gott und Mensch und Mitmensch. Wir sind nicht dazu da, zu tun, was Gott tut! Gott erschafft Menschen, Gott vertilgt Feinde. Leben und Tod stehen in Gottes Hand, nicht in unserer.

Bescheidenheit steckt in diesem Wort, das Wissen um die eigenen Grenzen, aber auch die Aufmerksamkeit für die anderen, die auch mit unterwegs sind. Behutsamkeit heißt nicht, immer nur zaghaft kleine Trippelschritte gehen, sondern auch mal mutig ausschreiten und das Stolpern mit Gelassenheit und Humor nehmen und lachen, über sich, über die Diakonie und die Kirche.

Lasst uns beten:
»Führe mich, o Herr, und leite, meinen Gang nach deinem Wort; sei und bleibe du auch heute mein Beschützer und mein Hort. Nirgends als bei dir allein, kann ich recht bewahret sein.« (EG 445,5)

Geistlicher Impuls bei der Geschäftsführenden-Konferenz der Diakonischen Werke in Baden am 19.10.2018 in Bad Herrenalb.

»Komm herüber und hilf uns!« –
Kirchen gestalten das gemeinsame
Haus Europa

Impuls zum Badischen Ökumenetag 2018

Sehr geehrter, lieber Erzbischof Barakat, sehr geehrter, lieber Bischof Trevor, lieber Bruder Yassir Eric, liebe Schwestern und Brüder! Der Internationale Konvent Christlicher Gemeinden (IKCG) in Baden ist ein Segen für uns und unsere Kirche, für unsere Region und auch für Europa. Zehn Jahre gibt es diesen Konvent inzwischen. Das ist ein Grund zum Feiern. Wir sind froh und dankbar über diese »Ökumene vor der Haustür«, die unseren Glauben stärkt und unseren Horizont in geistlicher und kultureller, in räumlicher und zeitlicher Hinsicht weitet. Wir gehören zusammen: Männer und Frauen, Menschen aus dem Sudan und Syrien, aus Korea und Deutschland, aus unterschiedlichen konfessionellen Traditionen, Junge und Alte. Wir sind Kinder Gottes, Geschwister von Jesus Christus: viele verschiedene Glieder, in einen Leib getauft!

I

»Komm herüber und hilf uns!« (Apostelgeschichte 16,9), ruft eine Stimme aus Makedonien. Und sogleich brechen die Apostel auf und bringen die gute Nachricht nach Europa. Jetzt sind wir gemeinsam hier – und füreinander und miteinander verantwortlich für das Leben in dieser Region der Erde. Jeremia hat den nach Babylon Verschleppten zugerufen »Suchet der Stadt Bestes!« (Jeremia 29,7) Ihr seid zwar eine Minderheit, aber es ist euer Auftrag von Gott, dieses Land mitzugestalten. Der Römerbrief meint das gleiche, auch wenn Luthers Übersetzung »Seid untertan der Obrigkeit« (vgl. Römer 13,1) mehr nach Gehorsam und Anpassung klingt. »Auch wenn ihr eine Minderheit seid, auch wenn ihr nicht die Macht habt: Tragt das Eure dazu bei, dass sich Gottes Schalom in unserer Welt ausbreitet, dort, wo ihr Verantwortung tragt.«
Wer das Leben in Baden mitgestalten will, muss sich heute um

Europa kümmern. Denn der Ungeist der Abgrenzung, der sich in Europa breitmacht und die Menschen polarisiert, verändert das politische Klima und das Lebensgefühl auch in unserer Region und auch weltweit. Da werden Menschen als minderwertig diskriminiert und gegeneinander ausgespielt, da werden Häfen geschlossen und Grenzzäune erhöht. Angst breitet sich aus und wird zum wichtigsten Ratgeber.

II

Was verbinden wir als Kirchen mit dem Haus Europa? Fünf Themen möchte ich hervorheben und jeweils eine Konkretion damit verbinden:

1. Ein Haus gibt Sicherheit. Es grenzt ein »Innen« von einem »Außen« ab und bietet verlässliche Strukturen zum Leben und Sich-Einrichten. Wer ist Nachbarin und wer ein Mitbewohner? Wen lasse ich hinein in mein Haus und wem schlage ich die Tür vor der Nase zu? Aber lebendig ist das Haus nur, wenn sich die Türen und Fenster leicht und oft öffnen, sodass Menschen einander begegnen. *Sicherheit und Offenheit!*

Baden ist im Haus Europa wie ein Foyer. Da treffen sich Menschen, die von Süden nach Norden, von Osten nach Westen wollen. In diesem Foyer herrscht Bewegung und Leben, da gibt es unerwartete, dynamische Begegnungen und Innovation.

Meine erste Konkretion: Als internationaler Konvent der Kirchen schulden wir dem Haus Europa die Botschaft von Pfingsten, die die Angst vertreibt: »Fürchtet euch nicht!« Schaut mal, wie gut es sich mit offenen Türen und Fensterläden leben lässt. Kooperation in einem Leib ist der Schlüssel für die Zukunft, stärkt das Vertrauen und mindert die Angst. Was hilft dazu? Trinationale Kirchentage, die Konferenz der Kirchen am Rhein (KKR), die Freundschaft mit der Union des Églises protestantes d'Alsace et de Lorraine (UEPAL), das interkulturelle Kirchenzentrum in Freiburg-Unterwiehre, in dem katholische, anglikanische und afrikanisch-baptistische Christinnen und Christen miteinander Gottesdienst feiern und am Haus Gottes bauen.

2. Im Haus Europa ist Raum für *Vielfalt*. Es lebt von den Menschen, die sich begegnen.

Meine zweite Konkretion ist eine Herausforderung, auch für uns als Gemeinden, die wir unsere Gemeinschaft pflegen: Raus aus den Filterblasen! Segmentierung überwinden! Christus im anderen suchen!

Das ist nicht bequem. Wir haben ja Gründe, warum wir manchen Menschen aus dem Weg gehen, uns auf manche Gespräche nicht freuen. Aber der Geist Christi vertraut mir die anderen nicht nur an, sondern mutet sie mir auch zu. Unser Miteinander im Internationalen Konvent ist für mich eine wichtige Einübung in den Umgang mit Differenz; das sollten wir öffentlich zeigen.

3. Das Haus Europa ist nur *ein* Haus in Gottes zukünftiger Stadt!

Als Internationaler Konvent Christlicher Gemeinden haben wir Europa daran immer wieder zu erinnern. Wir leben in der *einen* Welt. Was derzeit im Jemen, in Kamerun oder in Syrien geschieht, verändert unser Leben auch hier. Unsere Autoabgase, Flugreisen und Braunkohlekraftwerke zwingen Mitglieder unserer Partnerkirchen schon jetzt zur Umsiedlung.

Meine dritte Konkretion: Ob im Handel, in der Rüstung oder in der Nachhaltigkeit: Wir haben Europa an die langen Verantwortungsketten zu erinnern: Wie wird die Kleidung für Europa wo produziert? Was haben wir aus unserer Vergangenheit gelernt? Das ist nicht umsonst gegenwärtig eines der umstrittensten Themen in Europa: die Gedenkkultur. Denken wir an unsere Enkelkinder und die unserer Geschwister in Indonesien, wenn wir heute handeln?

4. Das Haus Europa verbindet Freiheit und Verantwortung füreinander!

Viele, die schon lange darin wohnen, übersehen, wie wichtig diese beiden Grundwerte Europas in ihrem Zusammenklang und ihrer Verwobenheit sind, auch für unser alltägliches Miteinander. Viele Neuankömmlinge betonen diesen Dreiklang: Mit Europa verbinden wir wirtschaftlichen Erfolg, individuelle Freiheit und soziale Gerechtigkeit. Die Charta Oecumenica (COE) sagt:

»Aufgrund unseres christlichen Glaubens setzen wir uns für ein humanes und soziales Europa ein, in dem die Menschenrechte und die Grundwerte des Friedens, der Gerechtigkeit, der Freiheit, der Toleranz, der Partizipation und der Solidarität zur Geltung kommen.« (COE 7)

Meine vierte Konkretion: Ich halte es für wichtig, dass wir dieses Bild von Europa bei der Wahl im Mai 2019 gemeinsam deutlich vertreten. Wie wäre es mit einer gemeinsamen Kampagne, um unsere Gemeinden zur Wahl zu ermutigen? Ein buntes Plakat, das alle hier vertretenen Gemeinden zeigt und sagt: »Wir brauchen ein humanes und soziales Europa. Ihr Internationaler Konvent Christlicher Gemeinden in Baden.«

5. Das Haus Europa braucht die *Gottesfurcht!* Oder mit dem Psalm 127, Vers 1: »Wenn der HERR nicht das Haus baut, so arbeiten umsonst, die daran bauen. Wenn der HERR nicht die Stadt behütet, so wacht der Wächter umsonst.«
Vielleicht sind das die beiden wichtigsten Dinge, die wir für Europa tun können. Ihm das »Fürchte dich nicht!« zurufen und es daran zu erinnern, dass jedes Haus auf Sand gebaut ist, wenn es nicht auch die geistliche Dimension des Lebens bedenkt: die Differenz zwischen Gott und Mensch.
Menschen tendieren dazu, selbstgenügsam den eigenen Wohlstand zu genießen und gleichgültig zu werden gegenüber Not. Sie stehen in der Gefahr, sich zu übernehmen, die Wahrheit in die eigenen Hände zu nehmen, den Respekt vor der Würde des ANDEREN zu verlieren, wenn er oder sie sich nicht ins Bild fügt. Die Gottesfurcht ist der Anfang der Weisheit!
Meine fünfte Konkretion: Wir haben eine besondere Verantwortung dafür, dass Europa wieder neu lernt, mit einer Pluralität von Religionen zu leben. Der Internationale Konvent könnte ein Ort sein, an dem das Gespräch der Religionen in Europa einen neuen Zungenschlag bekommt, weil es nicht immer wie in unseren landeskirchlichen Dialogen zugleich ein Gespräch zwischen Mehrheit und Minderheit ist.

Badischer Ökumenetag in der Paul-Gerhardt-Kirche in Karlsruhe am 20.10.2018.

Freiheit als Verantwortung

Andacht zu Galater 5,1–6

In zwei Tagen feiern wir das Reformationsfest, nicht so groß wie letztes Jahr, aber doch selbstbewusst. Wir haben öffentlich gezeigt, dass Religion relevant und evangelische Kirche inspirierend ist, wenn sie sich geistlich und theologisch konzentriert, wenn sie nicht gegen, sondern mit der Ökumene arbeitet und sich im Gottvertrauen den Menschen und ihrer Lebenswelt zuwendet.

Ich lese Ihnen den diesjährigen Predigttext für das Reformationsfest aus dem 5. Kapitel des Galaterbriefs (Verse 1–6) und erläutere daran vier für mich wichtige Punkte evangelischer Existenz:

> Zur Freiheit hat uns Christus befreit! So steht nun fest und lasst euch nicht wieder das Joch der Knechtschaft auflegen! Siehe, ich, Paulus, sage euch: Wenn ihr euch beschneiden lasst, so wird euch Christus nichts nützen.
> Ich bezeuge abermals einem jeden, der sich beschneiden lässt, dass er das ganze Gesetz zu tun schuldig ist. Ihr habt Christus verloren, die ihr durch das Gesetz gerecht werden wollt, und seid aus der Gnade gefallen. Denn wir warten im Geist durch den Glauben auf die Gerechtigkeit, auf die man hoffen muss. Denn in Christus Jesus gilt weder Beschneidung noch Unbeschnittensein etwas, sondern der Glaube, der durch die Liebe tätig ist.[45]

1. *Der Glaube führt in die persönliche Freiheit.*
Das ist die erste reformatorische Entdeckung: Unser Gottvertrauen ist stärker als unsere Sorgen und unsere Angst vor anderen Menschen, selbst stärker als unsere Angst vor dem Tod. Was sagen die anderen über mich? Finde ich genug Anerkennung? Werde ich meinen Ansprüchen an mich gerecht?

All diese Fragen relativieren sich durch Gottes Zuwendung zu mir. Ich stehe frei und aufrecht vor Gott und den Menschen: mit

---

45 Galater 5,1–6; Luther 1984.

dem, worauf ich stolz bin, mit dem, was ich nicht so gern von mir zeige, mit dem, was mich oder andere an mir ärgert, mit dem, was ich anderen schuldig bleibe.

Ich stehe aufrecht da und lasse nicht alles mit mir machen, sondern richte mich an Gott aus: »Hier stehe ich, ich kann nicht anders.« (Martin Luther) Ein Satz, der bis heute viele fasziniert, weil er die Würde und die Verantwortung der einzelnen Person betont; ein mutiger Satz, weil er jeder und jedem Einzelnen viel zutraut – und auch in die Einsamkeit und ins Leiden führen kann.

2. Evangelische Freiheit führt in die Verantwortung – für sich selbst.
Das Erste, das »Für-sich-Selbst« möchte ich an einer biblischen Szene verdeutlichen: Sie kennen die Geschichte vom letzten Abendmahl: Alle sitzen am Tisch und essen und trinken. Da sagt Jesus: »Einer unter euch wird mich verraten!« Und was sagen die anderen am Tisch dann? »Herr, bin ich's?« Sie stellen nicht die neugierige Frage, die fast ein bisschen Lust am Schrecken hat und die Schuld beim anderen sucht: »Herr, wer ist's?« Damit wir mit dem Finger auf ihn zeigen können, über ihn tuscheln und das Böse bei den anderen identifizieren. Nein, sie fragen: »Herr, bin ich's?« (Vgl. Matthäus 26,21–22)

Evangelische Freiheit führt in die Verantwortung, die in der Liebe tätig ist.
In evangelischer Freiheit übernehmen wir Verantwortung für andere. Das ist der Ausgangspunkt für das Priestertum aller Getauften. Es geht nicht darum, dass alle Pfarrerinnen und Pfarrer werden oder in der Kirche im engeren Sinne mitarbeiten. Es geht darum, dass jeder und jede Anteil hat an der Bewegung Gottes in unserer Welt, da, wo er oder sie gerade steht. Luther hat das an der Familie und am Beruf erläutert. Jede Person ist in ihrem Beruf gefragt, aus dem Glauben zu leben und den Glauben ins Leben zu ziehen.

Wie das konkret geht, das ist weder einfach noch eindeutig zu entscheiden; Paulus diskutiert hier mit denen, die behaupten: Wer zur Gemeinde gehören will, muss diese Speisegebote einhalten, sich so und so verhalten. Deshalb liebt der Protestantismus den Diskurs und das Ringen um die Wahrheit. Deshalb betont Luther, dass es im weltlichen Regiment – und dazu gehört auch die Wirtschaft – darum geht, miteinander vernünftig, nachdenklich und offen um den besten Weg zu ringen. Wichtig ist aber die Orientierung an den biblischen Geschichten und an den grundlegenden Strukturen, die uns bis heute helfen, Verantwortung zu übernehmen:

Jesus versetzt sich in die hinein, denen er begegnet. Er achtet besonders auf die, die es schwer haben, die nicht mehr oder noch nicht für sich selbst sorgen können: Sterbende und schwer Kranke, kleine Kinder, Menschen mit Einschränkungen, Menschen, die bedroht oder verfolgt werden. Die Würde dieser besonders verletzlichen Gruppen liegt Christus am Herzen. Wie wir mit ihnen umgehen, daran entscheidet sich, wie menschlich, wie christlich unsere Gesellschaft ist. Dazu gehört vor allem, sich in die anderen hineinzuversetzen.

Jesus führt uns in einer Gemeinschaft zusammen, die inklusiv ist: Sie sortiert nicht, sie verbindet. Sie kennt die Vielfalt und die Konflikte, aber sie weiß: Am Ende gehören wir zusammen, trotz aller religiösen, sozialen und persönlichen Unterschiede. »Da ist nicht Jude noch Grieche, nicht Sklave noch Freier, nicht Mann noch Frau. Denn ihr seid alle eins in Christus Jesus.« (Galater 3,28; Zürcher Bibel) Ich sehe hier eine zentrale Aufgabe für die Kirche, aber vielleicht auch für die Wirtschaft: etwas dafür zu tun, dass unsere Gesellschaft nicht weiter in einzelne Segmente zerfällt, die alle mit sich beschäftigt – und oft auch selbstzufrieden – sind.

Jesus schickt uns raus aus der bequemen, warmen Stube vor die Tore der Stadt, wo Menschen auf uns und auf ihn warten. Er fordert uns auf, in Konflikten dazwischenzutreten und Brücken zwischen verfeindeten Lagern zu bauen, denn Versöhnung ist mehr, als der einen oder der anderen Seite Recht zu geben. Jesus spricht mit denen, mit denen »man« eigentlich nicht spricht; auch wenn er nicht richtig findet, was sie tun!

3. *Evangelische Freiheit lobt die Gottesfurcht, die um unsere Gefährdungen weiß.*
»Lasst euch nicht wieder das Joch der Knechtschaft auflegen!« (Galater 5,1) Wer nach dem Gesetz gerecht werden will, wird scheitern. Was ist mit diesem Gesetz gemeint? Im Galaterbrief ging es darum: Nur wer die Speisegebote hält, gehört zur Gemeinde – und zu Gott. Was sind heute die Gesetze, die über Dazugehören oder nicht, über Anerkennung oder nicht entscheiden? Wie viele Daten muss ich ken-

nen? Wie viel Geheimnis darf sein? Wie weit beugen wir uns dem Druck der Effektivität und Effizienz? Wohin führt uns die künstliche Intelligenz und die Robotik? Ins ewige Leben – ohne Leid und Schmerz und Schwäche?

Martin Luther hat den reformatorischen Kirchen eine Grundunterscheidung mitgegeben: Wir sind Menschen, nicht Gott. Entscheidend ist, was Gott für uns tut: Gott richtet uns auf. Gott führt uns zusammen. Gott traut uns etwas zu. Das ist die provokante These Luthers gegen alle Verkrampfung, die der Moralismus, der Fundamentalismus und all die Zwangsmaßnahmen mit sich bringen, die sagen: »Du musst so sein!«, »Wenn du nicht, dann …«, »Sei so, wie wir das wollen!«

Die evangelische Freiheit traut und mutet uns die Freiheit zu. Sie ist nicht unkritisch, aber sie lässt die vermeintlich böse Welt auch nicht links liegen, sondern eröffnet Spielräume für die Gerechtigkeit, auf die man hoffen muss.

4. *Evangelische Freiheit lebt aus dem Innehalten.*
Gottvertrauen und Verantwortung – beides gehört unauflöslich zusammen. Gott traut und mutet uns viel zu; aber vor allem stärkt Gott uns immer wieder und richtet uns auf. Zur Freiheit hat uns Christus befreit! Unser Leben ist empfangenes Leben. Unser Leben ist begrenztes Leben. Unser Leben ist auf Hoffnung hin angelegt. Das erleben wir im Feiern, wenn wir innehalten: Wir sind getragen und gehören zusammen.

Nur wer regelmäßig unterbricht, innehält und feiert, nur der versinkt nicht im Einerlei von Arbeiten, Kaufen und sich unterhalten lassen. Nur der behält die Freiheit, die Kraft und den Mut, unterwegs zu sein und die Welt verantwortlich zu gestalten. Weil er oder sie sich immer wieder an seiner Wurzel orientiert, an dem, was den Baum trägt, worauf er vertraut. Genau dazu braucht es die Sonntage und Feste, die unser Planen und Tun unterbrechen und uns innehalten lassen. Sie stärken unser Gottvertrauen und richten uns neu aus, Wege des Friedens zu gehen.

---

*Andacht beim Begegnungstreffen der baden-württembergischen Oberkirchenratskollegien mit dem Arbeitskreis Evangelischer Unternehmer*innen (AEU) am 29.10.2018 in Stuttgart.*

Menschlich – Gerecht – Beteiligt!

Zur Eröffnung der südbadischen Sozialtage 2017

Der Friede Christi sei mit euch!
Herzlich willkommen, liebe Gemeinde, liebe Mitmenschen aus dem Südbadischen! Es ist wunderbar, dass wir hier miteinander Gottesdienst feiern. Mitten im Leben, im Alltag der Welt. Da gehört der Glaube hin: Jesus predigt im Tempel, aber er geht auch zu den Fischern, zu den Arbeitern im Weinberg, in die Dörfer, dahin, wo die Menschen leben und arbeiten. Luthers Schlager wurden in den Werkstätten der Handwerker gesungen. Ob katholisch oder evangelisch, ob Kolpingwerk oder Arbeiterpriester, Kirchlicher Dienst in der Arbeitswelt oder Katholische Arbeitnehmer Bewegung, der Glaube will sich im Leben bewähren, auch und gerade im Arbeitsleben. Herzlichen Dank also allen, die diese südbadischen Sozialtage planen, durchführen und sich daran beteiligen, und besonderen Dank an Sie, liebe Firma, lieber Herr Neugart, dass wir hier sein dürfen.

Was hat der liebe Gott mit der heutigen Arbeitswelt zu tun? Drei Punkte möchte ich hervorheben:

1. Arbeit ist menschlich. Sie gehört wesentlich zum Menschsein. »Bebauen und bewahren«, das ist der Auftrag, den Gott uns gibt. Arbeit ist mühsam, aber sie gibt dem Leben auch Freude und Sinn. Egal, was wir Arbeit nennen, es ist nie nur ein Job!

Durch Arbeit gestalten wir unsere Welt – und wie wir das tun, darin zeigt sich unser Glaube. Also nicht nur im Beten, sondern auch in allem, was wir so handfest an unserem Arbeitsplatz tun, wie wir Verantwortung übernehmen. In all dem zeigt sich unser Glaube.

2. Arbeit in der Arbeitswelt ist nicht das ganze Leben. Nach einer vollen Woche braucht es Ruhe. Außerdem gibt es noch die (unbezahlte) Sorgearbeit, die grundlegend zum Leben dazugehört: Kinder erziehen, für Nachbarn da sein, alte Eltern begleiten, sich im Dorf

oder in der Kirchengemeinde engagieren. Dafür muss Zeit und Luft sein. Dafür steht der siebte Tag: Er ist ein Tag der Freiheit für mich, für meine Familie, für die Erde; auch die gedeiht nur, wenn wir regelmäßig innehalten.

Wie lässt sich Arbeit gerecht verteilen, sodass nicht die einen krank werden, weil sie am Ende mit ihren Kräften sind, und die anderen, weil sie nicht gebraucht werden? Gute Arbeit braucht einen offenen Umgang mit unseren Grenzen: als Personen, als Gemeinschaft im Betrieb, als Gesellschaft. Erst der Rhythmus von Arbeit und Ruhe, von Tun und Lassen macht das menschliche Leben lebenswert.

Wer der Zerbrechlichkeit des Lebens einmal begegnet ist, weiß, dass wir am Ende nicht aus uns leben, sondern aus Gott. Es ist gut und wichtig, regelmäßig innezuhalten, Gott zu danken, auf die Worte der Bibel zu hören, zu bitten. Ich glaube, dass die Debatte der letzten Wochen um offene Läden am Heiligen Abend auch deshalb schnell wieder zu Ende war, weil die Menschen das wissen.

3. Menschliche Arbeit ist eine Gemeinschaftsaufgabe. Sie macht Freude, wenn meine Begabung gefragt ist, wenn ich beteiligt bin, wenn das, was ich tue, für andere wichtig ist. Wenn im Betrieb ein Klima des Vertrauens und der Kooperation, Respekt und Anerkennung herrscht.

Wer länger aus der Arbeitswelt herausfällt, zweifelt, ja verzweifelt manchmal an sich. Eine der großen Herausforderungen bleibt deshalb, dass wir auch die an der Arbeitswelt beteiligen, die weniger leistungsfähig sind. Das ist eine Aufgabe am Arbeitsplatz: Wie trage ich mit, dass der Kollege gerade wegen seiner Trennung durch den Wind ist? Das ist eine Aufgabe in der Firma: Wie familienfreundlich, wie inklusiv ist ein Betrieb? Aber es ist natürlich auch eine Aufgabe für die politisch Verantwortlichen: Wir brauchen in der Arbeitswelt eine Kultur des Miteinanders und des Füreinanders: Wie gehen wir mit denen um, die nicht selbst für sich sorgen können? Haben wir auch die im Blick, die global mit uns zusammenarbeiten, ohne dass wir sie sehen: die Rohstoffe schürfen, Vorprodukte herstellen? Entscheidend ist am Ende die Frage: Wird in unserer Arbeitswelt deutlich: Es gibt keine überflüssigen Menschen!?

Nun lasst uns Gottesdienst feiern im Namen des Vaters und des Sohnes und des Heiligen Geistes!

Ökumenischer Gottesdienst im Rahmen der vom Kirchlichen Dienst in der Arbeitswelt (KDA) und der Katholischen Arbeitnehmerbewegung (KNA) veranstalteten südbadischen Sozialtage in der Betriebskantine der Firma Neugart in Kippenheim am 15.11.2017.

Verzeichnis der biblischen Texte